U0524385

中国金融四十人论坛
CHINA FINANCE 40 FORUM

致力于夯实中国金融学术基础,探究金融领域前沿课题,引领金融理念突破与创新,推动中国金融改革与发展。

张晓慧 / 黄益平
王毅 / 朱隽 / 张斌
著

金融促进
高质量发展
之路

中信出版集团 | 北京

图书在版编目（CIP）数据

金融促进高质量发展之路 / 张晓慧等著. -- 北京：中信出版社, 2022.12
ISBN 978-7-5217-4821-5

Ⅰ.①金… Ⅱ.①张… Ⅲ.①金融业－作用－中国经济－经济发展－研究 Ⅳ.① F124

中国版本图书馆 CIP 数据核字 (2022) 第 186620 号

金融促进高质量发展之路
著者：张晓慧 黄益平 王毅 朱隽 张斌
出版发行：中信出版集团股份有限公司
（北京市朝阳区惠新东街甲 4 号富盛大厦 2 座 邮编 100029）
承印者：宝蕾元仁浩（天津）印刷有限公司

开本：787mm×1092mm 1/16　　印张：28.5　　字数：350 千字
版次：2022 年 12 月第 1 版　　印次：2022 年 12 月第 1 次印刷
书号：ISBN 978-7-5217-4821-5
定价：79.00 元

版权所有·侵权必究
如有印刷、装订问题，本公司负责调换。
服务热线：400-600-8099
投稿邮箱：author@citicpub.com

课题组成员

《金融支持科技创新研究》
　　课题负责人：张晓慧
　　课题组成员：朱　鹤　　张佳佳　　钟　益　　盛中明
　　　　　　　　祝修业　　宋晨曦

《提高金融监管效能研究》
　　课题负责人：黄益平
　　课题组成员：刘晓春　　王　勋

《制定"金融稳定促进法"研究》
　　课题负责人：王　毅
　　课题组成员：赵志红　　钟　益　　杨悦珉　　祝修业
　　　　　　　　宋晨曦　　盛中明　　付一兰　　张　立

《资本项目开放和货币国际化的国际经验教训研究》
　　课题负责人：朱　隽
　　课题组成员：艾　明　　林　苒　　刘　璟

《构建房地产新模式研究》
　　课题负责人：张　斌
　　课题组成员：朱　鹤　　钟　益　　盛中明　　孙子涵

"中国金融四十人论坛书系"专注于宏观经济和金融领域，着力金融政策研究，力图引领金融理念突破与创新，打造高端、权威、兼具学术品质与政策价值的智库书系品牌。

中国金融四十人论坛是中国最具影响力的非官方、非营利性金融专业智库平台，专注于经济金融领域的政策研究与交流。论坛正式成员由40位40岁上下的金融精锐组成。论坛致力于以前瞻视野和探索精神，夯实中国金融学术基础，研究金融领域前沿课题，推动中国金融业改革与发展。

自2009年以来，"中国金融四十人论坛书系"及旗下"新金融书系""浦山书系"已出版170余部专著。凭借深入、严谨、前沿的研究成果，该书系已经在金融业积累了良好口碑，并形成了广泛的影响力。

目 录

序言一 ·V
序言二 ·XIX
前言 ·XXV

01
金融支持科技创新

金融支持科技创新助力国家发展 ·006
我国科创资金的主要来源与使用现状 ·015
我国现阶段金融支持科技创新存在的问题与挑战 ·026
金融支持科技创新的国际经验与启示 ·041
对我国金融支持科技创新的政策建议 ·053

02
提升金融监管效能

金融监管与国际改革新进展 ·081
中国金融监管架构的演变与发展 ·098

| 时刻警惕系统性金融风险 ·103
| 当前金融监管效能亟待提高 ·127
| 提升金融监管效能的政策建议 ·141

03

推动制定"金融稳定促进法"

| 制定金融稳定促进法的出发点 ·161
| 金融稳定立法的基本框架与要素 ·179
| 金融稳定立法中的几个重要关系 ·194
| 金融稳定立法的国际经验 ·214
| 金融稳定立法的出发点和关键要素 ·240

04

资本项目开放和货币国际化的国际经验教训

| 资本项目开放和货币国际化的相关概念 ·251
| 货币国际化的国际经验和教训 ·262
| 资本项目开放的国际经验和教训 ·285
| 人民币国际化和中国资本项目开放的进展及问题 ·309

目录

05 构建房地产新模式

我国房地产业的"高房价"问题 ·325

我国房地产业的"高负债"问题 ·344

我国房地产业的高度金融化问题 ·361

日本化解房地产债务的经验教训 ·367

我国房地产发展新模式 ·396

参考文献 ·411

序言一

中国金融改革的目标模式[①]

当前我国金融模式的四个典型特征

改革开放初期，我国的很多金融政策是参考欧美金融体系设计、修改的。在一定程度上，欧美金融体系是我国金融改革的榜样。2008年10月，由美国次贷危机引爆的全球金融危机正日益严重，对全球经济造成了毁灭性的打击。原来借鉴、学习的对象出现了这么大的风险，使得我国金融改革的下一步应该往哪里走、怎么走，成为一个值得决策者与老百姓共同关注的大问题。

在之后的十几年间，这个问题一直萦绕在我的脑海里，2009年我在回到北京大学工作以后，把大部分的研究精力都放在了学习、理解和分析金融改革政策上。怎么评价过去几十年的改革政策？为什么一度行之有效的金融体系后来却面临了许多挑战？未来进一步变革的方向是什么？我和王勋博士围绕这些问题做了一些研究与思考。

---

① 本文为作者在浦山讲坛第28期"中国金融的目标模式"暨中国金融四十人路劲奖学金项目2022年度结项仪式上所做的主题演讲。

我们对金融模式做了一个定义。所谓金融模式，指的是包含金融结构、组织形态、运行机制和监管框架四个层次的金融体系的综合体。金融结构主要是指资本市场或者商业银行，有时候也称直接融资或者间接融资；组织形态包括很多内容，比如国有金融机构、外资金融机构或者民营金融机构，也可以分为分业经营和混业经营；运行机制可以看成"看得见的手"与"看不见的手"之间的分工，换句话说，金融体系的运行主要是由市场机制决定还是由政府政策决定；监管框架的内涵更丰富，从机构设置方面看，有分业监管与混业监管，从具体做法上，又可分为机构监管、功能监管、审慎监管等。

在改革开放初期，我国其实并不存在一个真正意义上的金融模式，如果要说有，那就是一家金融机构的模式。1978年12月召开的十一届三中全会确立了改革开放政策，当时就只有中国人民银行一家机构，一身三任，既是中央银行，又是商业银行，还是监管部门，其资产规模占全国金融资产的93%。当时只有一家金融机构的原因在于，计划经济时期对金融中介没什么需求，资金调配都是由中央计划决定的。但这种独家机构模式无法适应"以经济建设为中心"对金融服务的需要。因此，从当年开始，政府就逐步增设一些金融机构。现在回过头去看，金融体系的调整实际包含了重建和改革这两个相互交织的过程。重建就是从一家机构出发，建立了很多金融机构，构建了一个相对完整的金融体系。改革是指金融资源的配置与定价逐步从由政府主导转向由市场主导。

序言一

经过40多年的改革开放，我国从一家金融机构出发，至今已经建立了一个完整的金融体系。与其他国家，特别是市场经济国家的金融体系相比，我国这一新的金融模式呈现出四方面的突出特征：规模大、管制多、监管弱以及银行主导。

第一个特点是规模大。只有一家金融机构时，我国的金融资产规模很小。这是因为计划经济时期资金调配主要通过中央计划来完成，经济运转对金融中介的需求很小。但随着几十年的改革和发展，当前我国的金融体系已经非常庞大，金融机构数量众多，仅银行机构就有4 000多家，并且四大国有商业银行在全世界名列前茅。我国资本市场即债券市场和股票市场的规模相对较小，但体量已然位居世界第二。因此无论从资产规模还是机构数量来看，我国的金融体系规模都已经非常庞大了。

第二个特点是管制多。我们曾经设计了一个金融抑制指数，以此来衡量政府对金融体系运行的干预程度，比如干预利率的决定、汇率的形成、资金的配置、跨境资本的流动等。金融抑制指数为0，表示一国是完全市场化的；金融抑制指数为1，表示一国金融体系基本由政府决定。从研究情况看，1980年中国金融抑制指数接近1，市场化程度低；2018年指数下降到0.6，说明政府干预程度在降低，市场化程度在提高。但横向比较来看，2018年0.6的金融抑制指数在全球130个国家中排名第14位。说明即使经过40年的改革开放，我国政府对金融体系的干预程度在全球范围内仍然相对较高。

第三个特点是监管弱。目前我国已初步形成较为完备的金融监管框架,包括一委一行两会一局,再加上地方金融监管局,有机构、有人员、有手段,但在识别和化解风险方面,仍有不尽如人意之处。过去40年我国金融体系始终比较稳定,关键在于两点:一是政府兜底;二是中国经济持续地高增长。这两点保证了在风险发生时,政府可以稳住投资者信心,不至于出现挤兑恐慌,从而为政府处置存量风险、暂停增量风险留足时间。1997年亚洲金融危机时,我国银行不良率超过了30%,但并没有出现银行挤兑现象。后续政府通过采取一系列措施,包括剥离坏账、注入资本金、引入战略投资者、海外上市等方式,将四大国有商业银行做大并成为世界上规模排名靠前的银行,这是非常了不起的成就。但问题在于,政府兜底无法长期持续,我国经济增速也在不断放缓。过去很多应该由监管发挥作用的事情都被政府所替代,但实际上并未管控住金融风险,这导致我国金融监管相对较弱。

第四个特点是银行主导。国际上主要有资本市场主导和商业银行主导这两类金融体系,当然这里的主导是一个相对的概念。而在我国的金融体系中,银行主导的特点是非常突出的。

新发展阶段我国传统的金融模式面临调整

这样一个金融模式看起来存在很多问题,但至少在过去几十年里,这套金融体系在支持我国经济增长和金融稳定方面没有出现过大的问题。只是近来问题似乎变得越来越多,抱怨的声音也越来越大。一方面金融效率在下降,另一方面金融风险在上升。

序言一

为什么这套体系在改革开放前30多年还算行之有效，如今却出现问题？背后的原因有很多。最重要的一点是，我国经济已进入新的发展阶段。1978年改革开放时我国人均GDP（国内生产总值）大约只有200美元，位于全球贫穷国家之列。这一时期我国生产成本很低，可以实现粗放式、要素投入型的增长。改革开放前30年年均GDP增长达到9.8%。

但现在情况已经逐渐发生了变化。2021年我国人均GDP超过1.2万美元，距离世界银行确定的高收入经济门槛只有一步之遥。人民生活变得更富裕，生活质量也越来越高。但它也带来了生产成本上涨的问题。这意味着我国已经丧失了过去的低成本优势，所以必须转变增长模式，从要素密集型增长逐渐向创新驱动型增长转变。只有通过创新来升级换代，提高效率，我国才能保持住竞争力，否则将很难实现经济增长。

当前我国金融体系之所以出现问题，就是因为过去的金融模式无法适应新的增长模式，所以也要跟着转型才行。总的来看，我国金融模式进一步转变的内容很丰富，集中体现在以下四方面。

第一，要大力推进金融创新。过去我国粗放式、要素投入型的增长模式，不确定性相对较低。因为生产的都是别人生产过几十年，甚至上百年的产品，技术、营销渠道、市场都十分成熟。只要生产成本足够低，就有竞争力。简单来说就是不确定性比较低，风险比较小。但这套金融体系现在却无法很好地支持创新驱动型经济增长。

比如过去政府一直强调的中小企业融资问题。这一问题在历史上始终是存在的，基本难点主要包括以下两个。一是获客难，即金融机构如何找到中小企业，获知其融资需求，并为它们提供金融服务。因为中小企业数量很大，但地理位置相对分散，因此找到它们很困难。传统做法是将机构网点开遍全国，贴近企业客户。但这种方式成本很高，在很多地方也很难获得足够的回报。二是风控难。对于金融机构来说，为企业提供融资服务既要能把钱借出去，还要能把钱收回来，而后者才是更大的挑战。这就意味着，金融机构需要对中小企业客户进行全面、严谨的信用风险评估，评价用户的还款能力和还款意愿，这是非常复杂的过程。传统做法是根据用户的财务数据和抵押资产进行评估。但这两个方面恰恰是中小企业比较欠缺的，导致大多数银行并不愿意为中小企业提供金融服务。

但随着中国经济进入新发展阶段，中小企业融资难已不再是单纯的普惠金融问题，而是上升到了宏观经济约束的高度。原因在于以中小企业为主的民营企业是当前中国经济发展的主力军，在城镇就业、创新、经济增长方面都发挥着举足轻重的作用。也就是说，创新面临的巨大挑战之一，就在于能否更好地为中小企业提供金融服务。从这个角度看，金融创新还有很大的发展空间。

第一个创新方向是提高直接融资在金融体系中的比重。相比于以银行为主的金融体系，资本市场直接融资往往可以更好地支持创新活动。原因有很多，包括直接融资可以更好地识别创新项目、更容易与创业企业共担风险和收益等，而如果通过银行贷款则需要还本付息，有时会给企业造成较大的现金流压力。因此资

序言一

本市场在服务创新方面更具优势。我们应该大力发展资本市场，提高直接融资在金融体系中的比重。

第二个创新方向是商业银行的创新。我国以银行为主导的金融结构在短期内不会发生太大变化，但银行的业务模式也需要创新，要想方设法地支持创新活动。国际金融体系可大体分为两类：一是市场主导的金融体系，代表国家是美国、英国；二是银行主导的金融体系，代表国家是德国、日本。虽然英美的技术创新相对更活跃，但德日在经济发展、技术创新领域也是世界领先国家。我们应该向这些银行主导金融体系的国家学习，对商业银行的业务模式进行创新，更好地支持创新活动，这方面是大有可为的。

第三个创新方向是大力发展数字金融。数字金融可以更好地服务中小企业和创新活动，这是未来我们要努力的方向。大科技信贷是目前比较受关注的领域，可以帮助金融业更好地为中小企业提供服务。因为它可以用数字技术克服获客难和风控难的问题。过去传统金融机构需要把分支行开遍全国，才能真正贴近用户。但这种方式成本过高，实操性很差。而数字技术和大科技平台，比如微信、支付宝等日活跃用户十亿以上的平台，已经触达很多客户。并且这些平台获客速度很快，边际成本极低，可以在短期内大量获客，这就在一定程度上解决了获客难的问题。与此同时，客户在平台上的活动，包括社交、购物、支付等，都会留下数字足迹。平台可以利用这些由数字足迹积累起来的大数据进行信用风险评估，从而判断借款人的违约概率。从研究情况看，利用大数据对小微企业做信用风险评估，结果是比较可靠的。这说明数字技术创新可以帮助我们克服很多过去金融体系无法解决的问题。当然，数字经济只是金融创新的一个方面，市场和银行的创新也很重要。

第二，要进一步推进市场化改革。自改革开放以来，我国金融抑制指数已经从 1 下降到了 0.6，但仍处于很高的水平。未来在进行金融资源配置和信贷决策时，能否真正让国有企业和民营企业站在同一条起跑线上，这是市场化改革的一个重要方面。另一方面，要努力实现真正市场化的风险定价。比如贷款利率的决定，这是信用市场化风险定价的基本含义。如果市场风险较高，贷款利率就应该比较高，因为成本要能覆盖风险，否则未来可能受到较大损失，这是市场化风险定价的基本要求。但过去几年监管部门一直在鼓励银行降低中小企业融资成本，这种用行政手段压低企业贷款利率的做法，短期内似乎起到了一定效果，但从长期来看，银行持续为中小企业提供贷款的意愿和能力都会受到影响。

中小企业融资难的问题固然存在，但最近几年我国中小企业的融资环境已经得到了很大改善。这里可以用两组数据来说明。第一组数据是中小企业在银行总贷款中的比重。根据 OECD（经济合作与发展组织）公布的数据，中国中小企业贷款在总贷款中的比重已经达到 65%，是除韩国、日本以外比例最高的国家。这说明经过十多年的努力，我国已经取得了很大成绩。第二个数据是民营企业的资产负债率。全球金融危机爆发以后，民营企业融资难问题比较突出，去杠杆化的倾向非常明显，而国有企业的资产负债率则相对平稳。但 2021 年底，我国

序言一

民营企业资产负债率已经反超国有企业。其中的原因很复杂,而且民营企业中既包括中小企业,也包括大型企业。这两组数据组合起来,至少可以说明我国中小企业的融资环境得到了很大改善。

关键问题是,这些改进是如何实现的?目前我国仍比较习惯于用行政手段来解决问题。尽管金融机构自身的创新,比如数字金融创新也发挥了一定作用,但发挥作用最大的仍是行政方面的监管要求。这些监管要求的基本内容是每家商业银行每年对中小企业的贷款总量和中小企业贷款在总贷款中的比重都要比前一年有所上升,否则就会受到监管问责。

现在看这些行政性很强的政策要求实实在在地增加了中小企业的贷款额,但这里面临着重要的挑战,即是否风险可控?是否有利可图?如果做不到这两条,那么即使短期实现了政策目标,长期也很难持续,甚至会造成很多新的问题。所谓有利可图,就是成本要低于可能获得的回报;所谓风险可控,就是银行要有获客和风控能力,将风险控制在较低水平。

大科技平台用大数据来替代抵押品做信用风险评估的方式,目前来看效果不错。比如微众银行、网商银行的信贷平均不良率远低于传统商业银行同类贷款,说明这种信用风险管理方式效果较好。

所以,尽管当前中小企业融资环境得到了改善,但如果持续依靠行政要求强制商业银行给中小企业提供贷款,最终将产生较为严重的金融风险和财务后果。因此我国必须进一步推进市场化改革，在市场化条件下解决问题，包括实现市场化的风险定价、进一步降低金融抑制指数等，核心是依靠金融创新本身，这是未来发展的大方向。

第三，要做实金融监管。虽然在过去30多年，我国维持了金融稳定，并没有出现大问题，但这并不是靠监管政策做到的，而更多是靠政府兜底和经济持续高增长实现的。目前来看，这种做法很难长期持续。一方面，随着我国金融体系规模越来越大，复杂性越来越高，一出现问题就由政府兜底是不现实的；另一方面，我国经济增速在不断下降。国际清算银行曾指出，全球金融危机爆发后很多国家的金融风险都在上升，并将其总结为"风险性三角"：杠杆率上升、生产率下降和政策空间收缩。在此形势下，我国很难再依靠过去的金融模式来支持经济增长。

在监管方面，我国有很大的改进空间。过去我国的监管体系有框架、有人员、有工具、有目标，但在很多领域都缺乏监管规则的真正落地。过去两年中小银行出现的问题中，有很大一部分原因就在于监管规则没有真正落地。比如大股东违规操作，这在规则上是明文禁止的，但却变成了一个比较普遍的现象。这说明我国监管体制确实需要进一步改进。具体来看，有以下三个重要方向。

一是目标。监管最重要的目标是保障充分竞争、反垄断、保护消费者利益，终极目标是维持金融稳定，除此外，不应该去管其他事情。现在我国的监管目标非常复杂，并且各目标之间并不完全一致。比如行业监管和金融监管，本身就是存在矛盾的。二是权限。监管目标确定以后,要给监管部门相应的权力,由它们来决定采取什么措施,以及什么时候采取措施。三是问责。过去金融监管体系是法不责众。虽然大家都出了问题,但似乎大家都没有问题。因此对监管问责十分必要。经过40多年的金融改革,我国已经建立起一套监管框架,但更多是形式上的监管,未来我们要努力将其发展为实质性的监管。

第四,要稳健推进金融开放。金融开放工作非常重要,但必须稳健推进。很多国家在条件不成熟时贸然推进资本项目开放、金融行业开放,最后酿成了重大的金融危机。所以在金融开放的效率提升和金融稳定之间,也要把握好平衡。

总结来看,随着我国经济迈入新发展阶段,过去那套金融体系已经不太适应新经济的增长模式,必须做出改变。改变的方式包括:加强金融创新、推进市场化改革、做实金融监管、稳健推进金融开放等。从这个角度看,我国目标金融模式的方向是比较清晰的,就是要更多地走资本市场的道路,走市场化改革的道路,走国际化的道路。

务实改革仍将是未来一段时间我国金融改革的基本特征

虽然我国金融改革的大方向基本清晰,但关于未来金融模式的演进方式还有很大的想象空间,是会变成像德日那样以银行主导的金融体系,还是像英美那样以市场主导的金融体系?市场化程度能否达到那么高的水平？监管框架又会如何构建？这些都与我国金融改革的基本特征有关。

值得指出的是，尽管我国在金融改革过程中有学习的榜样，但从未明确过具体的目标模式，中国的金融和经济改革，并没有在一开始的时候就清晰地勾画出改革蓝图或目标模式。这可能是有两方面的原因。第一个原因是1978年决定实施改革开放政策时，其实很难想清楚未来几十年会发生怎样的变化，更重要的是当时的政治环境也不允许把一些彻底的理念明确地表达出来，比如社会主义市场经济的概念是在改革进行了15年之后才被提出来的。第二个原因是我国的经济改革包括金融改革都有非常务实的特点，实施改革政策的目的是要解决问题，终极目标是什么样子，有时候可能反而不是那么重要，虽然方向很清晰。

根据我们的总结，务实的金融改革具有如下两个特征。第一，任何改革政策都要满足"可行性"的条件。有些政策提出来很不错，但没法落地，也就是不具备可操作性，意义不大。比如要求明天建立一个庞大的资本市场，这本来就不是一蹴而就的。另外，政治可行性同样重要，因为我国改革的特点是渐进、双轨。务实的一个重要体现就是在满足可行性条件的前提下，解决实际问题。

第二，改革措施的决定与评价主要以结果为导向。就是每一步改革的推进，都要用实际效果说话，效果好就往前走，效果不好就往回走，这与邓小平"摸着石头过河""不管黑猫白猫，抓到老鼠就是好猫"的理念一脉相承。我国40多年的金融改革，尽管存在一些问题，但整体效果还不错。当然我们也要承认，这种务实改革的做法有时也会引发一些新问题。因为这种改革不彻底，可能会形成一些新的利益集团，而这些新的利益集团很可能变成下一步改革的阻力。因此，持续地向前推进改革，是务实改革能够取得成功的一个重要条件。

现在我国金融改革的方向应该已经比较清晰，简单来说就是市场化程度要提高、国际化程度要提高、资本市场的作用要提高、监管的效能要提高。但与此同时，我国仍会在很长时期内采取务实改革的措施，一步一步地往前走。

第一，虽然我国资本市场中直接融资的比重会逐步提高，但不太可能很快就达到英美国家的水平。决定一国金融体系是以银行为主还是以资本市场为主的因素有很多，包括法律体系、文化背景、政治制度等。因此我们虽然会走向以资本市场直接融资为主的道路，但在可预见的未来，银行仍将是我国主要的融资渠道。

第二，未来我国会向混业经营的模式前进，但能否直接从分业经营走向混业经营，前提条件在于能否控制住风险。尽管混业经营能带来巨大的回报，效率也会有很大提升，但风险管控和识别也会更加复杂。因此从分业经营走向混业经营，也会是一步一步的前进过程。

第三，市场化改革不会一步到位。尽管我国金融抑制指数可能会继续下降，但在当前大背景下，政府仍会在金融体系中发挥重要作用。只要行政性干预是有益的，我们就仍会继续推进。

第四，监管模式如何发展，目前仍有较大不确定性。当前我国实行的是分业监管模式，未来会变成综合型服务机构还是区分审慎监管和行为监管的"双峰"模式，目前尚不明确。

总结来看，1978年我国尚未形成完整的金融体系，所谓的金融模式其实就是独家机构模式；经过40多年的市场化改革与重建，当前我国金融模式呈现出规模大、管制多、监管弱和银行主导四个基本特征。但在当前市场环境下，这套过去行之有效的金融体系的有效性在不断下降，未来我国将朝着提高直接融资比重、提高市场化和国际化程度、提高监管效能的方向前进。虽然大方向比较明确，但我国应该仍会采取"务实"的方式向前推进。这就意味着在可预见的未来，尽管我国资本市场直接融资比重会提高，但不会很快上升到英美的水平；尽管我国金融体系的市场化程度会提高，金融资产价格决定和金融资源配置会更多依靠市场化的方式进行，但政府仍然可能会在金融体系运行中发挥很大作用；此外，要真正实现产权中性，让国企和民企做到公平竞争，相信也会是一个非常缓慢的过程。

不过，如果坚持"务实"的原则，重视可行性条件和结果导向，那么改革持续稳步推进将是一个大概率事件。未来的金融模式应该能够越来越有效地支持新发展阶段的经济增长。与此同时，也要对未来可能发生的金融风险与动荡有充分的心理准备。

黄益平

CF40学术委员会主席

北京大学国家发展研究院金光金融学与

经济学讲席教授、副院长

序言二

实现金融高质量发展的基础问题[①]

当前我国金融模式的四个典型特征

金融支持实体经济高质量发展与金融行业自身高质量发展密切相关,如果金融发展质量不高,就没有能力支持实体经济,金融的初心就是支持实体经济。

对金融高质量发展的理解

金融高质量发展要体现新发展理念。中央提出的五大新发展理念——创新、协调、绿色、开放、共享,大部分着眼于实体经济,比如绿色是要支持实体经济实现环境友好型发展。与实体经济的绿色高质量发展相比,金融的绿色权重不同,能够发挥的作用和自身低碳消耗的权重也不同。第五次金融工作会议提出"三位一体"金融职责,支持实体经济、守住风险底线和深化改革开放,换句话说,金融业就是要支持实体经济,提升企业竞争力,

---

[①] 本文为作者在2022·金融四十人年会暨闭门研讨会"金融促进高质量发展:改革和展望"上所做的主题演讲。

牢记市场化、国际化30多年的经验，稳定宏观经济，促进经济增长。

金融自身没有实现高质量发展也就无法支持实体经济的高质量发展。那什么是金融高质量发展？2019年2月22日，习近平总书记在主持中共中央政治局第十三次集体学习时强调，要抓住完善金融服务、防范金融风险这个重点，优化融资结构和金融机构体系、市场体系、产品体系，推动金融业高质量发展。

对实现金融高质量发展的五个思考

如何实现金融高质量发展？以下五个方面基础性的问题值得思考。

一是从金融的本质思考创新。从金融的本质、实体经济与金融的关系角度考虑高质量，也就是怎么守正、怎么创新的问题。守正就是金融回归本源、坚守主业、守住风险底线。

实业内部创新应该是无边的，金融创新却应是有界的，即实业无边，金融有界。金融创新与否要坚守三个衡量标准：是否有利于提升效率、是否风险可识可控、是否可以有效监管。即使创新后效率提升，自以为风险可以识别、市场风险可以控制，但如果监管能力跟不上、管不住，也不宜冒进。在这方面，国外监管部门的"沙箱"等审慎做法、理念值得我们学习。

二是发挥市场化定价作用。价格具有调节供求、优化资源配置、收入分配的基本功能。中央反复强调要充分发挥市场定价在资源配置中的决定性作用，40多年改革成功的标志或者说基础就是市场和价格，是让价格的基本功能充分发挥。金融产品市场化改革行百里者半九十，信贷市场上存贷款双轨制运行，行业自律只宜是个过渡，而不宜僵化固化。

实行市场化定价，央行的调控能力、基准定价的力量也要紧跟市场。如果无法实现市场化定价，就会存在盈利衡量失真的情况，与之相关的绩效衡量、激励约束机制都会失真。

三是建立激励约束相容机制。个体利益与集体利益冲突永远存在，激励约束不相容就无法调动积极性；激励约束相容，市场才有活力，第一次收入分配才能优化。没有约束或者约束不足，市场估值高而现金流与利润不足、当期收益高而未来收益少、无法实现损失弥补与责任追索等情况比比皆是，干坏事得不到处罚、"高收入时分钱，出风险就跑路"等情况频发。这种情形的发生恐怕就是只讲激励，而没有约束。

四是健全市场性处罚机制。目前，微观层面上的金融处罚较多，但宏观层面，包括市场层面、机构层面却欠缺处罚机制。主要原因在于，市场长期以来秉承"一个都不能少"的信念，对所有违约采取不接受的态度，这必然就会出现违约后市场无法出清，无法打击市场上的违约行为的情况。要打破刚兑，实现市场出清，但投资者不接受在实际中市场无法出清，兑付不了的债，地方不愿意退出经营失败的机构，关联交易中的大股东侵占得不到处罚。即使有高风险机构也不能退出市场，无法做到资源优化配置，市场资源都被无效占有，金融基本功能无法发挥。可期的是，我国

《破产法》正在修订，届时市场无法出清、不能退出的问题将有望得到解决。

五是切实防范道德风险。微观层面上，信贷、GP（普通合伙人）和LP（有限合伙人）、债券发行、AMC（资产管理公司）实操过程中都存在道德风险问题。这些问题容易界定，各种纪律、制度约束也较为系统、严格。但宏观层面上，由于权责不清、职责不明等导致的行业性偏差难以界定。如果行业管理部门不仅要担负监管、稳定的责任，还要操心行业发展，则恐怕难以平衡。

金融高质量发展的衡量

怎样衡量高质量发展？现在提及的衡量指标大多是经济指标，是对经济高质量发展的衡量，但衡量金融高质量发展应采用何种指标？

先来看以金融业对GDP的贡献衡量。2016年第一季度金融GDP贡献度最高，当季我国GDP核算中金融贡献在10%左右，超过了美国和欧洲，但随后几年发现是自我循环、自我繁荣。在SNA体系（由国民收入账户、投入产出账户、资金流量账户、国际收支账户和国民资产负债账户五部分组成的体系）下，金融业GDP衡量用的是收入法，是盈利、折旧和工资，收入越高，行业在GDP中的占比就越高，但金融业的收入从什么地方来呢？可见，片面使用GDP核算中的金融业占比进行衡量存在问题。

衡量会计核算和市场交易核算的准确性也存在问题。当前，

序言二

上市银行中除了少数几家银行PB（平均市净率）值大于1，大部分银行PB值小于1。那么市场交易定价和会计核算体系哪一个更准确？会计核算价值与市场交易价值均不能实现有效估值，正说明我们离行业高质量发展尚有相当大的差距。

总之，我们仍要探索什么是金融的高质量发展、如何衡量金融的高质量发展。只有解决了这些问题，才能真正实现金融高质量发展。

王毅

CF40成员

中国光大集团股份公司副总经理

前　言

党的二十大报告指出，实现高质量发展是中国式现代化的本质要求，是全面建设社会主义现代化国家的首要任务。对于金融业而言，助力实现高质量发展这一首要任务，需要不断深化金融体制改革，进而提升金融服务实体经济能力。

本书是由中国金融四十人研究院立项的"2022·CF40中国金融改革报告"项目成果，选取了当前金融改革中或核心，或紧迫的五个问题开展研究并提出政策建议，包括：金融支持科技创新、提高金融监管效能、制定金融稳定促进法、资本项目开放和货币国际化的国际经验教训、构建房地产新模式。

一、金融促进科技创新的核心思路

我国金融体系对科创的支持尚处于初级阶段，主要是因为以间接融资为主的社会融资模式与科创产业化不同阶段的差异化融资需求不匹配。

参考国际经验和中国现实，金融支持科创的核心思路是改变以间接融资为主的社会融资模式，具体包括：

设立"专精特新贷";由全国人大授权央行制定支持科技创新的规章条例;鼓励银行积极开展知识产权质押贷款等模式创新;以大型商业银行为试点,构建银行股权投资基金;中央银行设立并用好结构性货币政策工具;持续推动各类中长期资金积极配置支持科创的资本市场产品;发挥财政资金在科创的不同领域、不同阶段对金融的支撑和托底作用;加大对科技人才的薪酬待遇、社会保障、税收优惠等方面的财政支持力度。

二、提高金融监管效能的政策建议

我国是少数未发生过严重系统性金融危机的主要新兴市场经济体。过去我国维持金融稳定的主要手段是经济增长和政府兜底。随着金融规模越来越大,结构越来越复杂,经济在向高收入水平收敛的过程中增速开始下行,政府很难对所有的金融风险问题采取兜底的做法,且政府兜底也容易引发更大的道德风险。

在贸易摩擦、金融制裁以及俄乌冲突等外部因素影响下,提升金融监管效能、维护国家金融安全成为新时期实现高质量发展的迫切要求和重要保障。金融监管应坚持完善立法、顺应市场、统筹政策、动态调整、支持创新的原则,改善金融服务实体经济的能力,切实提高我国经济金融的国际竞争力和影响力,在更高水平对外开放的基础上维护国家经济金融安全。

三、金融稳定立法的目标定位和关键要素

金融稳定立法应定位为"金融稳定促进法",致力于构建具有

前瞻性的金融风险事前防范机制。金融稳定立法的基本框架主要包括八个方面：金融监管体系建设，公司治理，消费者权益保护，金融稳定监测、预警与风险处置机制，风险损失分摊，公共资金的动用次序，基础条件的支撑和保障，以及追责问责和处罚。

维护金融稳定是系统工程，要处理好多种关系，包括金融稳定与公平效率、金融稳定与中央银行、金融稳定与监管机构、中央银行与金融监管、金融稳定与财政、中央与地方、金融稳定与透明度、金融稳定立法与其他法律的关系。

当前金融稳定立法应突出解决的问题有三：一是夯实金融稳定的基础支撑和信息保障；二是明确金融风险处置资金的来源和使用规范；三是明确金融风险处置中股东、金融机构、监管当局和地方政府的职责。

四、以资本项目高质量开放促进人民币国际化

一定程度的资本项目开放是货币国际化的必要非充分条件，并且货币国际化的程度越高，对资本项目开放的要求也会越高。从国际经验来看，资本项目开放并无固定的模式和次序，要基于国情制定最佳开放策略，推进货币国际化进程。

当前，加快推动资本项目开放和人民币国际化是我国打造"双循环"新发展格局的内在需要，我国也具备了相应基础。应以稳妥推进高质量资本项目开放为抓手，促进人民币国际化。同时应坚持做好相关风险的防范工作，以市场化的宏微观审慎管理政策替代行政管制手段，确保推动资本项目开放的过程平稳、顺利。

五、建立房地产发展新模式的政策建议

房地产新模式应努力让广大居民住有所居,同时也要求妥善化解房地产行业面临的潜在债务风险,以维护金融稳定、保障经济增长。

为达到上述目标,需要厘清房地产旧模式中两个较为关键的问题并予以化解:一是房地产相关供给弹性不足带来的都市圈高房价,制约了流动人口在工作地定居;二是房地产行业积累了规模庞大、难以通过销售收入和运营收益覆盖的沉淀负债,使得房地产企业负债率居高不下,几乎丧失自救空间,同时也可能制约全社会信用扩张,引发需求收缩和宏观经济不稳定。

我们建议,政策上,一方面可考虑构建面向新市民的都市圈建设方案,完善面向新市民的住房及公共服务供给,并设立针对新市民的住房金融互助机构以提供购买力支持。另一方面应制定稳定房地产发展的债务化解方案:一是推动住房抵押贷款利率市场化,通过降低居民偿债负担稳定购房需求;二是采用"贴息+REITs(房地产投资信托基金)"模式盘活沉淀资产,在化解房地产企业债务风险的同时增加面向中低收入群体的住房供给。

"CF40中国金融改革报告"项目于2013年启动,研究成果有较强的政策参考价值。如,《深化经济体制改革重点领域的一揽子方案》针对部分重点领域提出一揽子改革方案,涵盖财税体制、社会保障、土地制度、城镇化、对外开放、法治的市场经济等多个领域,并具体提出了50项改革建议。其中包括"构建有利于

前　言

地方改革创新的统一大市场""以开放促改革""妥善应对人口老龄化带来的挑战"等具有重大意义的政策建议。

再如,《中国金融改革方案：2013—2020》首次提出设立"金融稳定委员会"的构想。此后,2015年立项的《中国金融管理体制改革研究》进一步阐释了类似于金融稳定发展委员会的机构的主要职能,并提出"银监会和保监会合并,证监会的监管职责和权限保持不变"的"一行两会"金融监管模式构想。

又如,2016年立项的《宏观审慎政策框架与金融监管体制改革》,前瞻性地提出我国要建立"货币政策＋宏观审慎政策"双支柱的中央银行宏观政策体系,是国内智库最早开始系统研究宏观审慎政策以及"双支柱"调控框架的一份课题报告。

此外,"CF40中国金融改革报告"研究成果还包括《中国金融改革报告：十年回顾与展望》《经济发展与改革中的利率市场化》《农村金融改革与重构》及《利率市场化的评估和货币政策框架改革的建议》等。

01
金融支持科技创新

01 金融支持科技创新

当下中国正经历百年未有之大变局,国际竞争越发体现为科技实力的竞争,加快科技创新,促进科技更有效地转化为现实生产力,既是新时代中国更加积极参与国际竞争的需要,更是构建新发展格局的需要。工业革命以来的历史证明,金融是科技重要的支撑力量,是技术进步转化为现实生产力的催化剂。我国金融支持科技创新体系目前仍处于相对初级的起步阶段,现有金融政策体系往往更多地聚焦于支持偏前端的研发和实验室生产阶段,在促进科技创新产品化、产业化方面着力不足。目前承担服务国家重大科技创新任务、满足科创企业融资需求的主力军还是财政资金,支持科技创新的金融市场生态和金融服务科技创新的能力仍有巨大的发展空间和潜力。在我国科创资金的主要来源中,具有公共性的财政资金身负支持科技创新的天然职能,但囿于资金规模和体制约束,财政资金的支持力度相对有限。金融体系本就是实体经济的血脉,承担着为全社会配置资本要素的职能,促进科技创新,应当充分发挥金融体系的作用。近年来,我国金融改革稳步推进,金融体系不断完善,金融市场分层日益精细,金融产品种类愈加丰富,对科技创新的支持力度也有了较大提升。但现行金融体系与科技创新的融合度还不够高,科技创新对资金的需求与金融体系的资金供给尚不匹配。

导致上述现状的最根本原因是当前以间接融资为主的社会融资模式与科创企业的融资需求并不匹配。这一现象集中体现为四个主要矛盾：一是银行体系追求本金安全和收益确定性与科技创新和成果转化存在不确定性之间的矛盾；二是中国金融资本注重当期稳定现金流的"短钱"性质与科技创新到产品化、产业化是一个长周期需要"长钱"之间的矛盾；三是中国金融体系习惯于服务大企业、大项目，"给大钱"的特点与早期科技创新阶段需要"用小钱"之间的矛盾；四是科创企业"重研发、轻资产"的特点与银行部门以抵押品价值确定贷款额度的商业模式之间的矛盾。此外，我国直接融资市场发育不足，对科创企业的融资支持力度有待加强，鼓励金融支持科创的政策体系也亟待完善。

深入研究美国、德国、日本和以色列的科创支持体系，可以提炼出四个供我国参考的重要启示。一是以银行为代表的间接融资体系对支持科创仍存在巨大的延展空间，关键在于如何规范地拓展银行业务范围以及增强其服务科创的能力。二是直接融资应当是金融支持科创最直接、最有效的方式，关键是在构建多层次资本市场的同时，应完善风险分担与退出机制，以最大限度地实现金融支持科创过程中风险与收益的平衡。三是政府应该建立健全简洁、高效的科创支持制度体系。四是财政资金的支持不可或缺，其资金支持应淡化收益目标，且应注重发挥财政资金的信用增进和风险分担作用。

现阶段，要想让金融更好地发挥支持科技创新的作用，改革的重点是逐步改变当前以间接融资为主的社会融资模式，从"破旧、立新、聚合"三个层次共同发力。"破旧"的核心是释放银行体系支持科创的能力和动力，消除制约商业银行支持科创的制度约束。"立新"的要义是借鉴国际成功经验，大力推动多层次资本市场的发展，通过直接融资的方式来支持科创。"聚合"的关键是在金融促进科创的过程中，充分发挥财政资金对科创的引导、担保、兜底作用，提升财政资金和金融资金的配合效率。

金融支持科技创新助力国家发展

习近平总书记在《求是》杂志上发表的《努力成为世界主要科学中心和创新高地》一文中指出，科学技术从来没有像今天这样深刻影响着国家前途命运，从来没有像今天这样深刻影响着人民生活福祉。[①] 完善金融支持创新体系，实现科技、资本和实体经济高水平循环，不仅是"十四五"时期的重要目标，更是对加快构建新发展格局、推动经济高质量发展、更好参与大国竞争具有全局意义的一项重要工作。

一、加快科技创新是"十四五"时期的重要目标

近年来，党和政府始终把科技创新摆在国家发展全局的位置，高度重视国家创新体系建设。党的十六大首次将"推进国家创新体系建设"写入党代会报告。党的十七大提出"加快建设国家创新体系"。党的十八大提出，在实施创新驱动发展战略的总方针下，加快建设国家创新体系，着力构建以企业为主体、市场为导向、产学研相结合的技术创新体系。自此，强化企业在技术创新中的主体地位、促进科技与经济深度融合成为有关科技创新的核心思想。党的十九大报告强调创新是引领发展的动力，提出要加强国

---

① 习近平. 努力成为世界主要科学中心和创新高地 [J]. 求是, 2021 (6).

家创新体系建设，强化战略科技力量。党的十九届四中全会进一步指出，要完善科技创新体制机制，"构建社会主义市场经济条件下关键核心技术攻关新型举国体制"。

党的十九届五中全会基于对世界发展大势和我国发展阶段特征的科学判断，做出"加快构建以国内大循环为主体、国内国际双循环相互促进"新发展格局的战略部署，明确了"十四五"时期我国经济社会发展的主要目标。在研究制定国民经济和社会发展五年规划的历史上，首次将科技创新专章部署，放在规划任务的首位。[①]《中华人民共和国国民经济和社会发展第十四个五年规划和2035年远景目标纲要》强调："坚持创新在我国现代化建设全局中的核心地位，把科技自立自强作为国家发展的战略支撑，面向世界科技前沿、面向经济主战场、面向国家重大需求、面向人民生命健康，深入实施科教兴国战略、人才强国战略、创新驱动发展战略，完善国家创新体系，加快建设科技强国。"纲要提出的目标是，"十四五"期间中国的创新能力还要"显著提升"，到2035年中国要"进入创新型国家前列"，关键核心技术要"实现重大突破"。

加快科技创新同样是构建新发展格局的需要。构建新发展格局要坚持供给侧结构性改革的战略方向，扭住扩大内需的战略基点，形成需求牵引供给、供给创造需求的更高水平的动态平衡。无论是畅通国内大循环，还是促进国内国际双循环，都离不开科

---

① 姚东旻，李静. "十四五"时期财政支持国家创新体系建设的理论指引与取向选择[J]. 改革，2021（6）：59-71.

技创新。大力推进科技创新及其他各方面创新，有利于加快推进数字经济、智能制造、生命健康、新材料等战略性新兴产业，形成新的增长点、增长极，有利于打通生产、分配、流通、消费等各个环节，逐步形成以国内大循环为主体、国内国际双循环相互促进的新发展格局，培育新形势下我国参与国际合作和竞争的新优势。①

目前，以人工智能、量子通信、物联网、区块链为代表的新一代科技革命和产业革命方兴未艾，创新已成为影响和改变全球竞争格局的关键变量，围绕人工智能、5G（第五代移动通信技术）的国际竞争异常激烈。我国必须通过加强自主创新能力建设，突出关键核心技术，立足国际抢占科技创新制高点，形成依靠创新驱动的新发展格局，这既符合中国经济高质量发展的内在要求，也将为全球经济发展开拓新机遇。

尽管党和政府高度重视并大力推动国家创新体系建设，但我国科技领域仍存在一些亟待解决的问题。一是基础科学研究短板突出。企业对基础研究重视程度不够，重大原创性成果缺乏，底层基础技术、基础工艺能力不足，关键核心技术受制于人的局面没有得到根本性改变。国家统计局数据显示，2020年，我国基础研究投入1 467亿元，占研究与试验发展经费支出的比例仅为6%，远低于发达国家15%的平均水平；2019年基础研究人员人均经费指数同比下降了4.7%，2020年同比数据仅反弹至0.9%，反映了

---

① 梁积江.以科技创新催生新发展动能[J].企业文化，2021（1）：6–7.

我国目前对基础创新的激励力度相当不足。二是人才发展体制机制不完善，原始创新能力较弱。科技人才是引领创新发展的第一资源，目前我国激发人才创新创造活力的激励机制还不健全。国内仍缺乏顶尖人才和团队，特别是缺乏能够心无旁骛、长期稳定深耕基础理论的队伍和人才。三是科技成果转化能力不强。中国工业经济联合会会长、工信部原部长李毅中在出席"2020凤凰网财经峰会"并发表演讲时指出，中国科技成果转化率最高仅为30%，发达国家在60%~70%。转化率低的重要原因是缺乏投资，因为风险太高而被业内称为"死亡之谷"。企业在研发创新初期需要种子资金、天使资金给予支持，尤其是在成果转化产业化的过程中更需要资金支持。

二、科技创新是大国之间竞争的核心领域

近代中国历史是一部启蒙和救亡的斗争史。从"睁眼看世界"到"师夷长技以制夷"，再到五四运动倡导"德先生和赛先生"，先进的中国人孜孜不息地探索着以科技谋求民族振兴、国家富强之路。中华人民共和国成立后，在党的坚强领导下，我国科技事业实现了历史性的发展。从"两弹一星"到"科技是第一生产力"，再到科教兴国战略的提出和实施，我国科技体制不断完善，全民的科学意识和知识水平不断提升，科技对促进经济发展和社会全面进步起到了重要作用。

当下中国正经历百年未有之大变局，国际竞争越发体现为科技实力的竞争。无论是特朗普政府还是拜登政府，美国在面向未

来的核心技术和关键领域时，都在不断强化出口管制、投资审查、技术封锁和人才交流限制，并迫使科创企业对供应链进行布局调整，试图在中美之间实现实质性的技术脱钩。2020年以来，新冠肺炎疫情加剧了西方国家的贫富差距、收入不平等问题，保护主义、民粹主义盛行，西方社会呈现出多维度、多层次的分裂态势，国内矛盾不断激化使得西方政府愈加将矛盾向外转移，不断对中国的政治体制、意识形态、科技能力提出质疑。

在科技领域，拜登政府正在打造一个多边的应对方式，建立与包括英国在内的欧洲以及日本的"联合阵线"，中国将面临越来越强大的反制力量。拜登政府上台后，以"保护美国供应链"为名，在2021年2月25日签署了长达250页的第14017号行政命令，要求联邦机构对半导体制造与先进封装、大容量电池（锂电池）、关键矿产与原材料（稀土）、药品与原料药进行100天审查，①将"科技遏华"的主打路线摆上台面。国际贸易摩擦以及新冠肺炎疫情破坏了全球产业链和价值链，科技创新要素的市场化配置机制已然失效。各国都在积极寻找推动新一轮经济发展的新引擎，科技创新对推动全球价值链重构的作用重大。未来，一国只要拥有更加强大的科技创新和自主创新能力，就能向全球产业链和价值链的上游攀升。

无论是应对当下美国挑起的科技竞争，还是立足自身长远发展，打造一个符合科学规律、体现中国国情的科技创新体系都是

---

① 建立有弹性的供应链振兴美国制造业，促进广泛增长。根据14017号行政命令《战略和关键材料百日部门审查报告》进行的100天审查。

实现中华民族伟大复兴的基石。虽然我国科技快速发展，整体水平已有较大提升，个别领域甚至已经达到世界领先水平，但整体水平与发达国家还存在较大差距，关键领域"卡脖子"问题还比较突出。这些问题的发生，既有我国起步较晚，基础相对薄弱的历史原因，也有一系列不容忽视的系统性、机制性问题。

一是基础科学知识缺失，科学知识的普及程度低，认识科技的能力差、观点偏颇。二是过于从功利的角度看待科技，科技在体制内地位低，大量进口国外产品则导致科技在产业研发链上的地位不高。国家支持科研具有间歇性特征，难以一以贯之，市场又很难自发解决科技产业链上的所有问题，严重阻碍了科技创新。三是资本和科技是条块分割的，我国既缺乏长期稳定的资本来源，又缺乏科技与资本结合的模式和机制，在基础研究领域尤为突出。科技界固然存在一些问题，金融界亦难辞其咎。四是资本过度膨胀失去社会目标，资本不为科技服务，只为自己服务，盲目性日益扩大，脱实向虚的趋势明显。这种"资本第一、科技第二"的现象，是由早期市场化对科技的排斥和排挤造成的，是一种去科技的退化过程。这些弊端导致我国科技创新体制官僚化、行政化、寻租化特征明显，科技创新动力不足、机制不顺问题亟待解决。

从辩证的角度来看，危与机从来都是并存的，发现问题正是解决问题的起点，而我们有了科技崛起的条件，正是我们坚定信心、迎接挑战的基础。习近平总书记高度重视科技创新工作，在 2020 年 8 月 24 日的经济社会领域专家座谈会上，提出"要大力提升自主创新能力，尽快突破关键核心技术"。在 2020 年 9 月 11

日召开的科学家座谈会上，习近平总书记强调要改善科技创新生态，激发创新创造活力，加快解决制约科技创新发展的一些关键问题，并提出了坚持需求导向和问题导向、整合优化科技资源配置、持之以恒加强基础研究、加强创新人才教育培养、依靠改革激发科技创新活力、加强国际科技合作等一系列要求。由于科技创新体系是一个复杂的系统，涉及政治、经济、科研、军事等方方面面，因此我们必须在把握整体性的同时抓住主要矛盾、主要环节，提纲挈领、以点带面地推动体系的优化。

　　工业革命以来的历史证明，金融是科技重要的支撑力量，是技术进步转化为现实生产力的催化剂。从20世纪八九十年代开始，美国大力发展直接融资，涌现了微软、谷歌、苹果、亚马逊等一批高科创企业，可以说相对完善的资本运行机制是美国科技创新的关键因素。

三、金融支持科技创新是强化金融服务实体经济的关键抓手

　　2013年9月30日习近平总书记在十八届中央政治局第九次集体学习时指出："当前，从全球范围看，科学技术越来越成为推动经济社会发展的主要力量，创新驱动是大势所趋。"金融支持科技创新的研究对加强科技创新的体系建设具有重大作用。目前，国内各方面都在高度关注金融支持科技创新问题，它不仅深刻关系到我们如何实现国家科技创新的战略，也将引领新时代经济发展的新格局。

　　金融支持科技创新既是一个老问题，也是一个新问题。如何

01
金融支持科技创新

实现科技资本和实体经济的结合的问题由来已久，但在我国金融体制和金融实力水平大幅度提升和发展之后，这个问题就演变成一个如何建立更完善的金融体系来支持国家科技创新，进而使科技和资本更好地结合的新问题。这个问题突出表现为：我国虽然经济发展速度比较快，工业体系相对完整，但是科技创新在其中的支撑作用还不够完善，还不是一个完全在科技创新体系支撑下快速增长的经济。过去几十年，中国制造业的发展基本上是运用国外的成熟技术，包括从矿业、冶金到机械制造、机电产品各方面，并取得了巨大的成绩，迅速发展成为世界第一大制造国和世界第一大贸易国。但总的来讲，目前我国在以科技创新支撑经济发展方面还存在着一些短板和问题。

作为金融、科技领域的后发国家，中国目前的金融支持科技创新体系仍处于相对初级的起步阶段，推动科技发展创新的主要动力仍是财政资金。出现这些问题的一个重要原因就是资本与科技的结合不够紧密，甚至有相互脱离的倾向。以我国政府近年大力推动的半导体发展政策为例，半导体大基金的投资目标大多以支持拓展成熟技术、扩大现有产能为主，资金极少进入上游基础研发领域。资本的逐利性寻求稳定、高效、低风险的短期回报，与生命周期更长且具有极大不确定性的基础科学研究相悖。

其实，具有先发优势的西方发达工业国家也曾经历了相似的发展过程，这也符合事物发展的基本规律和客观现实。即使是美国，也是通过财政资金与市场化投资相结合的方式参与到科技创新领域，我国在金融支持科技创新方面仍有进一步发展的空间和潜力。以美国为代表的发达工业国家的发展经验是推动我国科技与金融有机结合互动的重要借鉴。我国科技创新目前面临的重大挑战在于如何正确引导资本进入相关领域，特别是参与基础研究方向的投资，实现金融支持科技创新，以科技创新推动实体经济的发展。

我国科创资金的主要来源与使用现状

一、从科技创新到实现成果产业化的四个阶段及资金需求特征

科技创新有着巨大的不确定性,科创企业的失败概率也比较高。研究发现,超过半数科创企业的持续经营时间不超过4年,7年期存活率仅为31.18%。[①] 科创企业的高失败率是科创自身规律的体现,其不确定性至少体现在三个层面。

一是技术传导路径的不确定性。以如今蓬勃发展的互联网经济为例,其技术的开端源自冷战时期的军备对抗而非经济发展需要。美国政府因为冷战需要而在1958年建立起来的"高等研究计划局",创造了一种全新的军事机构与高校之间联动的开放机制,这是互联网能够在20世纪60年代应运而生的关键。这种具有高度不确定性的技术传导路径,在需要融资支持时,或许难以勾勒出确切的发展路径,这与银行信贷的投放流程相违背。

二是科技成果转化过程的不确定性。科技成果转化是一个把高端科技知识、学术成果与前沿专利技术转变为现实生产力的过程,是实现技术与知识的商业价值的基本方法和重要路径。企业

---

① Amy E. Knaup and Merissa C. Piazza. Business Employment Dynamics data: survival and longevity, II [J]. *Monthly Labor Review*, 2007, 130(9): 3–10.

能否实现科技成果的成功转化是其能否在复杂多变的市场环境中存活下来的关键。2021年，冯锋等人利用图示评审技术构建了科技成果转化过程的不确定系数测量模型，实现了对于科技成果转化过程中各阶段不确定性的定量测度，发现我国高技术产业科技成果转化过程表现出较高的不确定性，多数子行业处于科技成果转化成功的可能性不大的情况，有较大的提升空间；且各年份科技成果转化各阶段及全过程的不确定系数随时间的增长呈现一定程度的上升趋势。①

三是商业回报的不确定性。由于技术的传导路径和成果转化的不确定性，其商业回报也是高度不确定的。技术创新的商业回报存在一定的突变特征，即前期投入巨大，但在现金流方面的收益很可能微乎其微。而一旦技术取得突破并广泛应用，收益的倍增又会十分可观。

总而言之，工业革命以来的历史表明，科技和产业是一个相对完整、连续、又充满不确定性的循环过程。其一，从科技创新到最终实现工业化生产不是一蹴而就的。科技转化为现实生产力的过程大致可以分为四个阶段，分别是：初始研究与开发阶段、实验室生产阶段、大规模生产阶段和产品产业化阶段。其二，不同阶段之间的转化更不是一帆风顺的。每一次阶段的转化都面临"惊险的跳跃"，从科技创新到实现产业化的过程伴随着巨大的不

---

① 冯锋，邱莹莹，张雷勇.科技成果转化过程不确定性测度与行业比较——基于高技术产业18个子行业数据[J].华南理工大学学报（社会科学版），2021，23（1）：48-59.

确定性。而那些最终成功实现产业化的科技创新，又会通过对科研人员的良好激励、发掘新的市场需求等机制，不断激发新的科技创新需求和创新动力，最终形成从科技创新到成果产业化的循环过程。每个阶段的具体表现如下。

初始研究与开发阶段。该阶段对资金的需求量较小，但风险较大、成功率低，吸引外部资金相对困难。资金来源主要是自有资金、政府引导基金、自然科学基金等。大量的研究成果以论文、报告和总结等形式出现，有应用前景的成果往往成为专利文件。在研究成果取得专利后，往往会通过专利及许可证转让、合作研究开发、科研机构承担任务等方式实施技术转让。国际上通常把科研与开发活动作为衡量一个国家和地区科技实力和科技能力的核心指标。

实验室生产阶段。该阶段是实验室科研成果向生产转移的重要环节，是科学技术转化为现实生产力的关键一环，需要大量的资金投入，用于购买生产设备、产品的反复设计、试验和评估以及进行大量的试错。在科技成果，尤其是高新科技成果转化的过程中，面临较大的市场风险、技术风险、资金风险，需要中试环节的放大、检验、试制、试销，解决成果在研发阶段未考虑到或考虑不周全而导致的问题，为产品产业化铺平道路。资金投入的规模和回报极具不确定性，风险投资和战略投资是这一阶段资金的主要来源，政府风险投资引导基金可作为重要的补充资金。目前，我国每年列入中试的重大成果占比不到全年重大成果的5%。大量的科研成果长期滞留于实验室，未能向产业化、市场化阶段进行深层次开发，这往往与科技创新的中试阶段未能得到重视有关。

大规模生产阶段。该阶段将产品引入企业化生产，主要解决批量生产的组织管理、技术工艺、降低成本以及满足市场需求等问题。企业开始少量获利，但尚未达到盈亏临界点，对融资成本的承担能力仍然不强。企业的资金来源主要有两个渠道：一是政府设立的扶持资金对初创科技企业的支持，二是少量经验丰富、风险偏好高的金融机构对初创企业提供一定的贷款支持。

产品产业化阶段。该阶段是成熟期的产业化完成阶段，主要任务是进一步开发完善产品性能、建立专业化生产线、扩充生产规模、扩大销售量和市场占有率。企业逐渐有了较为充足的经营收益，承担融资成本的能力较强。该阶段的资金需求一方面可以通过企业自身的经营积累或者银行贷款来满足，另一方面也可以依靠企业信用获得其他渠道的资金支持，包括发行股票上市，这不仅可以为企业融得大量资金，也可以为风险资金的退出提供条件。

在上述科技转化为现实生产力的过程中，如何处理好政府和市场在科技创新资源配置中的关系，使之既能够发挥社会主义市场经济条件下的新型举国体制优势，又能够更好地发挥市场导向和企业技术创新的主体作为，便成了关键问题。

科技转化为现实生产力的过程和特点如图1-1所示。

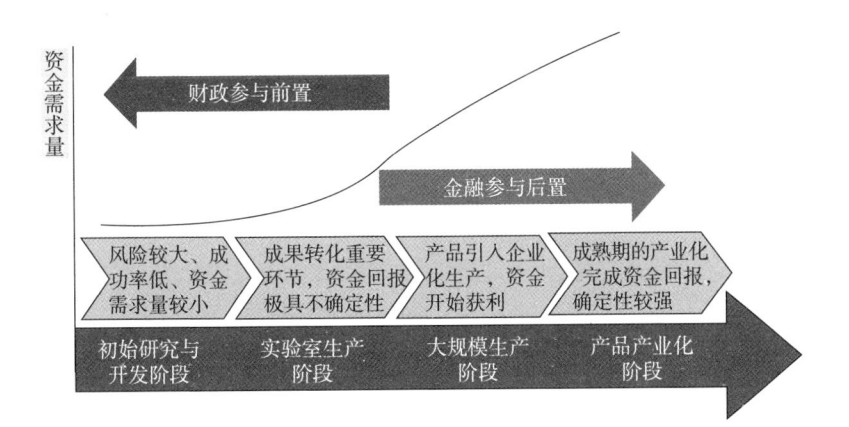

图 1-1 科技转化为现实生产力的过程和特点

基于不同阶段的风险特征和资金需求，政策支持应以呈现出财政参与前置、金融参与后置的特点为宜。

一方面，财政参与前置，可发挥矫正"市场失灵"的作用。由于科技创新活动具有产出不确定性、研发投入规模大、公共外溢性以及回报周期长等特征，仅依靠市场机制调节无法满足社会的创新发展需求，需要依靠财政提供长期、持续的资金与政策支持，特别是在一些具有公益性、政策性、战略性的基础技术创新方面，需要着力发挥社会主义市场经济条件下的新型举国体制优势。

另一方面，金融参与后置，市场机制应在科技创新资源的调节和分配上发挥决定性作用。近年来，企业在创新体系中占据主体地位，各类创新资源向企业集聚，逐步形成了以企业为主体、市场为导向、产学研用深度融合的技术创新体系。

我国高新技术成果转化受到制度、投入、市场等多种因素的影响，科技成果的转化率和转化效益并不高。欧美发达国家的实践经验表明,是否有风险投资资金介入科技成果的研究与开发、中试、商品化和产业化活动之中,是成果能否成功转化的重要环节。在发达国家的经验中,研究与开发、中试、商品化和产业化三项经费的一般比例是1∶10∶100。[1] 这表明风险投资是科学技术向生产转化的主要推动力量,树立风险投资意识以及建立风险投资机制是科技成果产业化的必要条件。

二、财政支持科技创新的现状与问题

当前,财政资金是我国政策层面支持科技、产业循环的主要资金来源,且主要集中于科技创新阶段。科技创新过程具有产出不确定性、研发投入规模大、公共外溢性以及回报周期长等特征,仅依靠市场机制调节无法满足社会的创新发展需求,特别是在一些具有公益性、政策性、战略性的基础技术创新方面,需要依靠财政提供长期持续的资金与政策支持,主要方式为国家选择重大科研方向和科研项目,然后由财政拨款支持科研,发挥我国"集中力量办大事"的体制优势。这种方式在"两弹一星"、"863"计划、高速铁路、超级计算、北斗卫星导航、国产大飞机、国产航母、航天计划等项目上也都取得了突出的成效。

近年来,国家出台了大量有关财政科研项目与资金管理改革的政策文件,为国家创新体系的运行提供了资金和政策支持。财政支持科技创新有明显优势,其目的性强、成效显著,但囿于资

---

[1] 陈东林,张晶晶.高校科技成果转化现状及促进对策[J].企业经济,2011,30(12):115-117.

金规模和体制约束,财政资金的支持力度相对有限,现有模式的实际效果不及预期、可持续性不强。

其一,国家财力比较单薄,需要支持的领域众多,对科技创新的支持不够全面、深入,缺乏对整个科研体系的系统化支持。财政资金来源单一,资金额度有限,既无法全面覆盖科技创新发展的各个领域,也很难就单一领域进行深入投资。政府对企业创新活动的支持也具有风险规避性,支持的重点往往放在技术创新的中下游,如对新产品的开发和生产阶段等,主要是在科技园区建设、技术工程和科研仪器购置等"硬件"方面提供支持,而对产品核心技术的研发,以及对处于种子期和起步阶段的科技型中小企业技术的创新,财政资金投入严重不足。

其二,单纯的财政拨款模式在向下分解时,很难避免人为因素的干预。由于科技主管部门之间存在功能性的分工,科技资源的分配也不免存在条块分配、多头管理的特征。科技计划评审、科技项目评估、科技奖励评价等方面缺乏差异化的制度设计,缺乏有效的统筹协调。财政资金的分配方式受到条块分割等体制性因素的影响,不能完全契合科技自身的规律。财政资金往往更加偏向规模较大的国有企业,中小创新企业在可获得的资源和能力方面的机会不均等、信息不对称。

其三,财政拨款支持的科研项目很多都停留在论文、课题、样品阶段,没能进入实体经济,变成可消费的市场产品。不少研究成果与中国实际工业技术实践存在明显脱节,大量理论研究未能转化为实际应用或产出并对实体经济做出贡献,大部分专利不能直接转化为生产力。即使存在"863"计划、"两弹一星"等举国体制下的成功案例，目前依然存在大量理论研究未能转化为实际应用或产出，并对实体经济做出贡献的情况。虽然我国已跻身专利发明大国，国内发明专利授权量连续多年位居世界首位，但专利转化率较低，大部分专利不能直接转为社会生产力，与发达国家之间存在较大差距。

其四，财政对科技创新的资金投入缺乏约束机制，难以与社会配套资金形成合力。企业对所获得的项目资金，除了贴息贷款需要归还贷款本金外，财政拨款没有经济偿还义务。因此科技项目往往重立项、轻验收，管理方式对项目承担单位也没有经济约束，导致企业对科技资金的使用效率缺乏实质性的关注，造成财政资金使用的低效益，难以起到示范、引导和调控的作用，也不易带动社会资金的投入。

三、金融支持科技创新的必要性与现状

经济增长理论表明，由于资本、土地以及劳动等竞争性生产要素在投入过程中均存在边际报酬递减的规律，因而这些要素的投入所能支撑的只是经济的短期增长。经济的长期增长需要技术的创新与制度的变革。在目前进行的依托互联网、以高新技术为代表的新一轮技术革命中，各国政府都在积极制定科技创新战略、抢占新技术高地。

在世界科创的浪潮中，夯实科技创新基础、促进科研成果转化是中国经济持续向前走、稳步进入高收入阶段的决定性一步。

01
金融支持科技创新

根据《中华人民共和国国民经济和社会发展第十四个五年规划和2035年远景目标纲要》，我国要"坚持创新驱动发展，加快发展现代产业体系"，必须"坚持创新在我国现代化建设全局中的核心地位，把科技自立自强作为国家发展的战略支撑"。要突出目标导向、问题导向，抓重点、补短板、强弱项，锚定目标、精准发力，加快建立保障高水平科技自立自强的制度体系，提升科技创新体系化的能力。

发达国家的经验表明，金融是促进技术创新逐步转化为现实生产力、实现科技与产业良性循环的助推器和催化剂。在科技向现实生产力转化的不同阶段，企业及相关项目对资金的需求有明显差异。概括来说，初始研究阶段需要的资金规模相对有限，但要求资金有比较高的风险容忍度，以匹配科学研究天然存在的巨大不确定性。随着科技创新不断走向现实生产力，对应的融资需求规模不断扩大，同时投资回报的确定性也在增加，而对资金风险容忍度的要求则趋于下降。因此，需要相对完备的金融体系来满足不同阶段的融资需求，最终实现科技、金融、产业的良性循环。

我国金融在促进科技创新和科技成果产业化方面仍处于相对初级的起步阶段。一方面，具有公共性的财政资金仍是现阶段政策支持科技创新的主要资金来源，金融部门在支持科技创新方面还只是起到辅助作用。但是，囿于资金规模和体制约束，财政资金的支持力度和可持续性并不强，而金融部门在支持科技和产业实现良性循环方面还有很大的空间和潜力。另一方面，现有金融政策体系在支持科技和产业实现良性循环方面存在"头重脚轻"

的问题。当前的政策体系更多地聚焦于支持偏前端的研发和实验室生产阶段,而在促进科技创新产品化、产业化方面着力不足。

近年来,我国金融改革稳步推进,金融体系不断完善,金融市场分层日益精细,金融产品种类愈加丰富,对科技创新的支持力度也有了较大提升。但总体上看,金融与科技创新的融合度还不够高,金融机构与科创企业的联系还不够紧密,金融体系的资金供给与科技创新对资金资本的需求尚不匹配,更遑论推动科创成果的产业化,从而实现科技与产业的良性循环。

首先,在我国金融系统中占据主导地位的银行业,对科创资金需求的满足还有较大提升空间。根据中国银行保险监督管理委员会(以下简称"银保监会")的统计,2020年银行业金融机构支持战略性新兴产业的贷款为3 304亿元,仅为2020年新增贷款19.6万亿元的1.7%。投贷联动作为银行支持科创企业的常见业务方式之一,虽已在商业银行中广泛开展,但目前以这种方式撬动的银行贷款规模还十分有限。政策性银行也是金融体系支持科技创新的一股重要力量,但在项目选择上往往跟财政资金有相当的重合度,在现实中发挥了财政资金的配套功能。

其次,债券市场和股票市场未能充分发挥直接融资的优势,在支持科技创新中起到的作用明显不足。中国证券业协会发布的2021年证券公司债券承销业务专项统计数据显示,23家证券公司承销发行了32只创新创业公司债,合计金额343.95亿元,占当年企业部门债券发行总额的比重不到1%。科创板为科创企业提供了新的融资平台,成效比较显著。截至2022年11月,科创板股票上市数量为486只，首发募集资金规模超过7 300亿元，在支持科创企业的力度方面明显高于主板和创业板。

最后，保险、融资租赁、担保等其他金融机构在激励科创企业试错、撬动科创信贷投放等方面也发挥了积极作用。保险机构为科创融资提供违约险，旨在分散科创企业在创新全链条上面临的各种风险，在鼓励试错的同时还可为科创企业增信。融资租赁机构通过为科技创新企业提供设备、器材等融资租赁服务，支持科创企业发展。担保机构服务科创企业的创新模式主要集中在地方层面，大多体现为各级地方政府立足本地实际情况成立担保基金，并为科创企业提供担保服务。

我国现阶段金融支持科技创新存在的问题与挑战

一、我国金融支持科技创新的核心矛盾及表现形式

经过多年发展，我国金融支持科技创新的多元化融资体系正在逐步形成。但是，现有的金融市场、金融产品以及金融工具仍难以满足科技创新的需求，科创企业的金融资源获取渠道相对单一，尚未形成多渠道支持体系。

导致这种现状的最根本原因是以间接融资为主的社会融资模式与科创企业的融资需求不匹配。这是我国金融支持科技创新面临的核心矛盾。

在过去的几十年里，以商业银行为主导的金融体系对中国经济增长的支持作用较强，主要是因为以往的增长模式多由要素投入驱动。在以间接融资为主的体系下，银行作为债务资金供应方，可以高效地将资金大规模地配置到基础设施和工业体系建设领域，资本要素投入通过相对简单的方式即可获得较高的产出效率，使得金融体系支持经济增长的有效性较强。但随着经济发展阶段的变化，我国以间接融资为主的金融体系对科创支持的有效性往往较弱。这集中体现为以下四个主要矛盾。

01 金融支持科技创新

（一）银行体系追求的本金安全和收益确定性与科技创新和成果转化存在的不确定性之间的矛盾

金融机构的经营活动追求的是本金安全和投资收益的确定性，这在以银行信贷为代表的间接融资模式中更为突出。在债务关系中，为了确保本金安全并维持收益的确定性，债权人往往更加关注债务人的短期风险、抵押品情况。长期以来我国的金融体系以间接融资为主，新增社会融资规模中的间接融资占比在2002—2020年呈现"下降—抬升—下降"的过程，2020年新增社会融资规模中的间接融资占比甚至达到了84.7%，维持在了较高水平（见图1–2）。间接融资下的信贷资金受制于银行的风险标准和严格的监管要求等，需要将每一笔贷款都收回，难以做到关注长期回报。而且，由于间接融资体系对本金安全和收益确定性的关注，在金融业务运营上极易出现"雨天收伞"的倾向。由于关注短期风险，银行信贷的顺周期性特征显著，尤其是在经济下行期，信贷资金通往实体经济的渠道并不顺畅。

间接融资体系追求的收益确定性与科技创新具有的巨大不确定性是相互矛盾的，因为科创企业的失败率较高。科技创新的不确定性由其本身的发展规律决定，存在技术传导路径的不确定性、科技成果转化过程的不确定性和商业回报的不确定性。据2017年标准排名城市研究院等的研究，中国科创企业的5年期存活率不足18%。[1]

---

[1] 标准排名城市研究院，优客工场，腾讯研究院. 2017中国创新创业报告[R]. 2017.

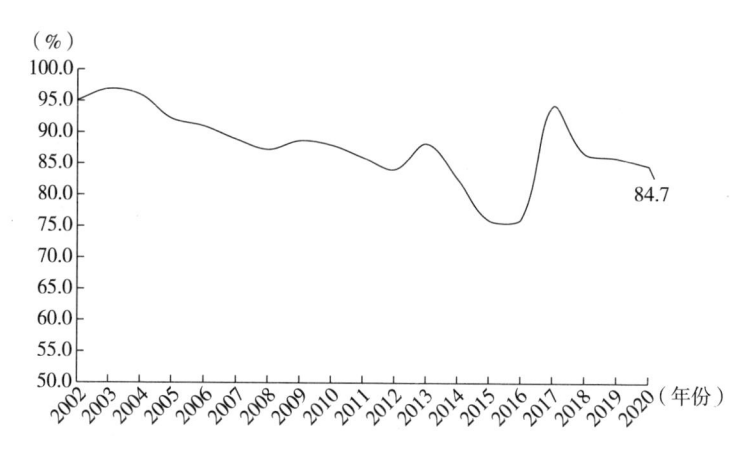

图 1-2　我国新增社会融资规模中的间接融资占比

数据来源：Wind。

当前以间接融资为主的金融体系，在追求本金安全和收益确定性与科技创新和成果转化不确定性之间存在的矛盾，使其在支持科技创新方面呈现诸多问题。

一是金融机构配置资源的效率较低。金融机构掌握了地方经济发展的金融资源以及大部分企业的周转和投资资金，这些资源是否能够得到合理配置，成为决定经济发展的重要前提。但是在中国，相当一部分僵尸企业大量依靠银行信贷资金支持勉强生存，挤占了宝贵的信贷资源，使得金融机构资源配置的效率较低。其重要原因之一与间接融资体系追求本金安全和收益确定性有关，在间接融资体系中，较高的政府干预度对接了这一需求。[①] 2021年，徐斯旸等基于对 2001—2018 年中国 A 股上市公司中僵尸企

---

① 钱诚. 银行竞争、信贷补贴与僵尸企业诱发——基于事件冲击与中介回归的金融抑制效应 [J]. 金融经济学研究，2018，33（3）：15-31.

业的识别及与其贷款数据的匹配加以检验，发现僵尸贷款存在一定的"泥流效应"：政府干预程度越深，僵尸贷款变化越大，且政府干预强化了资本充足率较低的银行发放僵尸贷款的动机。[①]

二是银行信贷存在一定的所有制和规模歧视，使得表现出更强技术创新动力的民营上市公司和小规模企业面临着融资难和融资贵的问题。在间接融资体系下，非国有经济在我国经济领域和信贷领域的地位仍然极不相称，那些创新动力较强的中小企业和民营企业只能通过模仿成熟技术来节省成本、降低风险。过度模仿不仅引发了部分行业的过度投资和恶性竞争，还降低了我国企业的长期竞争优势。此外，地方政府对于国有企业和大型企业的信贷支持不能提高信贷资源配置效率，反而提高了民营上市公司和小规模企业的债务融资成本，不利于技术创新投资规模的扩大。

三是即使获得了债务融资，还款压力也会降低企业开展长期投资的积极性和可能性，不利于技术创新。企业融资规划分为短期资金规划和长期资金规划，如何合理有效地筹集企业长期投资发展所需资本、满足技术创新资本需求，是企业融资战略遵循的首要原则。企业筹资渠道多种多样，不仅要考虑资金的需求量和可得性，还要考虑资本成本、期限匹配及资金风险等因素。以银行信贷资金为代表的间接融资资金，需要定期收取利息费用，客观上存在驱使企业短平快地赚取利润以偿还债务的倾向。

---

① 徐斯旸，张雪兰，杨先旭，辛冲冲.银行资本监管失灵与僵尸贷款的"泥流效应"[J].金融经济学研究，2021, 36（2）：67-86.

（二）中国金融资本注重当期稳定现金流的"短钱"特点与科技创新到实现产业化生产是个长周期需要"长钱"之间的矛盾

科技创新的周期一般较长，从基础研究到技术应用，再到产生商业回报，每一个阶段都需要时间的沉淀。所以，科技创新的融资需求也是长周期的，即对短期收益不敏感，专注追求有长期回报的投资模式。但我国的金融资本注重当期稳定现金流，具有一定的"短钱"性质，往往很难支撑长期的融资需求。

这一方面源于前文所述的我国以间接融资为主体的融资结构。间接融资中的债务关系，以在一定期限内取得相对固定的收益为条件，实践中的银行信贷更是需要季度付息与相应期限还本。对银行来讲，由于信贷资金是债务资金，考核更偏向短期，在贷款过程中更关注风险而不是创新，风险标准也要求每一笔交易都是良性循环，与科技创新的客观规律不符。对科技创新企业来讲，研发和创新需要资金和时间，无法很快形成可以面市的产品，会面临着较大的资金压力。此外，科创企业往往没有很好的过往财务数据，传统的银行贷款审批制度难以支持。这使得间接融资难以与科技创新紧密结合，放大了短期收益和长期收益之间的矛盾，无法精准地匹配供求，降低了资金支持的效率。所以，债务资金或称信贷资金实际上是一类"短钱"，即对其货币时间价值的占用往往被约束在较短期限内。

另一方面，"短钱"的性质还源于我国亟待完善的科研支持体系。我国的科研支持体系与政府意愿高度相关，除了直接的财政补贴外，与政府关系密切的产业投资基金以及部分银行贷款都与政府的支持策略有关。这导致我国对科技创新的支持存在"脉冲式"的特征，很容易受到政府换届、"五年计划"等的影响，因此科创获得的资金支持往往存在巨大波动。

世界各国经验表明，科技创新主要依靠直接融资，直接融资的长期性与科创的长周期特征可以更好地匹配。以美国为例，美国科技发展和金融支持具有两个特点：一是财政数额大且连续多年；二是以股权融资为主的运作模式。美国资本市场派生出大量的天使投资、创投基金等风险投资，初始以股权和股份投资科创企业，等企业发展到一定水平，可以通过上市获得进一步发展的空间。

应当看到，与银行贷款相比，以股权、股票为主的直接融资体系更有利于科技与资本的结合。股权资金本质上与财政拨款类似，更看重长期收益和回报，对于投资标的和项目，并不需要每一笔投资都盈利，只要若干年内预期的若干项目成果能满足投资回报即可。股权投资对短期收益的波动不敏感，能够支持科技创新企业从种子期、初创期获得股东投入和风险投资，帮助企业进入成长期和成熟期，再通过上市等更多元的融资渠道进行退出或更换。这种模式符合收益覆盖成本加风险的基本逻辑，也是国际上金融支持科技创新的主流。

从直接融资来看，我国直接融资2021年7月末占比达12.5%，对标以直接融资为主的金融支持科技创新体系，仍有较大提升空间。中国应该借鉴国际成熟经验，推动以债务为主的金融支持科技创新体系大幅度转变成以股权为主的金融体系，才能使金融资本从"短钱"变为"长钱",从而更好地发挥科技发展对经济增长的引领和带动作用。

(三)中国金融体系习惯于服务大企业、为大项目给"大钱"的特点与早期科技创新阶段需要"小钱"之间的矛盾

我国以银行信贷为代表的间接融资体系往往存在规模偏好,倾向于建立资金规模较大的债务关系。这与科创企业在产品产业化阶段之前所需要的规模相对较小但风险偏好更高的资金支持之间存在矛盾。

信贷资金的规模偏好是由商业银行的业务模式和盈利需求决定的。一方面,银行的单位贷款处理成本随贷款规模的上升而下降,由于信贷资产的收益是固定的,贷款规模变大不仅会带来收益绝对值的增大,也会带来单位收益率的提高。另一方面,商业银行的风险控制要求信贷需求方有足额的抵押品,为尽可能地消减信息不对称带来的不利影响,商业银行会在经营中将成熟的大型企业与其他企业进行区分,大型企业自然也偏好规模大的融资。其结果就是,银行尤其是大型银行通常更愿意为大型企业提供规模大的融资服务,而不愿为资金需求规模小的企业提供融资服务。

商业银行的大规模信贷投放与要素投入驱动型经济发展阶段也是相适应的。我国在计划经济时期实行"赶超"战略时,为了支持重工业的生存和发展,相应地建立了以大银行为主的高集中度的金融体制。[1]但随着我国经济发展阶段的变化,这种信贷投

---

[1] 林毅夫,李永军. 中小金融机构发展与中小企业融资[J]. 经济研究,2001(1):10-18,53-93.

放模式不再符合科技创新的客观规律。一是传统银行的"贷大、贷集中"的客户授信主导发展模式,与科创型企业的"小、散、专"的特点不相匹配。二是科创企业融资需求存在"短、快、急"的特点,与银行审批模式也不相适应。因此需要有新的投资模式及配套政策以匹配科技创新和社会发展的需要。

早期科技创新所需资金的规模不大、相对分散且风险偏好更高。此阶段的科创企业仍需要筹集资金用于后期研发,且将技术转化为市场认可的产品还面临着工艺、市场需求等多方面挑战,技术风险、市场风险、企业管理运营风险很高。这一时期的科创企业除自有资金外,外源融资方面依靠风险偏好更高的风险资本且资金需求量不大,即需要的是风险偏好更高的"小钱"。而商业银行为早期科技创新提供贷款,则会出现严重的风险收益错配。在固定贷款利率环境下,科技创新产业化失败的信贷风险均由银行承担,且即使成功实现产业化,授信银行仍然只能收取固定利息,而无法享有科创企业高增长带来的风险红利。即使银行可以提高对科创企业贷款的利率,也无法弥补其将同一笔贷款发放给科创企业和大型企业之间的成本差距。而随着科技创新进入产业化阶段,科创企业虽然仍需要来自银行体系的"大钱"支持,但是具体的融资模式也与原有的粗放型信贷投放有所区别。

(四)金融体系"重抵押"与科创企业"轻资产"之间的矛盾

我国以间接融资为主的金融体系具有"重抵押"的特征,较为突出的就是商业银行以抵押品价值确定贷款额度的商业模式,这与科创企业发展早期的"轻资产"之间存在矛盾。商业银行与贷款企业之间存在信息不对称，而信息是有成本的，获取真实信息的成本更高。银行如果没有掌握融资企业的真实信息，出于对风险控制的考虑，就必然要求企业提供足够的抵押和担保。而土地、房产等固定资产又是极为受欢迎的抵质押品，长期自然形成银行贷款重土地、重房产抵押的问题。

科创企业普遍存在重研发、高人力成本、轻资产的特点，缺少土地、房产等固定资产抵押物，其资产主要为专利权、商标权等知识产权。科创企业往往希望通过科技专利、知识产权等作为抵质押品获得贷款，但目前知识产权质押融资客观上因为缺乏有效评估机制，存在公允价值难以确定、质押登记难等问题，实际操作较为困难，尚处于起步阶段。知识产权聚焦细分领域，通常仅同业而非全市场了解和认可其真正价值，这也造成知识产权交易流转困难。与此同时，专业的知识产权转让平台尚未形成，银行对知识产权的处置和变现十分困难，一旦某笔知识产权质押融资出现不良状况，银行很难在短期内弥补损失。

在科创企业发展的早期阶段，经常面临着经营暂时浮亏、无担保、无抵押的问题，因此很难从"重抵押"的金融体系中获取长期的资金支持。处于初创期的科创企业利润较少甚至为负，较难提供符合银行授信要求的经营数据。某些企业甚至可能因为缺乏专业的财务人员、财务报表不健全、信息透明度低，致使银行无法通过分析财务数据评估科创企业的当期经营状况和未来盈利能力。且多数处于初创期的科创企业由于从未获得银行贷款，征信记录较少甚至空白，进一步使得科创企业处于早期阶段贷款难的循环。

商业银行发放贷款的审核标准也明显不适用于"轻资产"的科创企业。商业银行的审核重点是企业的有形资产，对企业的财务分析主要基于"三张表"（即资产负债表、现金流量表与损益表），关注的是企业土地、房产等抵质押物情况和过去及当期的经营情况。而在服务"轻资产"的科创企业时则需要将审核重点放在企业无形资产的分布情况上，需要逐渐摸索出能够对科创企业持续创新能力进行有效评价的授信机制，对企业的财务分析要更强调未来估值，需要重点关注企业未来现金流的可持续流入情况。

二、直接融资市场发育不足，对科创企业的支持有待加强

一是股票市场准入门槛偏高，新三板和区域股权市场的流动性不足，难以对中小型科创企业融资形成有效支撑。（1）沪深主板市场上市门槛较高，不适合为科创企业提供服务。（2）创业板上市门槛较主板低，但其对上市公司营业收入要求偏高。（3）科创板主要为新兴产业提供融资平台，同时也为行业内的大型企业提供融资服务。（4）新三板是多层次资本市场建设中承上启下的枢纽环节，虽然进入门槛较低，但退出渠道有限、流动性较差，转板难度大。（5）区域性股权市场也存在登记结算法规不明确、权属不清晰、交易模式受限等较多问题。

二是债券市场现有工具和发行标准不利于中小科创企业融资。一方面，我国债券市场交易品种不够丰富，高技术企业债券

和促进创新企业持续发展的中长期浮动利率债券发展不充分。另一方面，债券发行制度限制了中小科创企业的融资。债券发行流程较长，难以及时满足科创企业的融资需求，且债券发行制度也较少关注研发能力。

三是投资者结构仍不均衡，有待持续优化。受融资结构、投资文化等因素影响，资本市场投资者结构不均衡等问题仍有较大的优化空间。2021年9月23日，中国证券监督管理委员会（以下简称"证监会"）原副主席阎庆民在第四批全国证券期货投资者教育基地授权活动上表示，在股票市场，个人投资者总体规模已突破1.9亿，持股市值在50万元以下的中小投资者占比达97%。现阶段，个人投资者更关注短期投资机会和短期收益，这不仅会增加资本市场的波动性，也不利于形成资本支持科技创新的规模效应和长期效应。

四是风险投资尚未形成成熟规范的运作模式。风险投资机构在国外的主流架构模式是合伙制的风险投资企业，相对来说受政府监管较少，投资活力较高。国内风险投资企业大多由政府主导，金融机构投资占比较低，同时由于缺乏激励机制和完备的退出机制，民间资本和海外投资占比同样较少，限制了融资渠道，没有充分激发各类资本的投资活力。此外，风险投资的撤出手段也较为匮乏。风险投资的可持续性是以产权的流通性为前提的，由于科创企业在起步和发展阶段难以快速上市，加上产权交易市场不健全，也使高科创企业无法自由地转换产权，致使风险投资缺乏退出手段，不利于良性循环。

五是私募股权基金在运行过程中管理人的合规情况不佳。私募股权投资管理人不能完全履行责任，一些不合格的投资人进入私募投资行业，导致私募股权基金在运行过程中更多地注重募集资金和项目投资，往往忽视了募集质量和合规风险。在有限合伙型基金中，部分有限合伙人和普通合伙人关系不清导致的利益冲突，有可能造成基金信义义务无法实现；有的普通合伙人同时管理多只同类型基金，存在潜在的利益冲突，各只基金的"募投管退"很难做到相互独立。

六是法律法规仍不健全。我国的直接融资统计口径与证券的法律定义存在明显偏离，造成相当规模的直接融资业务没有纳入《证券法》的统一监管。直接融资业务缺乏统一的法律规则和界定，使得即使完全相同的直接融资业务也存在不同的监管标准和违法成本，影响投资者的信心，巨大的监管套利空间也增加了金融体系的系统性风险隐患。例如，企业在证券交易所发行的债券如果被认定是欺诈发行，可以适用《证券法》予以行政处罚，情节严重的适用《刑法》追究欺诈发行债券罪。而同一家企业如果选择在银行间市场发行同样条件的债务融资工具，由于不能认定为《证券法》下的证券，一般由银行间市场交易商协会等自律组织予以纪律处分。

三、鼓励金融支持科技创新的政策尚待完善

一是金融支持科技创新的配套政策和激励机制有待健全。一方面，在政策设计上，对于科技信贷、科技保险等科技金融业务

的倾斜性政策力度欠佳。诸多地区尚无针对银行科技信贷专营机构或特色支行的税收优惠政策；银行科技金融业务中的信贷、知识产权质押融资业务缺乏奖励及风险补偿机制；保险公司的专利险、产品研发险、关键设备研发险等科技保险也较少有财政补贴。

另一方面，对金融支持科创企业的差异化制度安排有待进一步完善。在严格的风险管控下，银行缺乏向创投企业发放贷款的动力。第一，商业银行与科技金融相关的内部制度需要完善和落实。为了激发银行一线员工的积极性，多地监管机构都明确要求银行对支持科技创新进行差异化制度安排，包括贷款准入标准、信贷审查审批机制、考核激励机制、风险容忍度政策等方面。但银行实际落地情况差异较大，存在专业人员欠缺、贷款尽职免责认定标准不清晰、尺度难以把握等问题，激励效果不佳。第二，专业性科技银行仍属空白，"股权＋债权"融资模式受限。我国的"科技银行"以银行分支行为主，无独立法人资格，在考核机制等各方面都受到总行的管理和制约，科技贷款同样沿袭普通经营贷款模式，无法开展"股权＋债权"模式。从2016年开展的针对科创企业的"投贷联动"试点结果来看，同样因为政策配套不健全、银行风险偏好低等问题，导致其业务发展缓慢、市场缺乏活力。

二是科技金融中介服务缺失。一方面，科创企业与金融机构之间的信息不对称是造成融资难的重要原因。科创企业涉及的知识领域较广，专业性和技术性较强，金融机构想要全面、准确地掌握科创企业的各种信息较为困难，或者获取成本过高，而科创企业自身提供的信息又存在夸大技术价值、隐藏风险的道德风险。金融机构与科创企业之间存在严重的信息不对称,致使金融机构难以对科创企业研发项目的收益性和发展前景进行有效评估,银行等风险偏好较低的金融机构自然会减少对科创企业的贷款。

另一方面,金融和科技复合型人才严重缺乏,科技金融中介服务难以满足需求,公共金融综合服务平台缺失。第一,在科创企业融资过程中,需要既懂科技又懂金融的复合型人才,如此才能准确地对接资金需求方与供给方的信息,例如美国硅谷银行就通过培养复合型专家团队来缓解信息不对称问题。而当前,我国金融和科技的复合型人才严重不足。第二,资产评估机构、会计师事务所、律师事务所等中介机构本身掌握的信息有限,难以准确评估科创企业项目价值。现有的知识产权鉴定、法律服务、信用评估等中介服务不能满足科创金融业务中双方的信息需求,完善的科创金融中介服务体系有待建立和健全。第三,缺乏全国层面的科技金融服务平台,政府引导下的金融机构与科创企业的直接信息沟通渠道有待加强。

三是缺乏系统性的风险补偿和分担机制。科技创新在长周期里伴随着各种风险,当前主要是通过财政补贴、风险补偿基金来实现风险补偿,通过科技保险、科技担保进行风险分担,整体上缺乏系统性风险补偿和分担安排,将科创企业项目的高风险性在银行、保险机构、担保公司、风险投资机构、科创企业等不同主体之间进行分担。一方面,各类风险分担机构有待进一步完善。第一,综合性科技保险体系有待建立。目前,不仅缺乏专门服务于科创企业的科技保险专营机构，科创保险产品也亟待创新，保险资金为科创企业提供的长期股权投资有限。第二，多层次科技担保体系有待建设。科技担保缺乏有效的管理制度，政府与科技担保机构间责任边界模糊，政策性科技担保资金来源少且规模较小，商业性融资担保机构发展不足。第三，科创企业贷款风险补偿基金规模偏小。第四，风险投资分担往往由于缺乏有效的退出渠道而缺位。另一方面，政府在风险补充和分担中的引导和协调作用有待进一步提升。加强金融风险防范不仅是单个金融机构的责任，而且需要在政府的引导下实现担保基金、财政补贴、银行坏账核销等各方面的政策配合。此外，政府引导基金的作用有待发挥，杠杆作用有限，需进一步撬动社会资金进入科创活动中进行风险分担。

金融支持科技创新的国际经验与启示

一、美国：重视中小企业融资保障，风险投资市场发达

首先，美国特设小企业管理局，以支持美国中小企业研发融资。其服务点遍布全美，为中小企业提供担保、融资和咨询服务。小企业管理局及其配套政策最大的作用是为中小企业融资提供信用增进，为投资者提供风险分担机制。目前，美国通过小企业管理局构建了从全国到区域再到社区的三层次中小企业信用担保体系，覆盖面广，可以为中小企业提供不同性质、不同类型的担保，助力中小企业更有效地获得贷款。根据小企业管理局的规定，在全国性中小企业信用担保体系中，对 10 万美元的贷款可以提供 8 万美元的担保，对 75 万美元以下的贷款可以提供总贷款额 75% 的担保，中小企业可以拥有 25 年内的贷款偿还期。

其次，多层次的资本市场是支持企业科研创新的主力。硅谷银行是美国科技创新间接融资市场的代表。硅谷高新技术企业"轻资产"的特点使美国商业银行的资本定价模型无法在科技型企业的信贷风险评定中发挥作用。硅谷银行开创了"科技银行"模式的先河，使金融产品符合科技型企业融资需求。硅谷银行主要为风险投资机构及天使投资人、科技型中小企业等提供服务。硅谷银行不仅为风险投资机构及天使投资人等投资主体提供账户托管、资产管理、信贷融资等服务，还以"财务顾问＋托管"的

专业化服务模式介入风险投资的交易过程，包括为风投机构与科技型中小企业建立信息对等的最优化服务平台，以及对风投机构投入企业的资金进行托管，帮助监管被投资企业上市前后的资金情况。对于科技型中小企业等融资主体，硅谷银行在投资中主要采取债权与股权相结合的方法，同时模糊直接投资与间接投资的界限，对于已获得风险投资支持的企业，硅谷银行可将资金直接投入企业。

同时，美国的直接融资市场也十分发达。除了层次多样、功能完备的股票市场外，债券也占据了资本市场中的重要位置。在美国，企业发行债券较为自由，企业只要与证券公司协商好发行总额和发行条件，就可以发行债券。债券的发行期限分为短期、中期和长期，没有地域限制，具有较高的回报率，因此发行债券也是美国企业重要的外源融资方式之一。

最后，美国的风险投资市场比较发达，是科技型中小企业的重要融资渠道。其主要特征有四。第一，组织形式以有限合伙制为主，可以有效地解决存在的一系列代理问题。第二，机构基金占绝对主导地位且资金来源广泛而稳定。美国风险投资资金来源多元化，主要来源有捐赠基金、投资银行、非银行金融机构、大公司、银行控股公司、养老保险、保险公司以及外国投资者的投资。第三，风险投资比较青睐在风险企业的成长期和扩张期进行投资，美国约有80%的风险投资资金投在了成长期和扩张期，行业则集中于医疗、生物技术、信息技术以及健康产业。第四，退出渠道多样，包括公开上市、企业兼并收购或股权出售、企业破产清算，这三种退出方式占比大致均匀，其中企业兼并收购或股权出售的占比略高。

二、德国：充分发挥全能型银行在支持科技创新方面的重要作用

德国的金融支持体系主要以间接金融和商业银行业务为主，以风险投资为辅，其政府综合运用财政杠杆与金融杠杆支持中小企业科技创新，有效促进了高尖端中小企业的发展。

首先，德国的银行体系凭借"全能型银行"的优势为中小企业的科创提供资金支持。德国银行在《银行业务法》中获得了全能型银行的权力，可以从事存贷款、贴现、信托以及财务代理和金融租赁等多层次金融业务，因此较容易满足科创企业的融资需求，同时全能银行与担保机构有紧密联系，在信用评级方面具有优势；当风险产生时，银行不需要独自承担风险，只承担小部分风险即可。德国银行可以直接投资并持有企业股份。同时，商业银行还可以通过成立中小企业贷款基金、与其他银行合作向中小企业贷款，通过证券化、银团贷款安排和信用风险分销等方式帮助广大中小企业拓宽资金来源。此外，为中小企业提供投行相关服务，包括发行承销、并购重组、资产证券化和结构化免税等。

在其担保模式中，担保银行具有先进的动态信用评级技术与风险承担体系，并规定担保银行的贷款损失率在3%以内，超过部分应通过增加保费率、政府承担以及担保银行投资人增加资本等方式进行解决。

其次，德国设立了分级管理模式，非常重视通过政策法规建设和财政补贴来激励中小企业的科技创新。德国政府将中小企业促进政策与创新政策相结合，促进中小企业发展的主要目的是提高其创新能力。在联邦经济部下设中小企业秘书处和中小企业局，各州经济部也设立了类似的管理机构，分别对中小企业进行管理和提供服务。在税收优惠方面，采取降低税率、税收减免优惠、提高税收起征点和固定资产折旧率等措施支持中小企业开展研发工作，还提供了很多财政补贴，并设立了中小企业研究与技术专项基金等。

最后，充分发挥资本市场的力量，为中小企业科创提供融资支持。德国政府积极参与支持设立科技创投基金，2005年以公私合营模式和股权投资方式启动了高科技创业基金，重点资助信息通信技术、生命科学、自动化与电子技术等七大重点领域。为推动风险投资公司发展，德国政府与上百家风投公司建立合作关系，以优惠利率向其贷款，使资金流向科技园或孵化器，并承担一定比例的风险担保。"工业4.0"涉及的新兴产业以及具有高成长性的行业更容易获得风险资本的青睐。德国政府通过调整中小企业的政策导向，引导资本流向创新型领域。

三、日本：银行体系主导，信用补全制度全球领先

日本的金融体系与德国类似，也是以银行为主导的间接融资体系。日本金融体系支持科技创新的主要实践体现在以下四个方面。

第一，日本在法律法规层面建立起金融服务中小企业科技创

新的整体架构。自20世纪90年代开始，日本不断完善科技金融的政策法规体系。1995年的《中小企业创造法》是日本第一部支持对科技型中小企业进行风险投资的法律。1996年，日本各县设立"风险财团"，专门用于投资研发型风险企业。1997年，日本开始实施"天使税制"，为投资风险企业的天使投资人提供税收优惠。1998年，日本出台《中小企业投资事业有限责任合伙合同法》，并设立中小企业综合事业团（后改为中小企业基础设施建设机构），专门从事中小企业风险基金投资项目。2011年，《产业活力再生特别措施法》出台后，中小企业基础设施建设机构开始为风险企业债务提供担保。2013年出台的《产业竞争力强化法》进一步加强了政府对企业风险投资的税收扶持。

第二，成立三大政策性金融机构，为中小企业提供低息融资。与美国相比，日本拥有更多政策性金融机构，各个机构具有不同的特色和职能。日本政府为满足中小企业的融资需求，建立了国民生活金融公库、中小企业金融公库、商共合作社中央公库等政策性金融机构，这三个政策型金融机构的主要功能是为中小企业发展提供低息融资服务，但又各有侧重。国民生活金融公库主要提供小额周转资金贷款，服务对象是规模较小的中小企业。中小企业金融公库则支持规模较大的中小企业，为其提供长期低息贷款。政府和中小企业协会共同出资组成商共合作社中央公库，为团体所属成员提供贴现票据、无担保贷款等服务。这些政策性金融机构在一定程度上改善了科技型中小企业融资难的问题。

第三，建立起全球领先的信用担保制度，为中小企业融资保驾护航。结合本国银行主导的科技金融市场的特点，日本建立了具有本国特色的信用补全制度。信用补全制度构成的信用担保体系包括两级，一是担保与保险相结合，二是中央与地方共担风险。担保与保险相结合是指信用补全制度，包括信用保证协会制度和中小企业信用保险制度，信用保证协会在中小企业向金融机构借款时为其提供担保服务；中小企业信用保险制度是指信用保证协会在为中小企业提供担保时，与中小企业信用保险公库签订合同，当中小企业无法还贷时，信用保证协会可根据合同向中小企业信用保险金库索赔。政府和地方共担风险是指政府会根据情况补偿信用保证协会的最终损失。日本的信用补全制度被誉为最完善的信用担保体系，在间接融资市场发达而直接融资市场不发达的不平衡金融市场中取得了较好的政策效果，其担保规模在1999年末就已远远超过美国，较好地解决了科技型企业的融资问题，有效促进了科技型中小企业的发展。

第四，强大的银行体系是日本科技创新的主要融资渠道。20世纪90年代以来，日本经济陷入了衰退和停滞，尤其是在金融领域出现泡沫以及巨额不良债权等严重问题，引发了日本政府对传统金融制度的深层次改革。日本金融体制重建旨在改变高度监管的银行系统，将其转变为一个公开透明的、以市场为中心的金融体系，从而振兴日本经济。改革保留了原有体制的特征，采用了部分英美市场融资体系的内容，同时也创造了一些不同于任何已存在体系的新实践，对直接金融的吸收在一定程度上克服了传统金融模式的弊端，提高了金融市场的活力和金融机构的国际竞争力。改革后的日本金融中介在组织结构、融资工具和融资制度上都进行了创新,更加有利于日本科创企业通过间接融资渠道进行融资。

金融改革后,日本从法律上完全解除了银行、保险公司、证券机构等金融机构业务范围的限制,各机构之间的金融活动与服务相互交叉、相互渗透。在政策的推动下,日本金融领域出现了前所未有的大规模重组与整合。整合后的银团在组织结构上大都包含了银行、证券及保险等不同种类的金融机构,实现了银行持股公司的混业经营。

改革后的金融体系可以根据科创企业的生命周期来提供相应的融资服务。如创业投资子公司可以为科创企业的早期和成长期提供资金;当科创企业进入中后期时,由于前期的有利信息和创投机构的扶持,其获得银行贷款的机会更大,贷款额更高;科创企业步入成熟期后,金融持股公司下的证券子公司可以为企业利用股票市场和债券市场直接融资提供服务。

此外,日本政策性投资银行根据相关法律法规,对缺乏传统抵押担保物的创业企业,可以通过知识产权担保提供长期资本供给,在实践中主要以专利权和著作权作为担保。在政府、银行机构和科创企业三方的共同努力下,知识产权担保融资成为解决科技型中小企业融资困难的有效工具。

四、以色列:政府为科技成果市场化提供过渡性支持

以色列在实施科技创新战略中,着重营造激励创新的公平竞

争环境，通过各类研发资金支持建立创新风险分担机制，强化风险投资等金融行业对创新的服务功能。

首先，以法律形式明确科学家在资金使用中的支配地位。以色列政府建立了透明的法律体系框架，以色列的《产业创新促进法》将创新政策的制定、实施与协调等各项权力集中授予了经济与工业部（原工贸部）下属的首席科学家办公室等专职机构，使其统筹管理政府科研资金，有效做好对重点行业、关键技术领域的资金支持，在20世纪80年代牵头负责了以色列政府一系列研发支持计划，包括研发基金、孵化器计划、磁石计划以及国际交流合作等。

其次，淡化政府基金的收益目标，并建立风险分担机制。研发基金支持是以色列政府在《产业创新促进法》框架下最早实施，也是适用范围最广、规模最大的一项创新扶持计划。符合条件的以色列企业均可以向首席科学家办公室提出资金支持申请，一般约70%的企业可以获准通过，并获得占研发预算成本20%~50%的支持资金。以色列政府对提出申请的企业主要设置了三项条件：一是要求研发项目必须由申请企业亲自实施，不可委托给第三方；二是项目成果转化成的产品必须在以色列境内生产；三是研发技术的专利成果不得转让或出售给第三方。此外，根据《产业创新促进法》，获得研发基金支持的企业不得再申请其他的政府科技创新项目。研发项目取得商业成功后，一般要以专利权费的形式按一定比例、按年度偿还政府的资助资金，政府获得的收入总计不得超过资助本金与相应利息之和。

以色列政府支持科技研发并不以商业成功作为主要考量，不要求过高的投资回报，甚至对失败的初创公司还实行了债务豁免。以色列还设立了2.2亿美元的国家担保基金，通过议会授权，为中小企业申请银行贷款提供担保。

再次，鼓励国际合作，建立双边产业研发基金。在开展国际合作方面，首席科学家办公室遴选符合条件的国家及企业、研发机构，通过国际合作分享先进技术、获取市场信息，有效推动新技术、新产品进入国际市场。

以色列—美国BIRD基金（双边研发基金，以下简称"BIRD基金"）是全球历史极为悠久的双边合作基金之一，由以色列和美国政府在1977年联合创建，旨在促进以美两国中小企业产业技术创新的国际合作，成立至今已支持超过近千个产业合作项目。该基金在公司管理、项目投资等方面都很好地体现了双边合作的特点。在管理方面，BIRD基金理事会为最高管理机构，成员为6人，由以美各派3名代表组成，相关人员一般来自财政部、经济部等政府部门。BIRD基金要求所有项目必须由一家以色列公司和一家美国公司联合申请，两家公司共同承担研发和销售过程中的风险。这些项目会提交给有经验的专家审查。

与一般的风险投资基金不同，BIRD基金提供的是政策性债权融资，并不要求股权回报。BIRD基金对申请项目提供的资金支持最高可达到项目总预算的50%，而只有当该项目获得销售收入时，BIRD基金才会要求企业偿还资金。为了鼓励企业尽早实现商业化，基金根据还款期限的不同设置了不同的偿还比例，从

100%到最高的150%不等。如果项目失败，BIRD基金将不要求还款。

鉴于BIRD基金的成功经验，以色列政府分别与加拿大、新加坡以及韩国等国家建立了类似的基金，也都取得了不错的效果。2011年，以色列工贸部还推出了一项约合2亿元人民币的"印中计划"，鼓励科创企业加强与印度、中国的合作。

最后，鼓励风险投资发展，最大限度降低行政干预。在政府基金的引导和带领下，以色列积极引入众多的民间和国际风险投资机构，不断加大对以色列科技创新领域的投资。其中互联网、通信、软件、生命科学、半导体五大高科技领域分享了约80%的风险投资，市场化的风投行业逐渐替代了各项政府支持计划，外资风险投资机构成为支持以色列高科技发展的主导力量。在这一模式中，政府基金先期引导并在初现成效时适时退出，使财政资金效率最大化，也为风投机构提供了大量的投资机遇。同时政府将重心转向政策支持和投资环境建设，为以色列风险投资市场建立了开放竞争和法律保障的良性机制。

五、各国经验的重要启示

综合各国的科创支持体系，可以提炼出五个供我国参考的重要启示。

一是以银行为代表的间接融资体系对科创支持仍存在巨大的延展空间，关键在于如何规范地拓展银行的业务范围，以及增强其服务科创的能力。德国的全能型银行，既可以直接投资并持有企业股份，又可以通过中小企业贷款基金，以证券化等方式帮助广大中小企业拓宽资金来源。日本在20世纪90年代完全解除了对银行业务范围的限制，银行的各个子机构得以为科创企业提供全生命周期的融资服务。这对于目前仍以间接融资为主体的中国金融体系有着重大的借鉴意义。

二是直接融资应当是金融支持科创最直接、最有效的方式，关键在于在构建多层次资本市场的同时，要完善风险分担与退出机制，以便最大限度地平衡金融支持科创过程中的风险与收益。交易机制完善、流动性强、退出机制健全的多层次资本市场，可以对接不同类型、不同发展阶段的科创企业。科学规范的多层次资本市场的制度设计又可以为投资者在收益与风险之间做出可靠的抉择，从而提高其投资科创企业的积极性。

三是政府应该建立健全简洁、高效的科创支持制度体系。美国小企业管理局的设立极大地提升了美国各类科技型小企业的成功概率。日本通过《中小企业创造法》支持对科技型中小企业进行风险投资。以色列则通过法律形式明确科学家在资金使用中的支配地位。我国应结合自身实际，做好顶层设计，增强支持科创的制度供给。

四是财政资金的支持不可或缺，资金支持不仅应淡化收益目标，而且应注重发挥财政资金的信用增进和风险分担作用。当前科创获得资金支持不足的重要原因在于其风险较大，在现行体制下，金融体系的资金较难大规模进入科创领域。一方面，财政资金应淡化收益目标，例如以色列政府支持科技研发并未以商业成功作为主要考量，也不要求过高的投资回报，甚至对失败的初创公司还实行了债务豁免。另一方面，财政资金的信用增进和风险分担作用应得到着重发挥。

五是避免过度的行政干预，有效发挥市场作用。各国的经验是政府应搭建好平台，做好对民营资本的投资引导。政府的适时退出也是不与民争利的体现，有助于财政资金的循环使用，并发挥更大效益。例如，美国资本市场在较少政府干预的环境下赋予企业发行股票和债券的自由，为直接融资市场提供了广阔的发展空间。又如，以色列市场化的风险资本有效地将科技和资本进行对接，使以色列成为世界上公认的创业和创新技术中心之一。外资和民营资本共同参与，政府提供资金并制定相关规则，但通常并不负责具体运营。

对我国金融支持科技创新的政策建议

我国金融体系对科技发展的支撑仍显不足，既缺乏长期稳定的债权性资金来源，也缺乏成熟的股权融资市场支持企业创新。改革的核心思路应该是在不断完善以债务融资为主的社会融资模式的基础上，探索建立以股权融资为主的多层次资本市场体系，推动金融支持模式从间接融资向直接融资转变，通过政策设计，引导各类金融服务为处于不同发展阶段的企业和科技项目提供有针对性、差异化的金融支持。

一是要在现有金融结构中，释放银行体系服务科创产业化中不同阶段融资需求的能力和动力，即"破旧"。二是要借鉴国际成功经验，大力推动多层次资本市场的发展，更多地通过直接融资的方式满足科创企业在不同发展阶段的融资需求，即"立新"。三是充分发挥财政资金的支撑作用，让财政资金通过引导、担保、兜底等方式充当金融资本的后盾，与金融体系协同完成支持科创的重任，即"聚合"。

一、破旧：探索信贷融资支持科创的新模式，打造银行直接参与股权投资支持科创的新空间

（一）探索信贷融资支持科创的新模式——"专精特新贷"

就现有的金融形式而言，直接融资中的各类股权融资的确更

有利于满足科技创新各个阶段发展的融资需求，尤其是风险投资显然更适合支持处于初创阶段的科创小企业，而传统的信贷方式则不太适合。作为以间接融资为主的经济体，建设多层次资本市场是我们的战略，然而建成相当规模的直接融资市场，特别是各类风险投资市场，需要相当长的时间。当前有必要考虑通过业务模式创新，寻求有效发挥信贷融资的作用，开辟支持科技自主创新事业的新路子。

但信贷融资不同于各类股权融资，其资金来源是客户存款，银行需要在保证支付客户利息的基础上确保客户存款资金不受损失，因此容不得投资的损失；加上银行贷款的收益是合同约定的利息，贷款的还本付息也是一一对应的，因此既不能分享企业创新成功的高估值回报，也无法以这样的高回报覆盖其他投资的损失。所以，信贷资金支持科技初创企业，必须通过创新收益模式来解决上述痛点，以充分覆盖创新企业的高风险损失。

设立"专精特新贷"的好处在于，一是可以走出一条信贷支持科技创新的新路子。银行探索投贷联动、综合经营很有必要，但这些都还局限在银行如何利用股权融资市场支持科创企业的范畴，依然存在庞大的信贷资金不能进行股权投资的问题，以及股权投资业务与信贷业务风险隔离的问题。而若要通过理财子公司支持科创企业，又会与理财子公司的风险偏好相背离。二是在不违背信贷规律的同时，既能帮助初创科创企业解决初期发展资金不足的问题，又能解决这类企业的高风险覆盖问题。研究更多的抵押物和抵押方式虽有必要和需要，但其实许多事物之所以不能成为抵质押物，有其自身原因，而最关键的是这些物品没有成熟的市场和流动性。比如专利权，如果企业经营失败，拥有专利权的企业就很难实现该专利的价值。三是既可以解决企业初创期的发展资金，又不摊薄创始人或创始团队的股权，创始人或创始团队当然愿意为此付出合理的对价。

建议先选择四大行和部分中小银行进行试点，初期不超过10家银行。要求各行制订试点方案、确定试点区域。确定试点区域后，组建专业的团队或机构，培训人员，建章建制并建账，确定试点期间的贷款总额，研究合同条款和格式。央行可把这些试点纳入监管沙盒进行监管。考虑到银行开辟这一收费项目是重大创新，需要各部门的共同认定和协调。可由央行牵头，联合银保监会、证监会、发改委、财政部、物价局等部门，就增值收益的收取、会计科目的设置、记账规则、核算原则、损失核销等制定试行办法。相关部门还应共同探讨如何定义高科创企业，既要防止银行员工走偏方向，进行利益输送；也要防止一些企业监管套利和恶意逃废债或不兑现承诺；更要防止地方政府借此机会对银行此项新业务实施行政干预。

专栏一 "专精特新贷"的具体方案

服务对象：处于初创期的高科创企业。对于这类企业需要有一套特定的认定标准和办法，包括规模、行业、所处阶段等，目的是促进科技的产业化。

贷款期限：5~10年不等。

贷款金额：单笔最高3 000万元人民币。全部此类贷款占全行信贷资产应不超过3%或10%等（具体比例需要在进行仔细研究后确定）。

贷款收益：

1. 约定利息收入。

2. 增值收益：根据不同企业的情况具体协商，可以有多种形式，如：

（1）相当于一定比例股权IPO（首次公开募股）价格的收益（上市）。

（2）当某轮投资资金进入时，相当于一定比例股权的估值。

（3）一定时期（如5年、10年）营业收入一定比例的分成。

（4）多种类型的组合收益。

贷款管理：

1. 商业银行总行内设专业机构，专营此类贷款。

2. 单独考核与核算：

（1）资产质量单独考核，对外信息单独发布。

（2）贷款利息按一般利息收入入账。

（3）增值收益的核算：增值收益主要作为此类贷款损失的准备，不计入当年损益。可以列入专门的暂收款科目，或设立一个新的专业科目。当此类贷款发生损失时，首先以此账户资金核销损失；当此账户金额不足时，再以一般损失准备金核销。当增值收益达到此类贷款总额相当比例时（譬如100%），可考虑将增值收益的一定比例（譬如10%等）作为营业收入入账。

（4）根据不同企业的情况，确定贷后管理方式，包括派驻董事、参与企业决策或经营管理等。这些内容都应纳入贷款合同范围。

（5）当增值收益按合同约定兑现完毕，企业经营正常，而贷款尚未到期时，经评估后可将贷款纳入一般贷款进行核算和管理。

（二）适度放松对商业银行直接投资企业股权的严格限制，打造银行直接参与股权投资支持科创的新空间

虽然主要国家的银行法都没有完全放开对银行普遍参与非金融企业股权型投资的管制，但均设置了例外条款，放松了银行对中小企业、科创企业进行股权投资的限制，同时配套了相应的审慎监管措施，防止过度投机行为。此外，由于股权投资的风险远高于信贷业务，投与贷的经营理念差异较大，银行从事股权投资可能对资本金形成潜在冲击。且股权投资专业性要求高，风投、创投等专业机构通常仅聚焦于少数产业，甚至细分至产业中的特定领域，银行需要通过长期深耕和研究来提高专业能力。虽然商业银行已经形成了一套完善的贷款类债权项目的评审体系和管理体系，但是股权类投资由于诸多方面原因累积的经验较少，专业人才严重缺乏，评审体系和风险管理体系仍处于探索阶段，投资能力不足。

从外资金融机构助力我国科创发展的经历来看，过去几年来，我国在准入前国民待遇、负面清单等方面的开放措施已经走在了发展中国家的前列，在法律层面已经实现了内外资统一。但受到国内法律政策与发达国家规则不同、金融市场发展不成熟、营商

环境有待进一步优化等问题的影响，外资金融机构在开展各项金融业务时面临诸多隐性约束和障碍。因此，需建立健全银行从事股权投资全流程风险防控机制：事前做好充分调研，审慎选择投资对象，可选择采取与创投、风投机构合作等方式减少信息不对称；设立基于科创成果的风险评估机制；逐渐探索建立适应股权投资的评审和管理体系；在信贷业务与投资业务之间建立有效的防火墙机制；坚定地推进制度型金融开放，进行金融供给侧结构性改革等。具体建议包括如下几点。

一是在《商业银行法》修订之前，可由全国人大授权央行等金融管理部门制定支持科技创新的规章条例，适度放松对商业银行直接投资企业股权的严格限制，允许银行有更大的空间直接从事股权投资。《商业银行法》第三条中列举了商业银行的14项业务范畴，第四十三条规定"商业银行在中华人民共和国境内不得向非银行金融机构和企业投资"。但在实践中，商业银行业已通过其他方式间接从事业务范畴以外的业务，因此有必要对这些业务进行归类并确认。同时，可在人大授权央行制定的相关规章条例中，赋予银行在支持科技创新和科技成果转化等方面的自主性，重点是适度放松对银行直接参与科创企业股权投资的限制。

二是调整监管政策，允许商业银行以一定方式参与股权投资。目前商业银行参与股权投资主要有两条路径：用自有资金通过子公司投资，但同时要求按照风险资产的1 250%计提资本占用，其投资总额受到资本数量的制约；使用银行理财资金进行投资，但根据资管新规，投资人需要具有相应的风险承受能力，且资金期限需要匹配。基于上述现实，应尽早明确银行理财计划与信托计划（或基金资管计划）相同或相似的主体地位资格，以便可以直接对外开展股权投资、抵押权人登记等事项，而无须再依托各类通道进行办理。

三是融合科技信用体系与信贷评审体系，完善现有会计制度，使之更好地反映出新经济的发展特征。商业银行应建立与科创企业相适应的信贷评审体系和金融产品体系。鼓励银行积极开展信用贷款、知识产权质押贷款、股权质押贷款等融资业务的模式创新。制定专门的科创企业信贷政策和业务流程。完善现有的会计制度，重点是体现出科研人员和知识成果的资产价值，更好地反映出新经济的发展特征。在风险控制方面，重点考察科创企业的成长性和核心技术的未来转化程度，扩大与保险机构的合作范围，建立保险分摊机制。建立专业化的信贷审批团队，根据不同科创企业的特征，以及科创企业所处的不同阶段，为科创企业建立差别化的评价指标和独立的客户评级模型，实行专人审批和专业服务。

四是以大型商业银行为试点，构建银行股权投资基金。大型商业银行拥有足量的负债规模，可以支撑其划拨部分资金用于股权投资，且其利润规模也提供了抵御风险的能力。可考虑通过大型商业银行的试点，构建银行股权投资基金。引导银行积极参与国家重点支持领域的创业投资基金、政府出资的产业引导基金的投资，推动创新链、资本链、产业链三链联动，构建起科技、产业、金融良性循环的生态。同时，商业银行和政府相关部门可以联合设立科创企业信贷风险准备金，通过政府引导、商业化运作、专业化服务的模式，为信誉良好的科创企业提供无抵押、免担保的信用贷款，还可以利用风险准备金解决科创企业贷款期限和还款周期不匹配等问题。

五是推动商业银行人事管理模式变革，增强金融资本参与科技、产业循环的长期稳定性。在人事管理制度方面，应通过业务领导者的稳定性增强支持科创的长期稳定性。此外，银行的考核制度应做出差异化调整，在支持科创的业务方向上，应适当降低对机构或人员短期盈利能力的考核，注重长期回报。在人才培养方面，重点培育既懂金融业务又懂科技创新的综合型人才，从专业角度对融资企业的专利权以及授信产品进行审查和评估，多维度、多角度地交叉把控风险。此外，商业银行可以设立科技金融培训机构或部门，通过内部培养、外部招聘等形式吸引金融人才进入培训部门接受培训，并为其构建优质的成长激励体系，以助推科技金融业务的发展。

六是坚定地推进制度型金融开放，提高金融供给侧结构性改革。实施更大范围、更宽领域、更深层次的对外开放，鼓励外资和境外金融机构参与我国金融市场，提升国内金融体系的竞争水平和治理能力，加强我国传统金融机构对科技型企业和新兴产业的运行特点和规律的了解，充分发挥外资金融机构的"鲶鱼效应"。例如，浦发硅谷银行是中国第一家中美合资银行，为中国本土科技创新企业提供全方位的金融服务（见专栏二）；持续抓好金融业对外开放承诺的落实，对标开放程度较高的国际标准，推动形成以负面清单为基础的更高水平的金融开放;发展多层次资本市场,尤其是培育壮大与科技创新相适应的股权投资和证券市场,打通科技驱动、现代金融、实体经济之间的良性循环;优化金融监管制度,提高监管能力,构建更加清晰、可理解的金融监管框架。通过部门调整、权责重新划分来改进目前存在的政策的连续性和稳定性不够、分业监管背景下跨部门沟通协调困难、监管规定可执行性欠佳、一些监管规定缺乏细则等弊端。

专栏二 商业银行支持科技创新的实践

一、浦发硅谷银行的实践

(一) 基本业务模式

浦发硅谷银行于2011年11月获中国银行业监督管理委员会(以下简称"银监会")批准筹建,于2012年8月正式营业,上海浦东发展银行股份有限公司与美国硅谷银行有限公司各持有该银行50%的股权。浦发硅谷银行将自身定位于服务中国的科技和创新企业,特别是专注服务于科技型中小企业。目前开展贷款、咨询、外币、人民币、国际贸易等金融服务,主要包括六类业务。

一是流动资金融资解决方案,包括无公式贷款(短期流动资金贷款),不设定贷款使用条件,随借随还;定期贷款(中期流动资金贷款),结构较为灵活;应收账款池融资,以应收账款池的概念计算总金额的50%~80%提供融资,按月重新计算可融资金额,无须还款。

二是固定资产解决方案，主要为定期贷款（中期固定资产贷款），适用于尚亏损、缺乏抵押物、现金流不稳定的早期或中期科创企业，以及成熟期科创企业，贷款期限长达2~3年，每月还本付息，并按剩余贷款本金重新计算利息。

三是贸易融资解决方案，提供全球化的贸易融资服务平台，提供跟单信用证开立、备用信用证/银行保函开立、进口贸易融资等业务。

四是为企业由于股权、资产等收购所产生的银行融资需求发放并购贷款。

五是跨境人民币融资，境外企业可以在浦发硅谷银行开立NRA CNY账户（境外机构境内外汇人民币账户），并将账户内资金质押用以支持境内融资。企业可以对境外开立人民币信用证、人民币备用信用证或者人民币银行保函，并跨境支付人民币。

六是其他融资解决方案，包括过桥贷款（内保外贷、外保内贷）、第三方担保贷款、保证金贷款、银团贷款、境外拆入跨境同业人民币拆放、境外借入跨境同业人民币借出等。

浦发硅谷银行主要的服务对象是软件、硬件、生命科学、新能源、新材料等领域的科技创新企业及其投资人，借鉴和沿用硅谷银行的成功经验，针对科创企业的发展特点，多样化的信贷融资解决方案，不以抵押品或企业是否盈利衡量贷款风险，而是通过动态调整和风险控制等手段，创新业务模式，提升金融支持科创的效果和效率。

在贷前，浦发硅谷银行往往投贷联动，采用跟投策略。企业只有在获得风投基金投资后，才可能获得一定比例的浦发硅谷银行贷款，通常占风险投资金额的25%左右。如此通过借用风投基金的专业知识，筛选出了有发展前景的初创企业。除此之外，还培养出了一批具有专业知识背景的研究员参与信贷审批，相较于一般银行大大提升了对于科创型企业的辨别能力。与风投机构的良好互动能够进一步优化科创企业发展初期的资产负债表结构。

在贷中，浦发硅谷银行根据不同的初创企业特点给出不同的贷款条件。对于还没有收入的初创企业，银行要求企业用知识专利做定性而非定量的抵押，这样即使企业违约，通过出售专利给大企业也能弥补一定的损失。对于已经正常经营的企业，更注重应收账款等抵押方式。为了抵消风险和增加收益，贷款时浦发硅谷银行会要求少量（通常不超过1%）的认股权证作为贷款附加条件。认股权证占比不大，不会对企业产生利息负担。当企业成功上市或者股权价值增加时，认股权证就能给银行带来收益。

在贷后，浦发硅谷银行会对企业日常资金进出情况进行监控，从侧面掌握企业的经营状况，并及时对缺乏资金还贷的企业进行流动性预警和提前处置。当企业获得下一轮风险投资或进入成熟期，与信贷模式不匹配时，浦发硅谷银行则顺利撤出资金。

（二）实践中的实际效果

浦发硅谷银行已经为大约2 000家中国科技创新企业提供了金融服务，目前发放的贷款集中于信息传输、计算机服务和软件制造业、制造业和批发零售业，贷款金额分别占贷款总额的39.6%、17.2%和10.2%，总计67%。分地区来看，浦发硅谷银行的业务活动主要集中于上海市（贷款金额占贷款总额的39.7%）、北京市（贷款金额占贷款总额的30.4%）和广东省（贷款金额占贷款总额的12.7%），广东省内又以深圳市居多。

截至2021年底，浦发硅谷银行的总资产达到238.5亿元，总负债为218.3亿元，净资产为20.2亿元。在浦发硅谷银行的资产构成中，发放贷款及垫款余额为91.4亿元，金融投资为17.5亿元。在负债构成中，吸收存款为214.0亿元，拆入资金为1.9亿元，卖出回购金融资产款1.0亿元。2021年浦发硅谷银行的净利息收入为3.2亿元。

（三）存在的问题和挑战

一是市场环境的挑战。浦发硅谷银行的不少业务模式和风控经验源自美国，但美国在金融支持科创体系方面与中国存在很大差别，在科创企业的成长路径中金融服务的参与比重也有所不同。在我国当前以间接融资为主的金融体系下，浦发硅谷银行的规模和体量仍然较小，还不能服务于更多、更广的科创企业群体；国内的风投机构整体还有待发展，在专业化程度和投资能力方面还需要加强，这在一定程度上限制了投贷联动模式的推广。

二是科技的挑战。当前科学技术的发展日新月异，许多新技术、新应用的发展速度远超金融行业相关知识的储备速度，因此面对人工智能、生物科技等新兴科创类企业，不能简单套用过去的成功经验和风控模型，更需要有针对性和前瞻性地做出调整。

三是监管的挑战。一方面，美国与中国的金融监管在框架体系、政策目标和调控手段上都有很多不同之处，浦发硅谷银行在开展诸如国际贸易、跨境等业务时面临不同政策的制约。对于提供贷款的科创企业，认股权证是控制风险和增进收益的重要保障，而两国对科创企业上市的不同要求，以及中国科创企业在美上市可能面临的制约，都会使认股权证的作用受到限制。

四是决策权的挑战。浦发硅谷银行作为合资银行，中资和美资各持 50% 的股权保证了决策的公平性，能够兼顾中国和美国的情况。但同时，由于股权和管理架构都为中美混合的模式，在决策效率、决策机制方面可能还需要进一步提升和完善。

二、杭州银行科技支行的实践

（一）基本业务模式

2009 年，杭州银行率先成立了浙江省科技金融专营机构——杭州银行科技支行，2010 年就推出了"银投联贷"模式，提出以创投的眼光看企业，紧密围绕创投挖掘客户，依靠创投服务客户。2016 年，杭州银行以科技支行、中关村支行、文创支行为基础，整合成立了全国首个科技文创金融事业部。

杭州银行创设了"1+6+N"的特色科创金融组织架构，围绕科创小微企业，根据创投基金"募投管退"四个阶段提供全方位的服务，以基金托管、客户及渠道推荐、银投联贷、参与直投、匹配融资以及其他各类增值服务为抓手，在控制风险的前提下，充分放大社会资本使用效率，创新全生命周期服务。目前主要业务分为四类。

一是风险池贷款，指杭州银行与政府相关部门（如市、区、县科技局等）和担保公司（或保险公司等金融机构）三方共同发起设立风险池基金，作为科技型中小企业向杭州银行借款的风险补偿保证金，杭州银行依据风险池基金的金额放大一定比例，给予三方共同认可的科技型中小企业信贷支持的贷款业务。对于风险池贷款业务项下发生的不良贷款，先行由风险池基金进行代偿。

二是选择权贷款，为高潜力、高成长的客户提供包括但不限于授信业务、投融资服务、财务顾问服务等在内的综合金融服务，并因此额外获得了一定的选择权，兼具股权和债权的特性。该选择权指银行指定的、符合约定要求的第三方行权方享有按约定条款（约定行权期间、价格、份额等）获得客户股权或股权收益权（包含客户所持有的其他公司股权和股权收益权），以及按约定条款以市场公允价值转让、分享客户成长收益的权利。针对选择权业务收益后置的特点，选择权业务贷款利率可适度下调。

三是银投联贷，指对于与杭州银行合作的投资机构已投资或拟投资的企业，在综合考虑投资机构投资管理能力和企业未来发展前景、后续股权融资能力等因素的基础上，杭州银行以信用、股权质押、机构保证等担保方式，对企业进行满足其经营资金需求的贷款授信业务。银投联贷业务可分为投前贷后模式和贷前投后模式，在投前贷后模式下，投资机构先投资，杭州银行跟进贷款；在贷前投后模式下，杭州银行先贷款，等投资机构投资款进入后，企业先偿还银行贷款。

四是为解决当前中小型科创企业所面临的"担保难、融资渠道窄"的难题，针对初创期不同类型科创企业的不同需求，有针对性地推出政采贷、订单贷、知识产权质押贷、选择权贷、科保贷、履约保函等金融产品。

（二）实践中的实际效果

目前，杭州银行已服务科技文创金融客户超8 700户，累计发放贷款1 500余亿元，融资余额超300亿元，其中超过95%的客户为民营中小企业。超400家企业客户在A股主板或创业板上市。

（三）存在的问题和挑战

一是作为城市商业银行的事业部，服务半径和业务模式仍然受到传统银行的限制。不论是风险池贷款还是选择权贷款，都严重依赖于杭州银行的信用背书和业务资源，很难进一步跨地域、聚焦科创地进行扩张，也较难直接复制到其他银行，形成规模效应。二是对科技创新的聚焦仍不足。尽管提供了一定的支持力度，但没有对科技和文创类企业做出更为具体的区分，在金融支持科技创新的聚焦程度和专业程度上都仍需加强。此外科技成果转化不明显，对于提升科技创新能力、增强科技转化效果方面的制度仍需完善。

二、立新：探索建立以股权融资为主的融资模式，促进金融深度参与科技创新产业化过程

要让金融资金深度参与科技、产业循环过程，必须推动金融支持模式从间接融资向直接融资转变，建立和完善以股权融资为主的多层次资本市场体系，形成各类要素高效使用、各个部门深度参与、各项需求充分满足的新型融资模式，助推科技创新、成

果转化和产业升级。

一是发掘信用货币潜力，用好结构性货币政策工具以促进股权金融发展。根据美国的历史经验，无论是面对二战、罗斯福新政，还是次贷危机、新冠肺炎疫情，美国都通过巨额的财政赤字和美元发行来维持经济增速，以此获得和巩固世界霸权，其核心就是充分发掘、发挥信用货币的功能，信用货币的发放成为其股权融资的重要资金来源。我国也应有条件地探索发掘信用货币的潜力，以促进股权金融发展，考虑更快地将科技融资的模式从财政拨款模式转向金融支持模式。通过设立并用好结构性货币政策工具，为银行系统定向提供科创和产业循环的长期流动性支持，作为补充银行资本金的特殊方式。2021年，中国人民银行系统通过开展关键核心技术攻关融资对接，通过"支持企业技术进步专项信用贷款"，激励引导金融机构为相关企业提供了充足的支持。这种做法应当坚持。

二是健全多层次资本市场体系，形成可适应和满足不同类型、不同发展阶段的科创企业差异化融资需求的多层次资本市场体系，增强服务的多元性、针对性、普惠性。坚守科创板定位，推进科创板制度创新，服务成长型创新创业企业发展。深化新三板改革，围绕北京证券交易所的建立，打造服务创新型中小企业主阵地。规范发展区域性股权市场，发展私募股权投资基金。大力推进债券市场改革开放，拓展资产证券化业务，规范发展衍生品市场和场外市场。加强资本市场基础制度建设，推动以信息披露为核心的注册制改革，完善退市制度，防止行政管理的过度介入，加强投资者保护，为投资者提供良性的竞争环境，建立起与国际接轨的运营体系。

三是深入推进债券市场创新发展，推出满足不同阶段科创企业融资需求的直接融资工具和金融产品。允许大型金融机构，尤其是政策性银行和开发性金融机构，发行长期债券或其他长期股权、类股权类金融产品，用以支持科技创新、基础研究所需要的长期稳定的资金投入；统筹多层次债券市场建设，丰富和创新产品设计，为不同需求和发展阶段的科技创新企业提供更好的融资支持；加强法制基础建设，促进债券市场发行、交易、信息披露、投资者保护等各项规则标准逐步统一；明确政府和企业的责任边界，切实做到风险的合理分担，平衡好金融支持和风险防范。

四是加快发展私募股权基金。积极拓宽其资金来源，畅通"募投管退"等各个环节，鼓励不同规模、不同投资侧重、不同投资周期的投资主体依法经营。加强制度建设，尤其是要通过加强知识产权保护和核心技术人员权利保护，健全核心人力资本定价机制，完善发明专利界定、评估、定价机制和知识产权、技术交易市场，来支持科技人员的集聚。只要科研成果被大公司收购，科研人员就可以从专利收益、收购分成中获得稳定的小康收入，这种机制势必可以很快集聚起一批高水平的科学家。

五是推动长期资金进入资本市场支持科技创新，共享科创成果产业化的长期红利。要继续推进健全法制，建立高效而简洁的监管制度。完善证券发行、结算、信息披露等市场基础设施建设，稳定市场预期。丰富市场工具和品种，持续推动各类中长期资金积极配置、支持科创的资本市场产品。提高各类养老金、保险资金等长期资金的权益投资比例，鼓励包括社保基金在内的各类养老金、企业年金和保险资金等长期资金进入科创市场，配置与科创相关的金融资产，成为支持科技创新的重要长期资金来源，共同分享科技创新带来的长期收益。

六是进一步扩大金融业对外开放，用好国际国内两个市场、两种资源。鼓励海外投资引导基金和风险投资基金等风险偏好型投资进入，为国内创新提供全方位、多元化的资金供给。包括推动设立国际专项基金，通过母子基金、投贷结合及发行债券等方式，为境外科创企业来境内投资创业、龙头科创企业海外投资并购提供双向跨境人民币投融资服务；探索与"一带一路"沿线国家和地区的科技创新国际合作新模式，推动我国与"一带一路"沿线国家和地区间的资本市场联通，形成层次合理、功能互补的金融市场和丰富的产品体系。加强与中葡基金、丝路基金、中非产能合作基金的沟通协作，撬动更多国际资金投入科创建设；支持有条件的科创企业跨境融资，允许符合条件的高科技大型企业使用外债资金结汇，并依法开展符合规定的境内股权投资和境外上市融资，支持合格境外有限合伙人投资境内科创企业。

三、聚合：提升财政资金与金融体系的配合效率，共促科创进步

现阶段，金融体系应逐步成为支持科创的主力，如果财政资金在引导资金、提供担保和风险兜底方面能更有效率，那么科技、

产业、金融的良性循环也必将更为畅通。因此，当前有必要明确金融和财政两类资金在支持科技创新、成果转化和产业升级方面的职能分工，更好地发挥财政资金在科创的不同领域、不同阶段对金融的支撑和托底作用，实现金融和财政资金促进科技、产业良性循环的聚合效应。

一是相比于金融资本全面、系统参与科技、产业循环的特点，财政资金应兼顾普惠与重点，合理分担重大创新活动可能引致的创新风险。具有原创性和基础性的科研突破，常常具有很强的随机性，此时财政投入的主要方向在于，当基础研究取得突破之后，可通过较早的资金投入大大缩短从基础理论到形成产业的时间与业态的距离，通过财政引导放大产业效应和市场激励，为技术成果的应用转化注入稳定预期。针对不同的产业领域、创新企业发展阶段，需细分财政科技的投入重点与支持方式。其中，财政资金应重点支持芯片、新材料、新能源、高精尖设备和工业软件等存在"卡脖子"难题的技术领域。一方面，可以通过财政制度安排和专项资金运作支持关键领域的基础研究和技术突破，对为解决"卡脖子"难题做出突出贡献的创新成果提供有效激励，并形成示范效应；另一方面，可以进一步精细化支持中小企业"专精特新"发展的专项资金安排，加强科创企业的技术研发能力。

二是财政要立足于科研活动主体，在资本市场激励和企业自有的股权激励机制基础上，从体制层面完善对科技人才作为第一创新资源的激励机制。财政对科技创新人才资助的核心目标是从多个维度激发人在创新中的能动性。在人才培养中，应依据创新链条的不同需求分别培养创新型、应用型和技能型科技人才。在人才引进上，实施更加开放的人才引进政策，加大科技人才在薪酬待遇、社会保障、税收优惠等方面的财政支持力度。在人才管理上，给予科研人员更多的创新路线决定权和经费使用自主权。在人才激励与评价制度上，充分体现创新要素的市场价值，将财政奖励与直接补助相结合，完善科技人才在创新价值提升和科技成果转化中的权益分享机制。

三是加强财政资金和金融资金在支持科创方面的统筹协调，发挥中央与地方的积极性。在中央和地方的分工方面，中央层面要更多地发挥新型举国体制优势，将财政资金和金融资金形成合力，重在加大基础性研究投入，满足全局性科技创新的社会共同需要；地方层面应优先开展科技创新基地建设、科技成果的应用转移转化、区域创新体系建设等技术开发和应用研究，更多地依靠市场化的金融资金支持、助力科创企业完成市场化扩张。同时，与市场化的竞争机制相结合，从以对研发活动的直接补助为主，拓展到"后补助"、引导基金、政府购买服务等财政后端支持。需要注意的是，在国家重大科技任务的组织实施中，要创新统筹协调中央和地方各个科技管理部门的沟通与决策机制，避免科技计划的重复立项、重复部署，将科技战略规划、政策落实、科研项目管理、绩效考核等统一纳入国家科技管理平台，优化科技项目与财政资源的配置与管理方式。

02

提升金融监管效能

02
提升金融监管效能

过去40多年来，中国是唯一没有发生过严重系统性金融危机的主要新兴市场经济体。中国维持金融稳定的主要手段是经济快速增长和政府兜底。在亚洲金融危机期间，政府采取了剥离坏账、补充资本金和推动上市等一系列措施，帮助银行业避免了一场严重的危机。但现在我国金融规模越来越大，结构也越来越复杂，经济向高收入水平收敛的增速开始下行，政府很难对所有的金融风险问题采取兜底的做法，且政府兜底也容易引发道德风险。国务院金融稳定发展委员会（以下简称"金融委"）成立后，监管协调得以加强，监管体系的短板不断得以补齐，有效缓解和处置了近年来经济运行中出现的金融风险。然而，防范和化解系统性金融风险仍是一项需要高度重视的长期性任务。因此，未来金融监管应该在维持金融稳定、保障公平竞争、保护金融消费者合法权益与维护国家金融安全方面发挥更为关键的作用。

为提升金融监管效能，防控系统性金融风险，提高金融服务实体经济的能力，我们提出以下政策建议：第一，加快金融监管的立法和制度建设，明确监管目标与职责，合理区分监管与宏观调控、监管与经济发展、监管与金融行业发展；第二，提高微观审慎的监管标准，加强对金融机构日常业务经营常规化、动态化监管；第三，建立监管问责制度，加强监管政策的落地与执行，明确依法取缔非法开展金融活动（无牌经营金融业务）的部门和程序；第四，进一步完善"双支柱"宏观调控框架，明确宏观审慎政策的职责边界和权责划分，不断丰富宏观审慎政策工具箱；第五，统一地方金融监管的标准与政策，明确地方金融监管的权责匹配，加强中央与地方、地方各级之间的监管协调；第六，以金融监管创新支持负责任的金融创新，利用数字技术为监管赋能；大幅增加包括编制、经费与技术方面的金融监管资源的投入，提高监管能力；第七，央行、监管部门与财政部门应共同构建国家金融安全网，建立金融风险处置基金，同时更多地依靠市场方式取代政府的隐性担保，防范与化解系统性金融风险，维护国家金融安全；第八，在机构监管模式中应重视功能监管对提升监管效能的作用，借鉴"双峰"监管模式的经验，加强审慎监管与行为监管。

02
提升金融监管效能

近年来，中国金融市场波动明显增大，金融稳定的形势也开始发生变化。从股票市场的急剧受挫到货币面对巨大的贬值压力，从P2P（互联网借贷平台）市场道德风险到房地产市场的暴冷暴热，从杠杆率的居高不下到互联网金融的风险频发，从影子银行业务快速扩张到包商、恒丰、华融等部分金融机构暴露出严重的资产负债表问题，金融风险不断暴露并在不同的部门之间游走。这些市场波动影响了金融系统的稳定，引起了决策者和学术界对现行金融监管体制的反思和关注。如何改革金融监管体制、提升金融监管的有效性，已成为社会各界关注的焦点。

2012年后，中国经济由高速增长转向中高速增长。经济下行期伴随着生产率下降、杠杆率上升、政策空间收窄等挑战。银行部门不良贷款比率从2013年的不到1%上升到2020年的1.84%，如果加上关注类贷款，那么问题贷款的比率会更高，而且2020—2021年银行业每年还处置了约3万亿元的不良资产。2020年非金融部门的总负债与GDP之比已经达到280%。针对2008年以来效率相对较低的国有企业的杠杆率持续上升，而民营企业的杠杆率却不断下降的事实，政府和监管机构出台了多项政策支持中小企业融资，目前民营企业杠杆率已经反超国有企业。然而，金融支持实体经济的能力仍未得到有效提升，金融资金的流向仍存在明显的结构性问题。在经济下行压力下，不断增强的债务压力和地方中小银行可能不断升高的不良贷款率，已成为当前较突出的金融风险。

　　经济增长减速、杠杆率不断上升、金融管制程度较高而监管效能有待提升三者并存，导致系统性金融风险开始抬头并成为金融稳定面临的主要挑战。因此，防范化解金融系统性风险，已经成为当前中国面临的一项重要任务。我们测算的中国系统性金融风险指数显示，2008年全球金融危机之后，中国的金融风险发生情况有所下降，但是，在2014年之后出现了大幅的上升，随后有所回落，2018年以来又处于相对较高的水平。从趋势上看，2018年后系统性金融风险发生情况有上升的趋势。

　　守住不发生系统性金融风险的底线，是经济实现"稳中求进"的重要保障。2016年中央经济工作会议明确提出："要把防控金融风险放到更加重要的位置，下决心处置一批风险点，着力防控资产泡沫，提高和改进监管能力，确保不发生系统性金融风险。"这表明决策部门已经意识到当前金融风险的严重性。要降低金融风险，防范系统性风险，需要提高金融监管的有效性。自2008年全球金融危机以来，主要发达经济体均对各自的金融监管体系进行了反思和不同程度的改革，提高了微观审慎监管的标准，突出了宏观审慎监管和行为监管的地位和作用，把防范系统性金融风险摆在了突出重要的位置上。

　　中国当前的金融监管框架以"一委一行两会"为主体，采取的是分业基础上的机构监管模式。这种机构监管模式在金融业发展水平不高、金融工具单一的阶段，有效防范了混业经营可能产生的风险，保持了金融体系的稳定性。但随着金融市场的快速发

02
提升金融监管效能

展和金融工具的不断丰富,对金融监管的效能提出了更高的要求。具体而言,大型综合金融服务集团越来越多,行业界限趋于模糊,交叉业务也越来越活跃,分业监管显然已经不能适应逐步由分业走向混业的经营模式;数字技术与金融业务不断融合,在金融体系规模大幅增长的同时不断创新,一些突破传统模式的金融产品、服务和市场都迅猛增长,但监管标准不统一、监管存在空白等问题并没有得到及时有效的解决。

提高金融监管效能,防范和化解系统性金融危机,维护金融稳定是一项系统工程,应坚持顺应市场、统筹政策、夯实监管、支持创新的原则。为提升金融监管效能,我们提出以下政策建议:第一,加快金融监管的立法和制度建设,明确监管目标与职责,合理区分监管与宏观调控、监管与经济发展、监管与金融行业发展;第二,提高微观审慎监管标准,加强对金融机构日常业务经营常规化、动态化监管;第三,建立监管问责制度,加强监管政策的落地与执行,明确依法取缔非法金融活动(无牌经营金融业务)的部门和程序;第四,进一步完善"双支柱"宏观调控框架,明确宏观审慎政策的职责边界和权责划分,不断丰富宏观审慎政策工具箱;第五,统一地方金融监管的标准与政策,明确地方金融监管的权责匹配,加强中央与地方、地方各级之间的监管协调;第六,大幅增加包括编制、经费与技术方面的金融监管资源的投入,加强监管能力,同时利用数字技术等手段为监管赋能,以监管创新应对业务创新;第七,央行、监管部门与财政部门应共同构建国家金融安全网,设立金融风险处置基金,同时更多地依靠市场方式取代政府的隐性担保，防范与化解系统性金融风险；第八，在机构监管模式中应重视功能监管对提升监管效能的作用，借鉴"双峰"监管模式的经验，加强审慎监管与行为监管。

02 提升金融监管效能

金融监管与国际改革新进展

一、需要金融监管的原因

金融的基本功能是资金融通。资金融通有不同的形态,可以简单分为两类:一是直接融资,也就是股权、债券市场;二是间接融资,包括商业银行和保险公司等。不同渠道的主要功能是一样的,就是资金融通,资金从富裕方拆借或者投资到短缺方,中间会产生期限的转换、规模的转换、风险的转换。

金融对于经济发展至关重要。如果把经济比作人的肌体,那么金融就如同人的血液。所以说"金融活,经济活;金融稳,经济稳"。金融的诞生,使得交换、劳动分工和规模经济成为可能,金融发展伴随着经济增长在不断加速。英国经济学家、诺贝尔经济学奖获得者约翰·希克斯在他的《经济史理论》中有一个重要的论断:工业革命不得不等待金融革命。如果没有金融革命,工业革命不可能发生。工业革命的一个重要特点是生产规模和生产能力的大幅提升。生产规模的扩大,只靠企业家自身的资本积累是远远不够的,还需要有金融机构,能够将大量零散、廉价的资金聚集起来并配置给有前途的企业,才能将大规模生产变成现实。所以说,只有新技术是不够的,必须有大量廉价资金的投入作为支持,才能把蒸汽机转化应用于航运业、铁路业和纺织业。

虽然金融很重要,但要维持金融体系稳健运行,降低金融危机发生的概率，就必须进行有效的金融监管。金融的一大特征是信息不对称。在金融市场上，资金的需求者和供给者彼此缺乏足够的了解，这种信息不对称会带来决策失误的风险。比如，企业向银行借钱，银行并不知道企业的类型，往往能承受高借贷成本的企业，通常也是风险较高的企业。这就是经常所说的逆向选择问题。银行向企业发放贷款后，不完全知道企业是否会拿着这笔贷款投资风险更高的项目。这就是经常说的道德风险问题。如果企业投资的项目风险很高，那么企业违约的可能性就会很大。违约的可能性是由两个因素决定的：第一是还款能力，即借款人做成业务获得回报的能力；第二是还款意愿，即借款人还钱的主观意愿。银行持有的高风险资产越多，将来的不良贷款率就可能越高，银行资不抵债、进行破产清算的概率也就越高。由于银行用于发放贷款的资金来源于社会各界客户的存款，一旦银行因为违约或投资失败遭到客户挤兑，这种恐慌情绪就会很快传染到其他银行，从而引起系统性金融风险，进而引发社会风险。

可见，金融体系要实现稳健运行，有效的金融监管必不可少。金融体系中的金融机构、市场机制和监管政策有一个共同的功能，就是降低信息不对称的程度。银行把存款人的钱集中起来以后，可以聘请专业人员来做信用风险评估，降低信息不对称的程度，同时降低这项工作的平均成本。市场上的评级机构发布评级报告给投资者看，也能够帮助投资者降低信息不对称程度，了解投资企业的情况。监管政策中很重要的一条是信息披露。一家发行债券、股票的企业，必须定期披露必要的信息。

02
提升金融监管效能

金融监管一般是指金融机构需要遵循的一系列规则或者法律，以及为了实施这些规则和法律所采取的必要的监测和落实手段。

金融监管理论大体可以分为三个学派：第一个学派是科斯理论。科斯的大概意思是，如果市场有效，只有法律就行了，不需要再进行监管，因为每个人按照法律行事就不会出现问题。不过，虽然法律很重要，但并不能完全替代监管。依靠法律解决问题，最主要的手段就是诉讼，诉讼一般来说时间比较长，同时得在实际受到伤害时才能提起诉讼。监管的功能主要不是处置风险，而是防范风险，或者在金融运行过程中缓解风险、降低潜在损失。法律与监管都很重要，不能完全替代对方。

第二个学派是管制理论。监管是特殊的利益集团用来限制其他竞争者的手段，它们通过监管获得自身利益和垄断利润。

第三个学派也是被普遍接受的学派，其关注市场失灵和外部性问题。这个学派的基本观点是，即使是在有效的金融市场，仍然可能出现市场失灵的问题或风险。市场失灵的情况大致有四种：一是系统不稳定，即会造成相互之间的交互影响，最后导致系统性的崩盘，市场机制可能无法解决这一问题，如果单纯能靠市场机制来解决，我们也就不会看到历史上发生这么多次系统性金融危机了；二是信息不对称，这是金融交易与生俱来的特征，所以需要想一些办法克服它，需要补充说明的一点是，我们可以努力降低信息不对称的程度，但是不可能彻底消除信息不对称，这也是金融交易永远会有风险的原因，比如虽然我们习惯性地将国债称为无风险资产，但也只表明政府的违约率低一些，不可能真的零风险;三是市场失当行为,包括欺诈,比如庞氏骗局;四是阻碍竞争的行为,比如一些企业人为地设置障碍,阻止其他竞争者进入,形成垄断地位,获取垄断利润。

上面这些,都是金融监管应该努力解决的问题。金融监管的功能也是为了维持金融体系的有效运行,但是它的具体目的是要克服市场失灵和外部性问题。对于上述四个方面的问题,需要设置不同的监管机构和监管政策(见表2-1)。比如,为应对系统不稳定的问题,需要宏观层面的政策,因为它关系到整个系统的稳定性,制定宏观审慎政策或者宏观审慎管理是自全球金融危机爆发以来各国都在尝试做的一件事。为应对信息不对称问题,需要微观层面的监管,对于机构、交易实行具体的监管措施,比如资本金、流动性和资产持有方面的要求。关于市场失当行为,主要是解决公平交易和保护消费者利益,现在各国都有消费者保护局。各国对克服反竞争行为的政策安排都不太一样,但在很多国家都有独立的反垄断机构,我国也于2021年11月在国家市场监管总局的框架下成立了国家反垄断局。

表2-1 市场失灵的类型与监管政策

市场失灵的类型		系统不稳定	信息不对称	市场失当行为	反竞争行为
监管领域		宏观监管 金融稳定	微观监管 单个机构	交易监管 消费者保护	鼓励竞争
金融部门	银行 保险 证券 其他	宏观审慎监管框架	由一个或多个机构监管	由一个或多个机构监管	通常由一个单独机构负责

资料来源:作者整理。

02
提升金融监管效能

监管常用的手段有很多，主要包括以下几个方面：政府安全网（政府救助、存款保险制度、大而不倒问题）；资产限制（限制风险资产的持有）；资本金要求（资本充足率、杠杆率，《巴塞尔协议》）；注册与检查（骆驼评级、资本充足率、资产质量、管理、盈利、流动性和对市场风险的敏感度）；风险管理评估（控制风险的管理程序、压力测试）；信息披露（向市场披露必要的信息）；消费者保护（贷款真实性：关于借款成本的完整并准确，信息、平等信用机会法案）；竞争限制（限制分支机构、禁止非银行机构与银行竞争）。

存款保险制度主要是防范大面积挤兑行为的发生。在中国，所有50万元以下的存款都会由存款保险制度兜底。这样，即使银行出现问题，大部分人都不会去银行挤兑，风险就不会扩散，也不会引发系统性的问题。

银行监管限制高风险资产的持有。因为银行本身的安全性要求很高，所以一般来说，除了贷款资产之外，银行主要是持有一些国债或者高级别的投资资产。资本金要求主要解决银行运营的可持续性问题，如果银行赔了钱，只要有足够的资本金可以覆盖风险，公众的存款资金就不会受到损失，机构的可持续性就不会成为问题。《巴塞尔协议》就包含了对资本金的要求，近年来特别是在全球金融危机爆发之后，监管对资本金的要求在持续提升，特别是对于所谓的逆周期的资本金要求，以及对于一些系统重要性机构的额外资本金要求。

二、金融监管的主要类型

按照监管方式,金融监管可以分为机构监管和功能监管。机构监管是现代金融监管体系较为初始的形式,就是监管机构以金融机构的法律性质或注册类型(如银行、证券公司、保险公司等)为基础确定监管对象。在实行机构监管的金融体系中,各类金融机构通常分业经营,同一种类型的金融机构由同一监管机构监管。中国实施的是机构监管,就是根据机构的法律性质或者业务类别来实施监管。一个通俗的说法是谁发牌照谁监管。功能监管主要是看交易性质,只要涉及信贷业务,银保监会就会监管;只要卖投资产品,证监会就会来监管。

功能监管是以金融机构所从事的金融业务性质(如银行、证券、保险等业务)来明确监管机构的,每种类型的金融业务都有对应的功能监管机构。功能监管的概念源于美国经济学家罗伯特·默顿及其合作者的研究。在持续的竞争和创新中,金融机构提供的金融产品的种类和服务的范围在不断变化,金融机构与市场之间的边界也逐渐开始交叉,传统的机构监管者就会面临严重的监管重叠和监管空白共存的尴尬局面。因此,默顿认为机构监管转向功能监管将是不可避免的趋势,主张对发挥同一金融功能的不同金融机构所开展的类似业务实行相同的监管。

随着金融机构混业经营的趋势逐渐明显,功能监管的概念开始得到学术界和业界的关注。采取功能监管的代表国家有法国、意大利、西班牙和巴西等。在功能监管模式下,不同类型的金融机构开展相同性质的金融业务,将面临相同的监管标准,从而有

02
提升金融监管效能

利于促进市场公平和良性竞争。值得注意的是，在功能监管模式下，金融监管的有效性取决于对金融业务的明确界定。然而，在金融创新和金融科技快速发展的情况下，金融产品的复杂性提高会导致金融业务界定的难度加大，进而影响监管的有效性。

从机构设置来看，金融监管模式大致可以分为三类：

第一类是分业机构监管模式。同一种类型的金融机构（如商业银行）由同一监管机构（如银监会）监管。目前，采取机构监管模式的国家和地区有中国大陆、中国香港和墨西哥等。

中国的机构监管模式在很长一段时间内，为维护金融体系稳定发挥了积极作用。在金融业发展相对滞后，金融机构分业经营的情况下，不同类型金融机构之间的业务交叉较少，机构监管的模式能够有效地按金融机构的类型进行监管，监管成本较小且有效性较高。然而，进入2000年以来，尤其是加入WTO（世界贸易组织）后，中国金融业逐渐加快对外开放步伐。金融消费者对金融服务的需求日益多元化，在此背景下，金融机构为提高服务质量、提升竞争力，纷纷走向混业经营。机构监管的模式也越来越难有效地监管混业经营的金融机构。更重要的是，在机构监管模式下，常常会出现监管空白或漏洞，从而难以有效避免一些金融机构利用这些监管漏洞进行监管套利，进而导致金融风险上升。

美国所采用的也是分业监管的做法，称作双层多头监管模式。"双层"是指联邦政府和州政府有各自独立的监管权限，同时分为证券、银行、外汇等诸多监管参与者。美国的例子很有意思，在1998年花旗集团成立后，美国出现了很多综合性的金融服务机构，但却保留了分业监管的模式。2008年全球金融危机爆发之后，美国财政部的行动方案表明美国认识到了这种双层多头监管模式的不足，也成立了由财政部牵头、各监管机构参与的金融稳定委员会，并将"双峰"监管模式作为美国金融监管改革的长期目标。

美国的监管体系长期以来被视为全球最有效率的监管体系之一。20世纪二三十年代的大萧条后，美国建立了分业监管体制。在金融全球化趋势下，为加强美国金融机构的国际竞争力，1999年美国通过《金融服务现代化法案》后，重新建立了混业经营的金融体系。而随着金融机构混业经营和金融创新的快速推进，美国的双层多头监管体系出现了越来越多的监管空白、监管重叠，甚至监管失控，如风险较高且在金融机构间大量交叉持有的金融衍生品交易，几乎没有得到监管。这些缺陷在次贷危机中充分地暴露了出来。

为应对危机，2010年7月美国通过了迄今为止改革力度最大、影响最深远的金融监管改革法案，即《多德—弗兰克华尔街改革与消费者保护法案》（以下简称《多德—弗兰克法案》），对美国银行及资本市场监管进行了彻底革新，也为世界各国金融监管带来了深远影响。该法案的核心内容主要有：由原来注重单个金融机构安全稳健的微观审慎监管转型为宏观审慎监管，对有系统重要性的银行实施更高标准的资本充足率和杠杆率要求，建立金融机构清算与破产机制；对金融衍生产品、对冲基金和评级机构加强监管，实施"沃克尔规则"，限制大金融机构的投机性交易，

02
提升金融监管效能

要求绝大多数场外衍生品交易必须通过第三方交易所和清算中心进行，规范金融产品交易，消除监管真空；强化美联储宏观审慎监管职能，扩大其监管范围，破解金融机构"大而不倒"的问题；将保护金融消费者和投资者作为主要监管目标，并要求评级机构进行更加全面的信息披露，以促进公平交易和提高金融市场透明度。

第二类是混业监管模式，也称"综合监管"，是指由一个综合的金融监管机构对金融体系的所有机构和产品进行审慎监管和行为监管。综合监管的优势在于金融监管机构可以全面综合地掌握金融市场信息，从而避免机构监管或功能监管模式下不同监管机构的监管标准不统一等问题。在金融机构混业经营的趋势下，综合监管模式也成为2008年全球金融危机爆发之前国际金融监管模式改革的主要参考模式。

20世纪80年代，北欧国家挪威、丹麦、瑞典相继采用了综合监管模式。1997年英国金融服务监管局的建立，进一步推动了综合监管的改革趋势。其他代表性国家还有加拿大、德国、日本、卡塔尔、新加坡、瑞士等。到了2002年底，全球46个国家和地区建立了综合监管制度，由综合监管机构负责银行、证券、保险，或者是其中两大部门的监管。

虽然综合监管模式在掌握市场信息和统一监管标准等方面具有优势，但英国北岩银行事件以及随后的美国次贷危机暴露出来的金融机构行为和金融消费者权益保护等问题，均表明综合监管的有效性是有限的。三十国集团研究认为，在综合监管模式下，单一监管机构缺乏必要的制约和补充机制，且容易由于官僚化导致监管效率下降。因此，英国从2012年开始，逐步转向审慎监管和行为监管并重的"双峰"监管模式，美国也在全球金融危机爆发之后重视旨在加强金融消费者合法权益保护的行为监管。

第三类是"双峰"监管模式，也就是依目标进行监管。按照监管职能设立两个监管机构，将审慎监管和行为监管分开。审慎监管负责维护金融体系和机构的安全与稳健运行，行为监管负责公平交易，以保护金融消费者合法利益。这两个分开，类似骆驼的两个峰，所以称为"双峰"监管。澳大利亚是非常典型的例子，它有两个不同的机构。很多国家将宏观审慎监管的职能赋予央行。

随着金融创新和金融混业经营，金融机构提供的金融服务之间的差异缩小，以及金融控股集团（公司）的出现，导致金融风险更容易跨行业、跨地区、跨产品传染，从而引发系统性风险。因此，英国经济学家迈克尔·泰勒及其追随者提出了金融监管的"双峰"模式，建议成立金融稳定委员会以加强审慎监管，建立消费者保护委员会以规范金融机构行为，从而形成两个监管职能相互补充的监管机构框架，以防控系统性金融风险的爆发。

澳大利亚和荷兰是最早采用"双峰"监管模式的两个国家。2008年全球金融危机期间，这两个国家的金融体系表现得更为稳健，并在危机之后恢复较为迅速。在监管模式上，这两个国家均采取了审慎监管和行为监管既相互独立又相互补充的"双峰"监管模式。英国在2008年全球金融危机爆发后，决定继续推进金融监管改革，并于2013年4月正式走向"双峰"监管。目前，西班牙、意大利和法国也在积极考虑采取"双峰"监管模式。

三、全球金融危机后监管改革的新进展

在2008年的全球金融危机爆发以后，金融监管改革明显提速，各国以及金融稳定委员会、IMF（国际货币基金组织）等一直在讨论国际金融改革问题。2008年次贷危机演变成全球性的大灾难是一个很直接的教训，它说明金融监管出了问题，所以需要进一步的改革。

全球金融危机爆发后，主要发达国家纷纷开始反思之前的金融自由化浪潮，重新审视新古典经济学的市场竞争和行业自律的基础假定。从而认识到有效的金融监管对维护金融体系稳健运行、有序提供金融服务的重要性，并积极探索推进新的监管改革。化解系统性金融风险是全球金融危机爆发以来国际金融监管改革的一个重要目标，特别关注大批金融机构同时发生风险的现象、金融运行中的顺周期机制和部分金融机构大而不倒的问题。从具体的监管改革举措看，进展比较大的是以下三个方面：提高针对金融机构的微观审慎监管标准、重视宏观审慎监管以防范系统性风险、加强行为监管以增进金融消费者合法权益保护。这三个方面也成为全球金融危机后国际金融监管改革的重要内容。

（一）重视功能监管，避免监管空白和监管漏洞

金融监管有很多不同的分类方法。按照监管原则和方式，可分为机构监管和功能监管。机构监管是现代金融监管体系较为初始的形式，简单地说，按照"谁发牌照谁监管"的原则，监管机

构以金融机构的法律性质或注册类型（如银行、证券公司、保险公司等）为基础，确定监管对象。功能监管与机构监管不同，是以金融机构所从事的金融业务性质（如银行、证券、保险等业务）明确监管机构，每种类型的金融业务都有对应的功能监管机构。

在金融业发展相对滞后，金融机构分业经营的情况下，不同类型金融机构之间的业务交叉较少，机构监管的模式能有效地按照金融机构的类型进行监管，监管成本较低且有效性较高。随着经济发展和经济全球化进程不断深入，金融消费者对金融服务的需求日益多元化。在此背景下，金融机构为提高服务质量、提升竞争力，纷纷走向综合经营。随着金融机构综合经营的趋势逐渐明显，功能监管的概念开始得到学术界和业界的关注。在功能监管模式下，不同类型的金融机构开展相同性质的金融业务，将面临相同的监管标准，从而有利于促进市场公平和良性竞争。需要明确的是，功能监管与机构监管并不是对立和非此即彼的。功能监管模式更加强化对业务统一规制的监管，以及对金融机构开办某类业务的监管，而非对金融机构设立、管理人员任职等机构功能的监管，比如债券业务，由证监会制定监管标准，并实施业务监管，银行办理债券业务，需要按证监会制定的标准开办业务，并接受证监会对本行债券业务进行的监管。但作为银行业机构，依然接受银保监会的机构监管，同时银保监会在对银行经营的监管中，同样按证监会制定的标准对银行开办的债券业务进行监管。为有效避免监管空白，无论是已经走向"双峰"监管模式的英国，还是坚持采取综合监管模式的新加坡，甚至是仍然采取机构监管模式的美国和中国香港，都已经开始在监管实践上采取功能监管的理念，按照业务性质明确监管主体，以减少监管漏洞。

（二）重视宏观审慎监管，注重防范系统性金融风险

2008年全球金融危机爆发前，国际主流的监管理念是微观审慎监管，认为金融机构是相互独立的，单个金融机构自身资本充足就可以抵御其他金融机构倒闭所引起的风险。然而，随着放松管制和金融创新的不断发展，金融市场化进程使得金融机构之间的关系更加紧密。金融机构自身的商业逐利行为，通过持有层层嵌套的产品或交叉持有资产，会产生较大的外部性，从而在面对负面冲击时，导致风险迅速传播。一旦货币政策收紧等负向冲击导致资产价格下跌，金融机构为了满足资本充足要求就会选择出售资产。如果多个金融机构同时出售资产，就会导致资产价格快速螺旋式下降，从而引发金融危机。

2008年全球金融危机爆发后，各主要发达国家均对自身的监管体系和监管理念进行了反思，认为在金融创新层出不穷、金融机构混业经营的趋势下，应在金融监管中更加突出宏观审慎监管的重要性。不同于微观审慎监管强调单个金融机构的安全，宏观审慎监管关注整个金融体系的稳定。宏观审慎监管的核心是针对金融市场的顺周期性，对金融体系进行逆周期调节，从而防范由于顺周期波动和跨部门风险传播引发的系统性金融风险。同时，确定具有系统重要性的金融机构并设置更为严格的风险控制标准，以降低外部冲击或系统重要性机构内部风险对整个金融体系

的冲击。作为危机后国际金融监管改革的核心内容，国际社会在加强宏观审慎监管方面已取得了一些积极进展，并在宏观审慎政策运用方面初步形成了可实施的操作框架。

（三）设立新的更加严格的微观审慎监管标准，增强金融体系的微观基础

微观审慎监管实行以"风险为本"的单个机构监管。目前，国际上通行的监管评价体系，以资本充足率、资产质量、管理能力、盈利表现、流动性和市场风险敏感度这六方面为标准，简称"骆驼评价体系"，是分析金融机构运营是否健康可持续的基础框架。

2008年全球金融危机爆发后，国际社会在提高金融机构资本金要求和强化内部治理等方面加强了微观审慎监管。针对资本和流动性不足、杠杆率过高等问题，2010年底G20（二十国集团）首尔峰会通过了《巴塞尔协议Ⅲ》，明确了新的资本充足率、杠杆率和流动性等监管标准，以确保银行持有足够的资本金，促使银行减少高风险业务。全球金融危机爆发前，不合理的薪酬机制成为金融机构公司治理的薄弱环节。鉴于此，金融稳定理事会和欧盟等分别推出了规范金融机构经理人及管理人员的薪酬制度，以防止金融机构经理人为追求短期高额利润而从事高风险业务的不当激励。

（四）重视相对独立的行为监管，加强对金融消费者合法权益的保护

行为监管是金融监管机构对金融机构的经营行为进行监督管

理，通过制定有关信息保护、避免误导欺诈、公平交易、争端解决等规定，以保护金融消费者的合法权益。市场信心对于金融市场稳定至关重要。行为监管机构通过金融科技手段进行检测或者通过对现场随机审查评估并及时披露信息，对违规金融机构进行处置，从而可以降低金融市场的信息不对称程度，增加金融消费者对金融市场的信心。然而，在实践中，相对于审慎监管，人们对行为监管的重视程度往往不够。相对于金融机构，对金融消费者的保护往往不足。在全球金融危机爆发之前，多数国家的监管指标体系和评价标准也更侧重于金融机构稳健经营和风险防范的能力，对金融机构经营行为的适当性和合理性以及由此可能产生的风险往往不够重视。

2008年全球金融危机爆发前的美国，由于经济持续多年保持稳健，宽松的政策环境增强了金融机构对房地产价格持续上涨的预期。金融机构通过各种宣传和营销手段，为大量不具有还款能力的消费者提供了抵押贷款，然后以此为底层资产，进行资产证券化。而当货币政策收紧，房地产价格下跌时，造成了大量不具有还款能力的消费者违约。因此，对金融机构行为监管的缺失，也成为美国次贷危机爆发的重要原因。而采用"双峰"监管模式的国家，其金融体系在危机期间以及之后的表现较为稳健，引起了越来越多国家监管机构的关注。英国、美国等西方主要国家开始改革原有的金融监管体系，加强行为监管和对金融消费者的保护。此外，金融稳定委员会、G20、世界银行等组织和机构也纷纷推出指导性意见，强调相对独立的行为监管的重要性。

(五)金融监管存在不同模式,实行"双峰"监管模式的国家,其金融体系在危机期间更加稳健

金融监管有很多不同的分类方法。按照监管方式,可以分为机构监管和功能监管。机构监管模式以金融机构的法律性质来区分监管对象,功能监管则是以金融业务来确定监管边界,即规定某一类金融业务由某个监管机构监管,而不论具有何种法律性质的金融机构从事这种业务。从机构设置的角度,可分为机构监管、综合监管和"双峰"监管。澳大利亚和荷兰是最早采用"双峰"监管模式的两个国家。2008年全球金融危机期间,这两个国家的金融体系表现得更为稳健,并且在危机之后恢复得较为迅速,这在很大程度上得益于审慎监管和行为监管既相互独立又相互补充的"双峰"监管模式。

"双峰"监管模式的提出者,英国经济学家迈克尔·泰勒将审慎监管的职责比作医生,发现金融机构的"病因"并加以救治,而将行为监管的职责比作警察,倾向于对机构的违规行为严肃问责,对违纪行为进行严肃处罚。在金融监管实践中,既需要"医生"又需要"警察",二者既相互独立又相互补充,这种安排可避免监管职能在不同监管部门之间重叠,并解决金融监管目标等方面的矛盾冲突,从而更好地维持金融体系的稳定。我们的实证研究也表明,2008—2015年,采取审慎监管和行为监管相分离的"双峰"监管模式的国家,其金融监管的有效性平均高出其他国家13个百分点(见图2-1)。

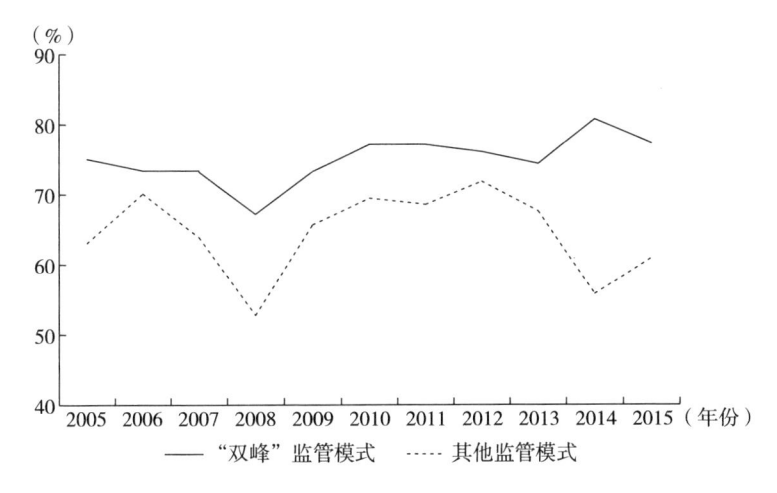

图 2-1 采取"双峰"监管模式与采取其他监管
　　　模式进行金融监管的效率比较

数据来源：CEIC 数据库；作者计算。

中国金融监管架构的演变与发展

一、中国金融监管架构的动态演变

改革开放以来，中国金融监管的主体架构经历了由人民银行统一综合监管到"一行三会"的分业监管，再到目前的"一委一行两会"的改革发展过程。"一委"即国务院金融稳定发展委员会（以下简称"金融委"），负责监管政策协调。"一行"即人民银行，主要负责制定和执行货币政策，负责宏观审慎监管。"两会"即银保监会和证监会，分别对银行保险、证券行业与机构实施微观审慎和行为监管，"两会"管理的主要对象是按照机构牌照来确定的，即重点监管银行、保险和证券类机构，也包括信托、租赁、小额贷款、财务公司等持牌机构。同时，地方金融监管局负责监管类金融机构，是"一委一行两会"主体架构的重要补充。因此，中国的金融监管具有分业和机构监管的特征。

20世纪90年代之前，中国金融机构和金融业务形式相对简单，人民银行统一监管成为这一时期金融监管的主要特征。1982年，中国人民银行设立金融机构管理司，后改为银行司，并分设条法司、非银行金融机构管理司、保险司和外资金融机构管理司。1983年，国务院做出决定，明确人民银行专门行使中央银行职能，并授权人民银行统一管理全国的金融机构和业务，成为中国金融监管体系形成的开端。

02
提升金融监管效能

1990年之后，随着金融机构种类的多样化和金融业务品种的多元化，证券市场、保险市场快速发展，分业经营格局基本形成，原有的监管体制已经不适应新的金融格局和加强金融管理的要求。为了规范和发展股票市场，股票上市发行由1992年10月成立的国务院证券委员会和证券监督管理委员会负责监管，而中国人民银行仍然对债券和基金实施监管。1998年国务院决定将证券委员会并入证券监督管理委员会，将中国人民银行的证券监管权全部移交证监会。1998年11月，国务院决定成立中国保险监督管理委员会（以下简称"保监会"），以监管中国保险市场运行。2003年4月，银监会成立。商业银行、金融资产管理公司、信托投资公司和其他储蓄类金融机构统一由银监会监管，而人民银行除保留了监管政策的制定参与权外，专职负责货币政策的制定与实施。至此，中国形成了以"一行三会"及其分支机构为主体的监管体系，银监会、证监会、保监会分别以各自行业的立法为监管的法律基础，实施机构监管。

近年来，利率市场化的改革趋势促使金融机构扩展业务范围，居民的理财需求促进了金融产品多元化，企业逐利动机也使企业积极开展金融业务。这些因素都推动了金融混业经营的形成与迅速发展。2002年，国务院批准中信集团、光大集团和平安集团进行综合金融控股集团试点，自此中国金融机构开始逐步由分业经营走向混业经营。2020年，数字金融机构蚂蚁集团也开始向金融控股公司转型。工商银行和中国银行采取海外投资的方式，获得全牌照证券子公司，兴业银行则通过信托子公司实现对证券公司的控制权。工商企业集团如五矿、华能等，通过控股金融机构实现了多牌照经营的模式，有效地规避了法律对金融机构投资的限制。在这种形势下，现有的机构监管模式越来越不能适应混业经营的现实。

为加强监管协调，同时尽快补齐监管短板，2017年7月成立了国务院金融稳定发展委员会。在金融机构混业综合经营的大趋势下，为避免原有"一行三会"框架下的监管真空和监管重复等问题，2018年3月，《深化党和国家机构改革方案》提出不再保留银监会、保监会，决定将两个体系合并以组建银保监会。在金融科技快速发展，新的金融形式不断出现的形势下，客观上要求金融监管体制主动适应金融业务形态发展。继续推进监管体系改革，也成为防范化解金融风险，提升金融治理水平的内在要求。

二、中国金融监管政策与"双支柱"框架

金融监管政策包括审慎监管政策和行为监管政策。其中审慎监管政策包括针对金融机构运营的微观审慎政策，以及保障金融体系稳健性的宏观审慎政策。行为监管政策主要是监督、纠正甚至处罚金融机构行为，从而达到保护金融消费者合法权益的监管政策。

2017年党的十九大提出的双支柱宏观调控框架是一项重要的政策创新。这项创新的触发因素可能是美国的次贷危机。危机爆发之前，美联储实行了非常宽松的货币政策，因为当时经济很强劲、就业很充分、通胀很温和，所以完全没有必要调整货币政

策，而美联储的主要政策目标是维持价格水平稳定。但事后知道，虽然当时价格水平很稳定，但非常宽松的货币政策环境却导致了严重的金融风险，最终酿成了全球金融危机。这就提出了一个问题，货币政策是否应该同时想办法应对金融风险？虽然已就货币政策要关注金融稳定问题这一点达成了共识，但能否将金融风险或者资产价格直接写到货币政策的目标函数里？应该说可操作性很低。

目前关于央行调控框架的新共识是两条腿走路。一条腿是货币政策，主要支持价格水平的稳定，同时关注经济形势。另一条腿是宏观审慎政策，主要追求金融体系的稳定。这也是党的十九大提出的双支柱的基本内容：货币政策追求价格水平稳定，宏观审慎追求金融政策稳定，两者之间紧密协调。2019年央行在原来的货币二司的基础上组建了宏观审慎管理局，与货币政策司并立运行。如表2-2所示，宏观审慎政策框架的关注点主要在三个方面：房地产，跨境资本流动，以及商业银行、系统重要性机构、金融控股公司和重要基础设施。这三个领域都是非常容易引发系统性风险的地方。

表2-2 中国宏观审慎政策框架

	政策变量	主管部门
一般性的工具	杠杆率	银保监会
	动态拨备率	银保监会
	逆周期资本缓冲	央行与银保监会
	宏观审慎评估体系（MPA）	央行
	房地产贷款集中度管理	央行与银保监会

续表

	政策变量	主管部门
家庭部门工具	贷款乘数（LTV）	央行
企业部门工具	商业房地产的贷款成数	央行
	跨境资本融资全覆盖宏观审慎管理（企业部分）	央行与外管局
	金融控股公司市场准入管理与监管	央行
流动性工具	流动性覆盖率（LCR）	银保监会
	净稳定融资比率（NSFR）	银保监会
	外汇融资约束	央行与外管局
结构性工具	系统重要性机构的附加资本金要求	央行

资料来源：中国人民银行；作者整理。

02 提升金融监管效能

时刻警惕系统性金融风险

一、金融稳定形势开始发生变化

在过去的40多年间,中国可能是唯一没有发生过重大金融危机的主要新兴市场经济体。中国的金融体系能保持长期稳定,背后有两个非常重要的因素,一是经济的持续高速增长,二是长期的隐性政府担保、政府兜底。高速增长的好处是可以在发展中解决问题,一些金融风险问题可以通过增长来化解甚至掩盖。政府隐性担保能够确保及时处理一定程度的金融风险,市场信心不会发生根本动摇。此外,监管机构适时综合运用各种手段处置和化解风险,也对改革期间金融体系的总体稳定发挥了积极作用。

事实上在20世纪90年代末亚洲金融危机期间,中国的银行业遭遇了非常重大的风险,银行平均不良率高达30%~40%(见图2-2)。在一般市场经济国家,如果不良贷款率接近10%,很可能就会发生银行挤兑。但正因为存在政府的隐性担保,存款人对政府信用保有较高的信心,所以我国才没有发生银行挤兑现象,更没有像泰国、印度尼西亚、韩国等国家那样发生系统性的金融危机。

这样,政府就可以腾出手来逐步改造银行业,包括冲销并剥离坏账、国家注入资本金、引入战略投资者,直到最后在国内外资本市场上市。为了处理银行的不良资产,政府专门成立了四家资产管理公司,将从四大国有商业银行剥离出来的1.4万亿元不良贷款放在资产管理公司里逐步处置。当时看起来,这1.4万亿元不良贷款简直是一个天文数字。但由于我国经济持续保持超过10%的高增长,这个存量很容易就被消化了。而且,今天中国的主要银行已经跻身全球最大银行之列。

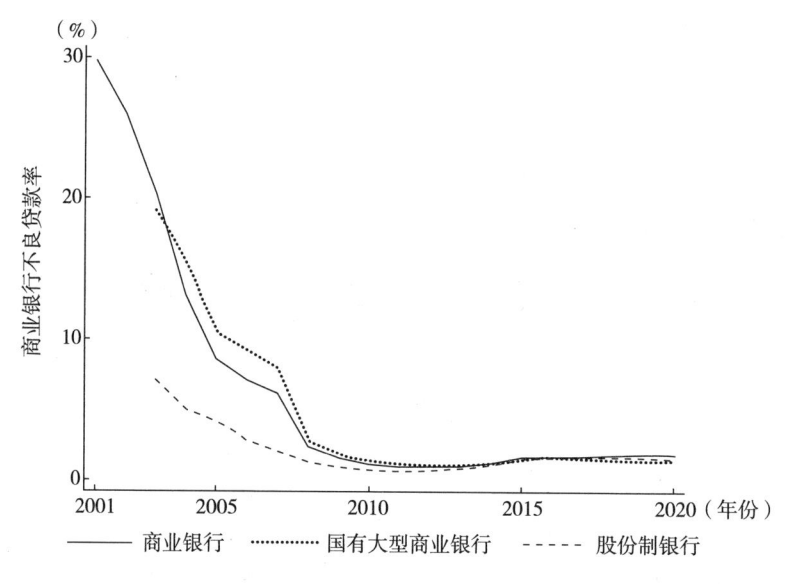

图2-2 2001—2020年商业银行不良贷款率

数据来源:世界银行;CEIC;作者整理。

如果当时没有政府兜底,没有持续的经济高速增长,中国银行业肯定会是完全不同的状况。可以做一个简单的设想:如果在1978年政府就决定彻底放开金融体制,什么都不管,那么可以预料在过去的40多年中国可能已经发生过好几次金融危机,特别是在亚洲金融危机和全球金融危机期间。但在了解政府干预的正面作用的同时,也需要注意两点:一是干预应是适度的干预,而

02
提升金融监管效能

不是全方位的干预;二是,虽然现在干预还比较多,但是在过去40多年间干预的程度是在不断下降的。从这两个方面来看,在市场体系尚未健全,债权人和债务人主要是国有企业的环境下,政府兜底具有合理性,这种金融管制也是有利于经济增长和金融稳定的。

最近几年,中国金融稳定的局面开始发生变化。尤其是从过去5年看,金融风险抬头的态势非常明显,甚至可以说是金融风险事件频发。2015年,上半年股市明显回调,下半年外汇市场遭受了非常大的压力,货币贬值、资本外流。2016年,全世界开始关注中国的高杠杆率。当时非金融部门负债,即政府、企业和个人的负债已经高达GDP的248%。当然,这个水平与发达国家相比并不突出,但与新兴市场经济体的平均水平相比已经高出60多个百分点。更重要的是在2009—2015年,非金融杠杆率猛升了70多个百分点。杠杆率水平高、上升速度快,引发了普遍的担忧。因此,2016年初政府开始实行去杠杆的政策。

2017年,影子银行业务,特别是理财产品市场的风险开始受到广泛的关注。年底监管部门出台新的政策,整治理财产品市场。2018年,地方政府包括地方融资平台的高负债率再次成为潜在的风险点。年初的全国人大会议对于地方政府的总负债规模定了一个上限。2019年,一批中小银行的资产负债表面临非常大的压力,不良贷款率也非常高,包商银行就是一个典型的例子,但其实问题非常普遍。2020年,由于风险的聚集和增加,一度非常活跃的P2P终于消失,多达6 000多家的个体网络借贷平台,年内全部清零。虽然平台不再正常运营了，但很多资产、负债问题还没有全部理清，遗留了不小的金融与社会风险。2021年中，房地产开发商恒大集团的一个债券违约，引发了地产违约潮，到2022年上半年，许多民营房地产开发商依然面临非常大的资产负债表与现金流风险。

受新冠肺炎疫情影响，为了帮助市场主体解决流动性问题，政府指导银行在2020年和2021年给中小微企业发放了大量贷款，这些贷款具有很强的政策性特点，在一定程度上缓解了中小微企业融资难的问题。但一方面，到2021年底，中小微企业的杠杆率已经大幅提高，而新冠肺炎疫情仍然在持续，企业依靠持续举债渡过经济难关的可能性越来越低。另一方面，随着中小微企业违约的增加，中小银行不良资产可能会成为新的热点风险问题。

这样来看，过去五六年间几乎每年都有金融风险，能够想到的可能出现金融风险的领域好像都已经出现过风险了。目前运行得比较稳健，还没有出现风险的领域是国有大型商业银行。2022年上半年，人民银行金融稳定局对全国4 000多家商业银行进行检查，发现最为稳健的就是全国最大的20多家银行。这些大型银行比较稳健，一方面是因为它们的盈利状况比较好，另一方面可能是因为这些大型银行有更强的国家信用支持。

二、增速换挡过程中中国的金融风险

（一）经济减速与区域分化

在新发展格局下，经济增长减速的同时，又呈现出南北分化的特征。全球金融危机爆发后尤其是近 5 年来，南北地区经济发展的总量差距和人均差距均呈现不断扩大的趋势。尽管中国东西部地区之间的发展差距开始缩小，南北方地区的总量差距和人均差距近年来却呈现出不断扩大的态势。改革开放以来，南方地区的经济总量始终高于北方地区。2001 年中国加入 WTO 之前，南北方地区的经济总量差距保持在 1 000 亿元以内。2002 年之后，南北方地区经济总量的差距开始逐渐拉大。2016 年之后呈现进一步拉大的态势。1978—2019 年中国南北方地区经济总量对比情况，如图 2-3 所示。

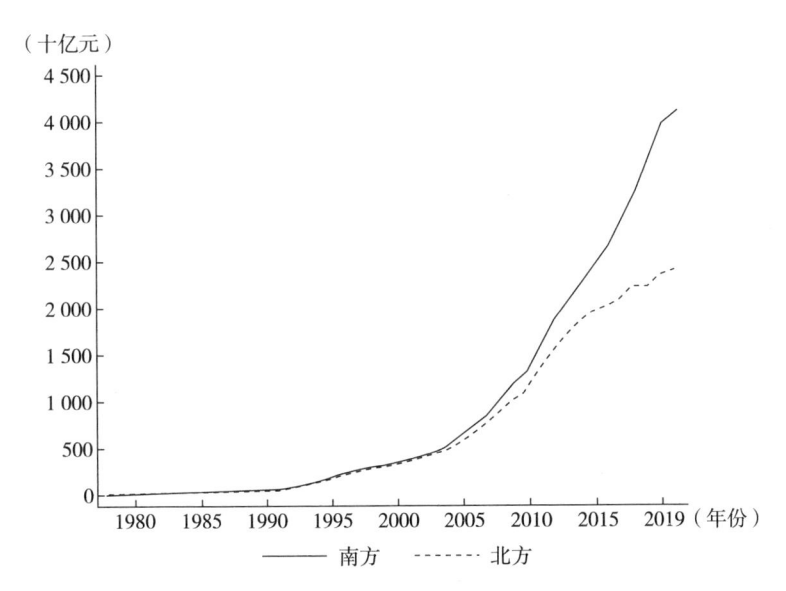

图 2-3　1978—2019 年中国南北方地区经济总量对比情况

中国加入 WTO 后，南北方地区人均收入水平呈现不断上升的趋势，且 2016 年之前北方地区人均收入水平略高于南方地区。

从2016年开始，南方地区人均GDP超过北方地区，并呈现拉大趋势。值得注意的是，2019年北方地区人均收入绝对值较上一年下降，由2018年的6.34万元降至6.24万元，而南方地区则由6.69万元提高至7.57万元，如图2-4所示。

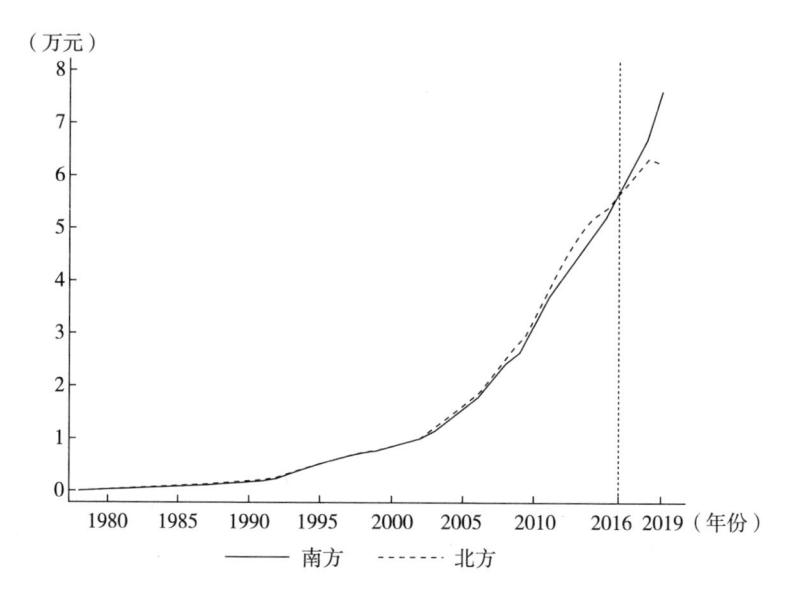

图2-4　1978—2019年中国南北方地区人均收入绝对值对比情况
数据来源：CEIC数据库；国家统计局。

产业结构影响市场活力，而市场活力又决定着产业转型的灵活性与自主性。南方地区以轻工业和制造业为主，更早开始实施改革开放政策，加上航运、气候等地理优势，更早参与国际分工和外向型经济发展，市场化程度和经济外向程度较高，民营经济等非公经济比重较大。金融危机爆发后外需疲弱，经济下行压力迫使南方地区民营企业更加主动地进行产业升级。广东、浙江、江苏等地大力推动人工智能、区块链、智能制造等新技术发展，以高端制造业和生产性服务业为主进行转型升级。同时，湖北、湖南、四川、贵州等中部和西南地区积极调整发展战略，主动承接产业转移，实现了较快增长。北方地区产业结构以重工业和能源行业为主。在这些行业中，国有企业占据主导地位，市场机制改革相对滞后，产业转型升级的主动性相对较低。

市场活力体现在营商环境、市场监管、市场化程度等方面。根据《中国省份营商环境研究报告》，按照"十三五"规划中市场环境、政务环境、法律政策环境和人文环境四个方面衡量，2020年南方地区营商环境指标平均高出北方地区10个百分点。营商环境排名前15位中，除北京、山东与河南外，其他省市均位于南方地区。与营商环境相关的是经济功能区建设。南方地区国家综合配套改革试验区数量是北方地区的2倍，自由贸易区和自由贸易港数量是北方地区的1.6倍，国家级高新技术开发区数量是北方地区的1.6倍，国家级经济技术开发区数量是北方地区的1.5倍。根据中国市场化指数，2018年南方地区市场化程度得分高出北方地区20%，市场监管得分高出北方地区48%。市场活力越高，意味着市场环境越高效、越公平，越有助于促进市场主体创业、创新和发展。

（二）稳杠杆政策取得一定成效，但宏观杠杆率偏高以及家庭部门杠杆率上升值得密切关注

高杠杆是所有风险的集中体现，也是中国金融风险的根源。近年来，传统金融领域的金融风险具体表现为：银行不良率上升，地方政府债务违约风险增大，房地产市场价格上涨过快导致资产价格泡沫出现，股市、债市等直接融资市场波动加剧，人民币汇率贬值预期导致资本外流等。考虑到中国银行业普遍较高的银行资本和拨备率，以及银行不良贷款率趋稳微降，银行业信贷违约风险总体可控。然而，产能过剩行业以及隐性不良贷款等结构性信贷违约风险仍不容忽视。

根据国际清算银行的数据，2008—2019年，中国非金融部门债务水平占GDP的比例由139%跃升至258.8%。受新冠肺炎疫情影响，中国的债务水平在2020年增长速度较快，2020年第三季度已达到285%。从国际比较来看，2019年中国的宏观杠杆率低于日本，但接近欧元区和美国，显著高于新兴市场经济体的杠杆率水平（199.1%）。分部门看，2022年初，在中国非金融部门的债务结构中，非金融企业部门债务率最高（163.1%），其次是家庭部门（61.1%）和政府部门（60.9%）。如果不考虑新冠肺炎疫情的影响，2017—2019年，宏观杠杆率过快上升的情况得到明显遏制，稳杠杆取得明显效果。自2017年第一季度至2019年底，非金融企业部门债务率下降了近10个百分点，而家庭部门则上升了近10个百分点至55.5%，政府部门上升了8.4个百分点至53.2%。

上述数据表明企业部门的去杠杆政策取得了一定的成效。但中国的杠杆率挪移具有明显的特色。全球金融危机爆发之后，美国是政府加杠杆、企业与居民减杠杆，而中国是企业减杠杆、居民和地方政府加杠杆，中央政府的杠杆率也没有明显提升。一般认为，家庭部门杠杆率超过65%，对金融稳定的影响就会增大。

2021年底,中国家庭部门杠杆率已达到61.6%,因此,家庭部门杠杆率上升速度较快及由此带来的风险隐患,值得密切关注。

(三)债务违约问题更加突出

根据国际标准,地方政府债务率一般不超过100%,负债率一般不超过60%。目前,贵州、内蒙古、辽宁、宁夏、天津、青海、云南、吉林等省、自治区、直辖市的地方政府债务率已经超过100%,其中青海负债率超过60%。在结构转型过程中,相比南方东部省份,东北、华北以及西部部分地区经济下行压力较大,地方债务余额超过地方综合财力水平。同时,这些地区的经济对房地产的依赖程度较高,地方财政收入对政府性基金收入较为依赖。随着房地产价格调控以及楼市降温,这些地区面临着较大的财政压力。如果再加上隐性的地方债务,地方政府债务风险将大幅提升。

在经济下行的过程中,部分民营企业债务违约风险提升,并可能向金融机构,尤其是地方性中小金融机构传递。2020年,为降低企业流动性风险,人民银行出台了延期还本付息等阶段性支持政策,这些阶段性政策到期后,企业集中还款压力较大。2021年民营企业到期债务规模与2020年大致相当,部分大型民营企业或出现"暴雷",冲击中小银行和资本市场。过去几年,旨在支持实体经济的社会融资,近一半的资金以贷款、债券和资管计划等形式进入房地产市场。房地产企业平均的资产负债率处于较高水平,一些高负债运营的大型企业,如华夏幸福,资产端产品结构不合理,难以在短时间内出售变现,负债端外部融资难度加大，导致资金链断裂风险加大。

在经济下行压力下，部分地区国有企业信用类债券违约风险增大，并开始向城投债扩散。河南永煤、辽宁华晨事件表明，地方国有企业违约风险在不断增大。2021年信用债还本付息规模接近10万亿元，东北地区、天津、河北、河南等地偿债压力较为突出，违约风险形势更为严峻。地方国有企业的信用债违约可能会向城投债市场扩散。2021年回售的城投债规模创历史新高。如果城投债市场的违约事件增多，将加剧企业再融资困难，资金链断裂风险会向金融体系传递，甚至引发系统性金融风险。

（四）中小银行不良资产等存量风险可能恶化

当前银行贷款仍是企业最主要的外部融资渠道。为确保向国有企业提供充足的低成本融资支持，民营银行的设立和民营企业的上市融资仍受到严格审批。因此，中国金融管制的结果集中表现为金融体系以国有大型银行为主导，资本市场发展相对滞后。尽管随着金融市场化的改革，全国性大型银行（四大行和交通银行）的总资产在银行业总资产中所占比重由2003年的58%下降到2020年的40.2%，但仍然占据主导地位。同时期的股份制银行和地方性商业银行（包括城市商业银行和农村商业银行）比重分别由10.7%和5.4%上升至18.1%和23.3%。而外资银行的比重仍保持在1%左右（见图2-5）。由于多数情况下地方政府和地方国有企业是城市商业银行（以下简称"城商行"）和农村商业银行（以下简称"农商行"）的股东，这种银行业结构更有利于为国有企业提供融资支持。

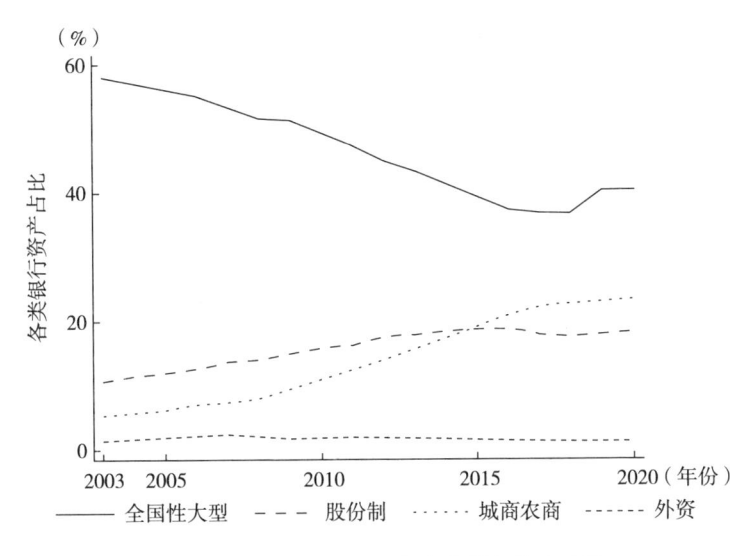

图 2-5 2003—2020 年各类银行资产占比

数据来源：CEIC 数据库；作者计算。

由于国有大型银行的资金、政策优势，股份制银行及中小银行的竞争更为激烈，货币基金等互联网金融的兴起，在一定程度上也提高了股份制银行及中小银行的资金成本。在去产能和加强监管的背景下，这些金融机构通过影子银行业务进行监管套利的动机增强，因而金融风险增大。尽管部分民营银行的资产质量在经济企稳的过程中得到了改善，但中小银行高风险业务的潜在风险仍值得重点关注。

2010 年金融监管加强后，以委托贷款为主的影子银行业务增长主要来源于股份制银行和中小银行，而不是国有大型银行。尽管影子银行快速上升的势头有所遏制，但业务存量仍较大。以委托贷款、信托贷款和未贴现银行承兑汇票为主的影子信贷占社会融资总量的比重,由 2008 年底的 10.0% 上升到 2014 年 6 月的 18.2%,后逐渐下降到 2020 年底的 7.3%。其中,在影子信贷中,委托贷款比重最大,由 2008 年底的 48.8% 上升到 2016 年底的 56.6%,后下降到 2020 年的 52.9%(见图 2-6)。

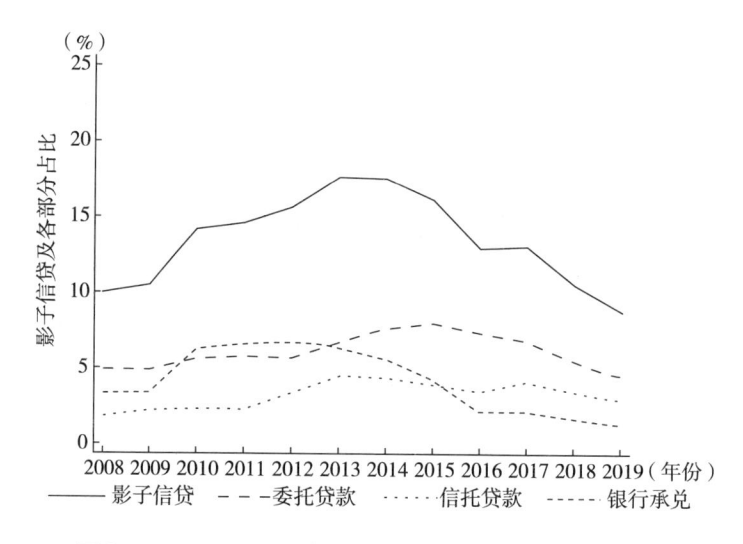

图 2-6 2010—2019 年影子信贷在社会融资规模中的占比
数据来源:CEIC;作者计算。

高风险的中小银行类金融机构,主要还是集中在区域风险较高的地区。据了解,2020 年底,在全国近 4 000 家中小银行中,超过 10% 的机构属于高风险机构,这些高风险机构的不良贷款率达到 17%,远高于商业银行 1.84% 的不良率水平。辽宁、内蒙古、河南、甘肃等地的高风险机构的数量占到全国近一半。比如,辽宁辽阳农商银行、辽宁营口沿海银行、天津银行、天津滨海农商银行等中小银行的不良贷款率已经达到非常高的程度。这些高风险的中小银行已经十分脆弱，如果大量资产质量继续下降，积累的存量风险可能会进一步恶化。

（五）互联网平台的网络效应可能会加剧风险传播，数字技术在提升金融服务效率的同时也给监管提出更高要求

近年来，大型科技公司开始涉足金融业，全面开展金融业务。阿里、腾讯、京东等平台机构在电商、社交、游戏等主业积累了大量客户，为辅助电商、社交场景和客户需求，发展支付、货币基金、大科技信贷等业务，逐渐形成了整个金融业务链条。目前，这些机构已经直接或者间接拥有支付、银行、征信、基金、小额贷款等金融业务牌照，具备了金融控股集团的特征，而且在支付、大科技信贷等领域已经走在了世界前列。

在相对宽松的监管环境下，中国的互联网金融平台与金融科技相关的业务发展迅速，已经从支付、征信、身份认证等金融设施领域，拓展到风险管理和金融资源配置等核心环节。然而，由于与互联网金融科技相关的业务和产品具有跨行业、跨地域的特征，规模效应和网络效应明显，随着金融科技的影响范围和深度不断扩大，如缺乏有效的监管，会影响金融稳定，推高金融风险甚至导致系统性风险提升。

互联网金融风控公司的网络和规模效应等特性引发的问题，也可能随着时间的推移而变化。比如，"长尾客户"的特性容易形成市场份额集中。但值得注意的是，在监管相对宽松的环境下，互联网金融行业内部的竞争也较为激烈。即使支付宝、微信支付等在市场占据较大份额，但潜在的竞争者也使得这些支付机构有动机不断地为市场提供更便利、更有效的基础设施和更高质量的服务。货币基金的出现，在一定程度上推动了中国的利率市场化进程。而随着货币市场利率的升高，在监管不足的情况下，依靠在货币市场融资的股份制和中小银行有可能更有动机进行高风险资产业务或直接参与监管套利活动。同时，大数据和AI（人工智能）等计算技术支持金融决策，对金融周期的影响也不确定。以大数据和AI技术为基础的信用贷款，与以抵押物为基础的传统信贷相比，在下降周期里，可能会平滑贷款的余额。但也可能在下行周期，通过计算技术的多角度分析，进一步降低贷款意愿，增加金融的顺周期性。值得注意的是，不规范地运用大数据和AI技术，将会导致风险增加。一方面，算法的可靠性、模型的科学性与合理性有待进一步验证；另一方面，算法和模型的透明度有待提高，对市场的突然变化，难以及时有效识别，且存在不断强化的自我反馈。目前，各平台的算法和模型都是"黑箱"，不规范的运用可能不仅不会提高金融效率，反而还会增加金融风险。

在互联网金融风控平台快速发展的过程中，由于技术原因或行业监管和信息共享的缺失引发的风险点值得重点关注。在普通用户的消费习惯向移动支付转移的情况下，技术故障可能会引起大范围的支付困难，并可能由于紧张情绪产生较大的社会外部影响。此外，传统银行业受到金融安全网的保护，在满足最低准入要求等条件下可纳入保险机制，必要时还可以获得央行的流动性支持。然而，目前这些大型互联网金融风控平台并不受"金融安全网"保护，而且长期游离在监管之外，在面对市场冲击时可能

02
提升金融监管效能

会出现羊群效应，放大金融体系的周期性，且一旦出现问题将难以获得支持，产生范围较大的影响。

金融与科技的融合是金融发展的趋势。近年来，互联网、大数据、云计算、人工智能等的快速发展，进一步推动了金融业务与数字技术的快速融合。我国在移动支付、大科技信贷、互联网银行等领域已经走在世界前列。可以说，数字金融的发展，改善了中低收入群体、中小微企业的金融状况，显著提升了金融服务的普惠性。不仅有助于弥补传统金融的供给缺口，也推动了传统金融机构的数字化转型。

然而，值得注意的是，数字技术的广泛应用和数字金融的快速创新，在提升金融服务效率的同时，在金融稳定方面也对金融监管提出了更高要求。新的产品、新的业务、新的模式不断出现。如果监管跟不上创新的速度，监管套利、道德风险等问题就会出现并快速积累，甚至导致金融风险扩散。特别是在我国传统金融投资品种较少、投资渠道相对单一的情况下，金融行为未被有效监管的平台机构会以高收益的融资理财等金融产品进行欺诈性、误导性宣传，吸引大批风险意识弱、刚性兑付意识强的普通金融消费者，最终造成产品大面积违约与平台机构暴雷，造成金融消费者，尤其是弱势群体的利益严重受损。

因此数字技术与金融业务的快速融合，对于监管而言，一方面带来了可用于提升监管效率的新技术，另一方面也要求金融监管根据市场创新适时进行动态调整，及时将新出现的金融业态、产品和活动纳入监管。

（六）金融委成立以来，有效缓解和处置了近年来经济运行中出现的金融风险

在我国经济由高速增长向高质量发展转型的过程中，内部面临疫情防控的不确定性和经济下行的压力，外部面临贸易摩擦和俄乌局势导致的地缘政治风险，同时，数字技术和金融业务的快速融合也让金融体系更加复杂，金融监管往往赶不上创新的步伐，不同领域出现金融风险的频率增加。

自2017年金融委成立以来，加强了金融方面的监管协调，不断补齐监管短板，有效缓解和处置了中小银行、企业债务、P2P、汇率、房地产等金融风险，积累了提升监管能力的经验。

同时，推动了监管体系改革。为避免原有"一行三会"框架下的监管空白和监管重复等问题，不再保留银监会和保监会，将两个部门合并组建了银保监会。在机构监管的模式中，更加重视功能监管，成为监管框架改革的主要方向之一。为加强金融监管协作，进一步明晰中央与地方的监管分工格局，2020年初，各省以及深圳市建立了金融委办公室地方协调机制，在强化金融风险问责、打击"逃废债"、加强风险信息共享、规范行业自律发展方面不断发挥积极作用。

进一步推动了金融业高水平对外开放。2019年以来，我国持续推进金融开放工作，监管机构放松了对外资金融机构所有权和牌照等因素的限制，外资控股或独资金融机构开始有序进入我国金融市场。例如，美国运通公司已经获批在我国发行信用卡；高盛、摩根士丹利等国际投行在华合资证券公司的股权占比已提高至51%;摩根大通已获批经营独资的期货公司;标普、惠誉等国际评级机构获准成立独资公司;贝宝成为第一家在我国提供在线支付服务的外国公司。

平台经济得到进一步监管和治理。近年来我国的大科技平台快速成长,在用户、服务、技术等方面已经具有国际竞争力。平台多通过积累的用户大数据,利用机器学习、人工智能等模型和算法向用户提供更加个性化、定制化的服务和产品。监管机构正在将平台提供的新的服务和产品纳入监管,按照市场化、法治化、国际化的原则完善平台经济治理,防止因隐私泄露和数据滥用给消费者带来的利益损害。推进大型平台公司整改,促进平台经济平稳健康发展,提高国际竞争力。

三、系统性金融风险成为金融稳定的长期挑战

近年来,中国金融稳定的局面开始出现变化。2015年起发生了一连串的金融风险事件,从股票市场的急剧下挫到货币面对巨大的贬值压力,从P2P市场的道德风险到房地产市场的"暴冷暴热",从杠杆率的居高不下到互联网金融的风险频发,从影子银行业务快速扩张到包商、恒丰、华融等部分金融机构暴露出监管问题,金融风险似乎已经变成经济生活的常态,不停地在不同部门之间游走。

金融稳定形势发生变化,与经济快速增长和政府隐性担保两大支柱发生改变有关。从2010年开始,GDP增长速度持续回落,2019年已降至6.1%。经济增速下降必然伴随着微观层面的资产负债表恶化,金融风险因素上升的情况很难避免。自亚洲金融危

机爆发以来，政府不断推进市场化改革，僵尸企业的比重持续下降。但全球金融危机爆发以来，这一比重又出现明显的反弹。这不仅影响了资源利用效率、企业去杠杆，也影响了金融风险的化解。宏观经济形势的变化也明显限制了政策担保或兜底的能力。之前政府的隐性担保化解了部分短期风险，但实际上引发了严重的道德风险，反而容易在经济下行期放大系统性风险。

2016年国际清算银行提出了"风险性三角"的概念，以描述全球金融危机以来宏观经济所面临的主要风险，即杠杆率大幅上升、生产率明显下降和政府宏观经济政策空间收窄。中国自全球金融危机爆发，尤其是2012年经济下行以来面临的"风险性三角"问题尤为突出。2008年之后，中国全要素生产率增长明显下降，甚至出现负增长。据测算，中国边际产出的资本投入（每新增一单位GDP所需的资本投入量）由2007年的3.5上升为2019年的6.0以上。两方面均显示出中国的生产率和金融效率在下降。从财政政策看，历经前期多轮刺激，地方债务风险凸显，大规模集中基建、增加基建债务的余地并不大。在货币政策方面，截至2020年12月末，广义货币M2余额为218.68万亿元，在全世界是规模最大的，M2与GDP之比在世界主要经济体中位列第二。市场流动性过剩导致杠杆率快速上升。这说明，在经济减速的情况下货币供给扩张对经济拉动的效果在逐步下降。如果政府通过大规模刺激追求高速增长，将很可能造成更严重的金融风险。

同时，经济增长模式从过去的要素投入型转向创新驱动型，对金融资源配置提出了更高的要求。换句话说，增长模式转变要

02
提升金融监管效能

求金融模式跟着转变。在过去的 10 年里,经济和金融形势都发生了很大的变化。决策者一直在关注金融不支持实体经济的问题,其实就是金融体系服务实体经济的效率在下降。具体而言,抱怨最多的就是前面提到的中小微企业融资难的问题,过去 10 年来,政府一直在想办法解决,虽然也取得了不少进展,但矛盾还是很突出。另一个讨论比较少但同样严重的是普通老百姓投资难的问题。老百姓有很多储蓄,但可投资的金融产品非常有限,导致家庭相当部分的资产集中在房地产上。这个问题如果不解决,将来会形成两个问题:第一个问题,资产性收入太少,不利于应对人口老龄化的挑战;第二个问题,这么多的钱没有地方投资,一旦看到一个新的机会,很容易一拥而上。大量的资金涌入某些领域,很容易造成资产价格的大幅波动,甚至直接影响金融体系的稳定。

我们根据目前国际流行的方法编制了"中国金融系统性风险综合指标"[①](见图 2-7)。这个指标衡量了在金融机构发生尾部事件的条件下,整个金融体系的在险价值。结果显示,2008 年全球金融危机之后,中国的金融风险有所下降。但是到 2014 年之后出现了大幅的上升,2016 年后又有所回落,2018 年以来,尽管系统性金融风险处于可管控的水平,但从趋势上看,2018 年之后系统性金融风险又有抬头的趋势。

---

① 我们收集了 2008—2020 年 202 家金融、房地产上市公司的股票收益率,并分别采用条件风险价值(CoVaR)、边际期望损失(MES)、系统性风险法(SRISK)计算系统性风险,对三个指标进行标准化与加权平均,得到了中国金融系统性风险指标。图 2-7 中的趋势值是对系统性风险指标进行 HP 滤波后得到的趋势值(Acharya et al., 2016; Adrian and Brunnermeier, 2016)。

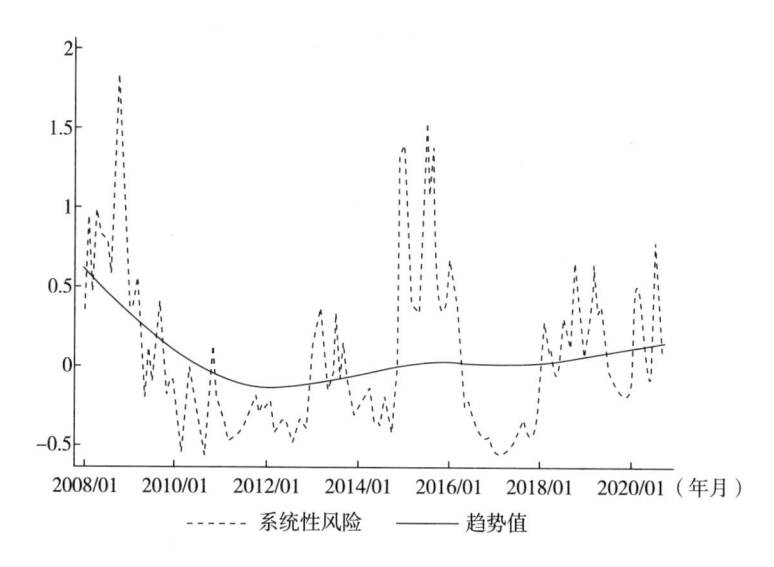

图 2-7　2008—2020 年中国金融系统性风险综合指标

数据来源：Wind 数据库；作者计算。

全球金融危机爆发后，2008 年中国推出了大规模刺激政策，宏观金融风险开始下降，并在 2009—2012 年保持了相对稳定。刺激政策的积极效果释放后，其成本在经济下行期开始显露，民营企业融资难而国有企业资产负债率不断提高，"僵尸企业"的存在导致不良贷款逐步增加。各种融资平台和影子银行的发展，导致杠杆率快速上升，造成 2015 年以股价为代表的资产价格出现了较大幅度的波动。金融监管政策服务于，甚至被用作宏观经济政策，导致监管成本不断增加，监管有效性不断下降。经济金融风险上升，并在 2015 年达到峰值。

2016 年之后，监管部门更加重视加强金融监管与协调，严格规范金融市场交易行为，并加强对数字金融平台领域的监管。

02
提升金融监管效能

2016年之后，中国商业银行逐步加强风险管理，严控高风险业务，尤其是加强对表外业务的检查、审计和风险管控。这一举措有效地减弱了系统性金融风险的威胁。企业利润增长缓解了商业银行不良率产生的消极影响。2017年第二季度中国商业银行不良贷款和关注类贷款占比为5.38%，比2016年第三季度下降了56个基点。由于实体经济下行风险的存在，少数野蛮生长的金融控股集团存在着风险，比如抽逃资本、循环注资、虚假注资以及通过不正当的关联交易进行利益输送等问题比较突出，带来跨机构、跨市场、跨业态的传染风险。2018年之后，中美贸易摩擦加剧，国内经济出现南北分化；2019年，一批中小银行的资产负债表面临非常大的压力，不良率也非常高，包商银行是一个突出的例子，恒丰银行、锦州银行、安邦保险、华融公司以及部分中小金融机构均暴露出明显的监管问题；2020年突如其来的新冠肺炎疫情等多种因素的相互交织，导致系统性金融风险又出现上升的趋势。

经济减速与转型、流动性充裕与高杠杆，以及金融抑制高与金融监管弱这三大因素交互作用，推高了中国系统性金融风险的水平。

自全球金融危机以来中国经济增长换挡，从过去的高速增长转向中高速增长，同时还伴随着重要的结构转型与新旧动能转换。这就会造成平均投资回报率下降和微观层面的资产负债表恶化，从而使得金融风险增大。

流动性充裕在很大程度上是由中国金融体系的特点决定的。一方面，中国的金融体系由银行部门主导，因此，多数金融中介最终会以债务融资的形式反映出来，杠杆率自然较高。另一方面，因为金融市场存在政府隐性担保，产品很少违约，企业很少破产，一旦出现债务困难，最重要的解决方式还是放松货币政策、增加流动性，因此，货币政策宽松变成了一个刚性政策机制。当然，中国的杠杆率高，确实存在一些特殊之处，比如非金融企业的杠杆率高，政府部门与居民部门的杠杆率相对较低。2008年以来，国有企业一直在加杠杆，民营企业已经在去杠杆，居民部门的杠杆率也在大幅上升。虽然中国的大部分债务是支持投资的，在资产负债表上，除了负债，也有相应的资产与之对应，不过，高杠杆率容易因期限错配和基础资产收益波动，引发金融不稳定。

目前，中国的金融体系既存在管制过多的问题，也存在监管不足甚至缺失的问题。过去几年在快速发展的同时乱象丛生的影子银行和互联网金融，其实就是正规金融部门金融抑制程度高的后果之一。比如利率不灵活，资金所有者想要获得更高的回报，就必须离开表内业务、规避管制。与此同时，当前分业监管的框架已经明显脱离混业经营趋势的金融市场现实，不仅各部门之间的政策缺乏协调，比如证券监管部门不了解证券市场投资者在银行部门与信托市场加杠杆的现象；而且形成了监管空白地带，传统的做法是谁发牌照谁监管，一些创新性的金融业态没有受到及时有效的监管。

系统性金融风险增加的表现有很多方面，最重要的是杠杆率的快速提升。杠杆率大概是近年来最受国际关注的中国经济风险问题。而杠杆率所体现的债务问题，又与当前中国的影子银行、

02
提升金融监管效能

地方债务等问题交织在一起。在全球金融危机爆发之前，中国的杠杆率不是特别高，只比新兴市场国家稍微高一些，但是后来上升速度非常快。从理论上说，杠杆率是一个中性的概念。债务可以帮助提高效率，支持劳动分工与专业化，推动经济发展。但如果家庭、企业和政府的债务太多就容易出现问题，现金流一旦断裂，就容易造成恐慌，甚至产生系统性后果。

中国的杠杆率为什么这么高？首先，中国的金融体系是典型的银行主导，这意味着多数金融交易都是以存贷款的形式实现，贷款就意味着债务，债务多则杠杆高。反过来，如果金融体系是由资本市场特别是股票市场主导，股权融资就不会增加杠杆。其次，中国还没有建立起严格规范的企业破产清算退出机制。这导致在改革期间形成了大批劣质的企业，甚至是资不抵债的僵尸企业。僵尸企业持续运营，说明社会在直接、间接地补贴它们，这些补贴更多的是金融市场提供的廉价资金。以国家统计局统计的规模以上制造业企业为例，正常企业的资产负债率平均为51%，而僵尸企业的资产负债率平均为72%。这说明僵尸企业的存在大大降低了金融资源的利用效率。而为了保持一定的经济增长速度，货币政策只能进一步扩张，提供更多的流动性，推升了企业与整个社会的杠杆率。在改革期间，货币政策总体上是宽松容易紧缩困难的，现在依然如此。

那么，中国的高杠杆率会带来什么样的后果？一些管理者和学者担心中国会发生"明斯基时刻"，也就是在杠杆率稳定上升一段时间之后，投资者信心忽然丧失、市场崩盘，由此引发金融危机。但在中国发生这种情形的可能性不会太大，原因是虽然总杠杆率上升速度很快、水平也很高，但分部门看，政府的杠杆率并不是那么高。在国际上一般以 60% 为限。根据国际清算银行的数据，2019 年底，中国政府部门的杠杆率是 53.2%。居民部门的杠杆率最近几年有所上升，但也不是特别高。杠杆率中最大的问题出现在非金融企业，其杠杆率水平在 2019 年底时为 GDP 的 150% 左右。受新冠肺炎疫情的影响，2020 年第三季度，已经达到 163%，这在全世界都属于很高的。

非金融企业分为两类：国有企业和民营企业。在全球金融危机爆发之后，民营企业去杠杆情况非常明显，相对应的是国有企业加杠杆。这样的杠杆率分化会导致金融风险不断积累。无论从利润率指标、生产率指标，还是从资金回报率指标来看，民营企业的表现要好于国有企业，这种分化意味着"好杠杆"在下降，而"差杠杆"在上升，即金融资源的利用效率在不断下降。

国有企业杠杆率偏高，有制度性的原因，即政府的隐性担保和刚性兑付。通过对银行层面的信贷控制，政府得以将经济中的信贷资源较多地集中于低效率的国企部门，政府隐性担保的存在也间接催生出一批"僵尸企业"。为了维持经济增长，政府不得不释放流动性。在经济上行周期，这种结构性扭曲弱化了宏观货币政策对实体经济的传导效果。在经济下行周期，由于国有企业和民营企业的经营性风险都在上升，政府隐性担保导致银行更倾向于向规模较大的国有企业贷款，而"僵尸企业"的存在也将成为整个经济系统性风险的主要来源。

02
提升金融监管效能

当前金融监管效能亟待提高

一、机构监管的有效性开始下降

2017年的全国金融工作会议决定成立金融委,这对于中国金融监管体制改革来说,是非常重要的一步。金融委将统筹经济金融政策,但这不应该成为监管改革的终点,实施监管政策的监管框架还需要重构。在国际上有不同的金融监管模式,中国到底最终会选择哪种模式,还有待观察。我们收集了有关宏观审慎政策、监管模式以及信贷增长、杠杆率、资产价格增长等反映宏观审慎监管有效性的数据,分析了不同的监管模式对宏观审慎政策逆周期监管有效性的影响,发现主要有以下三点。

第一,从2013年起,中国金融监管政策的有效性出现了下降。

我们在这里所构建的金融监管有效性指数包括三个方面的分指数:第一个是宏观审慎指数,主要是股价、汇率、CPI(消费者物价指数)和PPI(生产者物价指数)等价格的波动率;第二个是微观审慎指数,主要是商业银行的杠杆率和不良率;第三个是消费者保护指数,主要是获得信贷的难易程度与中小投资者保护。指数表明,全球金融危机之后,我国金融监管政策的有效性出现了缓步上升,但自2013年之后,有效性又开始稳步下降(见图2-8)。

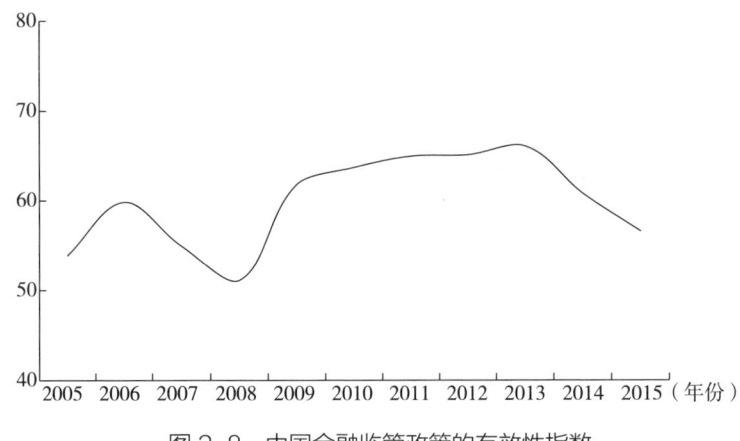

图 2-8　中国金融监管政策的有效性指数

数据来源：CEIC 数据库；王勋、黄益平和陶坤玉（2020）。

这可能有两个方面的原因，一是监管目标多元化。监管机构既要为金融稳定负责，又要承担行业发展的职责。稳定和发展之间本身就存在着一个权衡问题，在实际操作中容易顾此失彼。二是在混业经营日益流行的情况下，分业监管模式很难有效防控风险。2013年以后传统金融业之外的金融业务快速发展，但监管并未能完全覆盖。特别是在宏观审慎监管加强的情况下，出于营利性和同业竞争的动机，金融机构尤其是中小金融机构更倾向于利用分业监管模式下的监管空白进行监管套利，从事影子银行等高风险溢价的金融业务，从而使宏观审慎政策难以达到逆周期监管的效果。实证研究的结果也表明，分业监管模式下，宏观监管的加强，不但不会有效抑制信贷增长、信贷/GDP缺口、非金融部门负债/GDP、房价增幅等指标，反而会由于监管空白导致的监管套利，推高这些会明显降低宏观审慎监管的有效性指标。

第二，在审慎监管和行为监管适度分离的"双峰"模式中，利用宏观审慎政策进行逆周期监管的有效性最高。

在该模式中，审慎监管机构旨在维护金融机构的安全和稳健，行为监管机构旨在监督、规范金融机构的行为，保护金融消费者的利益。实证研究结果表明，该模式下宏观审慎监管加强，会显著抑制信贷增长、杠杆提升和以房地产为代表的资产价格泡沫，且有效性显著高于其他模式。2008年全球金融危机爆发后，澳大利亚和荷兰的金融体系迅速恢复，尤其是澳大利亚的金融机构在危机期间未受到显著影响。这两个国家的金融监管均采用了"双峰"监管模式。这种模式可避免监管职能在不同监管部门间的重叠，并解决金融监管目标等方面的矛盾冲突。指标显示，采取审慎监管和行为监管相分离的"双峰"模式的国家和地区，金融监管的有效性平均显著高于采取其他监管模式的国家和地区。

第三，监管模式是影响金融危机发生概率的显著因素，而审慎监管与行为监管适度分离的监管模式，有利于降低金融危机发生的概率。

监管模式会影响一国金融监管的有效性。当前中国的监管模式仍是分业监管，而金融业务越来越呈现交叉和混业经营的趋势，这势必形成监管套利空间，从而降低监管有效性。近年来，影子银行、互联网金融发展迅速引起的潜在风险，与缺乏有效的金融监管不无关系。实证研究表明，监管模式显著影响着一国金融危机发生的概率，而审慎监管与行为监管相分离的模式，在监管金融机构风险的同时，独立有效地约束了金融机构的行为，保护了金融消费者的利益，有助于降低本国危机发生的概率。

二、金融监管难以有效管控金融风险的原因

（一）机构监管的架构在新兴业务和交叉业务领域易出现监管空白，导致这些领域的监管缺失

在机构监管框架下，监管主体按照机构属性划分监管对象，对于开展新型业务和交叉业务的机构，往往存在监管空白。在很长时期内，一些影子银行业务和数字金融业务都属于三不管业务。在交叉业务和混业经营日益普遍的情况下，机构监管模式很难有效地防范风险。在宏观审慎监管加强的情况下，出于营利性和同业竞争的动机，金融机构更加倾向于利用机构监管模式下的监管空白以及不同地区监管标准的差异进行监管套利，从事影子银行、网络贷款等高风险溢价的金融业务，从而使宏观审慎政策难以达到逆周期监管的效果。

在 2017 年金融委成立以及 2018 年合并组建银保监会后，我国在政策协调方面有了很大的改善，但相关部门之间在信息沟通、数据共享等方面的问题并未得到根本解决。此外，有规不依、有法不依的现象仍然存在。金融监管主要包含三个方面的内容：一是一套规则与法律，二是在实施过程中的监测，三是保证落地的手段。这三方面内容现在中国一样不少，但就是规则和法律没有真正落地，执行效果不是很理想，规则往往形同虚设。此外，宏观审慎政策刚刚开始建立，有时候难免在实施过程中存在一些不

是很顺畅的做法。比如，一提出要去杠杆，不仅仅是监管部门全力以赴，各级政府也积极作为，因为杠杆率会作为工作成绩考核内容。这就很容易走极端，尤其对于金融问题，在极端之间来回摇摆反而会加剧金融波动，推高金融风险。

（二）监管机构缺乏必要的专业性、灵活性和决策权，易导致监管政策偏离金融稳定目标

金融监管的有效性取决于决策的专业性和政策的时效性。在现行监管体系下，金融监管的决策权与执行权相分离，货币政策和金融政策的最终决策权在国务院而非监管机构，这种设置虽可加强金融监管与其他政策之间的协调性，但决策的时效性和经济形势的多变性更容易导致监管政策错过发挥作用的最佳时间窗口期。

金融监管政策也会受到干扰并被用作宏观调控措施，导致监管政策与维护金融稳定的根本任务无关甚至相互矛盾。例如，为协助政府缓解中小企业融资难、融资贵的问题，银监部门推出"三个不低于"政策，要求商业银行的中小企业贷款所占比重逐年上升。以行政手段干预商业银行的贷款决策，既非监管部门的职责，又会增加新的不良贷款。当经济下行压力增大时，需要加强金融对实体经济的支持力度，如要求调降股票投资的印花税率，这显然更像是宏观政策，而不是监管政策。

（三）缺乏独立有效的行为监管是中国当前金融监管架构的重要缺陷，这常常导致金融消费者合法权益难以得到有效保护

当前，以防范系统性风险为目的的宏观审慎监管和以保护金融消费者合法权益为目的的行为监管，是国际金融监管政策改革的两大重要方向。然而，在目前中国的监管框架下，尽管"一行两会"内部均设立了消费者保护部门，但重审慎监管、轻行为监管的局面仍未改变。虽然监管机构要求金融机构加强创新业务的信息披露，但其信息披露不真实、不充分、不及时的问题仍然十分严重。并且金融消费者的金融知识参差不齐，识别风险能力有限，难以客观理解多层嵌套的产品风险。金融产品供给方和消费者之间存在严重的信息不对称，再加上金融消费者对政府隐性担保的预期，放大了消费者的非理性投资行为，增加了金融体系的脆弱性。

审慎监管与行为监管在监管目标、分析工具以及监管者角色要求等方面均存在差异。但在实践中，对金融机构的行为监管常常得不到足够重视。监管指标体系和评级标准也更加侧重于金融机构的稳健经营和风险防范能力，金融机构的行为合规成为间接目标。机构监管加上我国的体制原因，监管部门往往视自身为被监管机构的领导机构，同时一直以来肩负着行业发展的职能。因此，往往对金融机构的营销方式、金融产品的复杂性、产品定价的合理性、金融合同条款的适当性等涉及金融机构行为合规方面的监管力度不够。一旦产品出现问题产生风险，将会直接损害金融消费者的合法权益。由于没有明确的行为监管目标、职责、规则、技术和手段，当金融机构利益与消费者利益同时存在受损风险或者发生利益冲突时，现有监管机构容易陷入两难境地。考虑到行业发展和金融机构安全，监管机构往往下意识地优先维护金融机构的利益，而一旦金融消费者利益可能造成社会影响，监管机构往往又会要求金融机构满足消费者要求，以消除事件的社会影响。金融监管者未能及时实施严格的行为监管措施，以平衡金融机构与金融消费者之间的利益，对金融消费者保护不足甚至缺失，难以有效纠正金融市场中存在的市场失灵问题，从而出现监管失灵的情况，使金融消费者权益遭受大面积的侵害，这也是金融危机爆发的根源之一。

（四）金融创新与金融监管之间难以实现动态平衡，运动式监管易引起市场波动且难以保护合理的金融创新

实现金融创新和金融稳定之间的动态平衡，是全球监管机构面临的难题。而中国金融机构类型和模式的复杂性，进一步增加了针对金融机构创新与稳定的监管难度。当前中国的监管做法，一方面存在监管不够的问题，另一方面缺乏必要的灵活性。一旦一个行业或一类产品出现风险，监管机构往往倾向于采取"一刀切"式的监管方式。这种做法虽然能直接抑制风险，但直接代价巨大，一是产品市场乃至整个行业大幅萎缩甚至消失；二是容易引起市场剧烈振动；三是难以保护合理的金融创新，投资者会遭受较大损失。对于某一类新型业务，如在发展之初就有明确的监管主体进行必要监管，就不至于出现由于监管缺失而产生严重的道德风险，进而使行业出现野蛮无序生长导致金融风险聚集等问题。金融监管采取简单的"一刀切"的做法，不但无法保证必要的创新，而且也无法从根本上解决监管有效性低下的问题。

以关联交易为例，关联交易本身并不是风险的根源，但过多地存在信用和流动性等风险的关联交易会造成较大的风险敞口，不正当的关联交易会造成利益输送，影响金融秩序和金融稳定，必须进行严格监管。因此，需要对会造成风险敞口的关联交易进行数量和规模限制。但是对子公司之间利用平台间内部信息提升规模优势的、风险较低的业务（如代销），或互联网平台企业的合理技术服务等金融服务是否被认定为关联交易进而进行资本金规模限制，值得商榷。

（五）地方金融监管缺乏能动性与有效性，中央地方监管协调困难并缺乏必要的监管权限和手段是主要原因

线上非法集资屡禁不止、股权众筹跑路频发等地方金融乱象，严重影响了地方乃至全国的金融稳定，极大地损害了金融消费者的合法权益。调研发现，地方金融监管有效性偏低的主要原因在于：一是，中央与地方金融监管机构，以及地方监管相关部门之间缺乏制度性长效协调机制，难以形成监管合力；二是，地方金融监管机构的监管职责缺乏法律依据，权责分离导致事前风险防范不足和事后处置效率低下；三是，地方金融监管机构无行政执法权，缺乏必要的监管手段，加上监管能力有限，难以切实有效履行监管地方类金融机构的职责；四是，地方金融监管机构兼具发展与监管职能，职责定位不清晰，对地方类金融组织的机构监管导致职能分散与监管界限模糊。事实上，地方金融监管局更多是在行使地方金融发展职能，监管往往让位于行业发展。一些地方P2P、小额贷款等风险集中暴露，就与地方金融监管部门大力发展地方金融业，在金融业方面招商引资、放松监管有很大关系。

三、当前监管模式下的风险案例

第一个例子是关于个体对个体网络借贷即 P2P 问题的。我国第一个 P2P 平台于 2007 年上线，但是针对这个行业的暂行管理办法直到 2016 年中才出台，导致其中间有 9 年几乎处于野蛮生长的状态。各国对 P2P 的定位是信息中介，中国也是这样。但客观地说，在中国目前的信用环境下，如果不能利用央行征信，P2P 几乎没有商业可持续性，因为借贷双方缺乏降低信息不对称程度的有效手段。大家都是个体，在平台上交易，从来没有见过面，将来恐怕也不会见面，那又如何了解对方呢？借出去的钱能不能收回来多少要看运气，这样的业务如何能持续得下去？但在很长时期内，监管并没有明确划定界限，对于很多平台来说，信息中介没法做，要想做业务，只能野蛮生长，各显神通，资金池、自动投标、担保等做法五花八门。一旦监管机构认为不能再放任下去了，就会出台暂行管理办法，此时这个行业就基本上结束了（见图 2-9）。但那个时候 P2P 行业已经一地鸡毛，无数的投资者、借款人已经卷入其中，想要结束业务，也不是那么容易。

设想一下，如果监管机构早点入手，起码把简单的规则罗列清楚，也许这个行业就不会发展成后来那么大的规模。也许还有个别平台可以发展出可持续的商业模式。这一方面反映了机构监管下 P2P 这类新生机构没有明确的监管主体，从而导致了监管空白，另一方面也反映出机构监管模式下监管机构缺乏主动性。

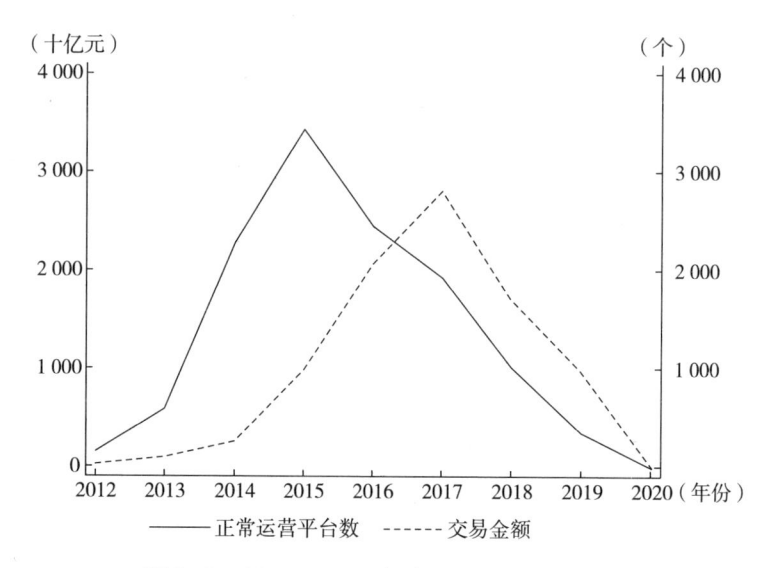

图 2-9　2012—2020 年我国 P2P 行业的兴衰

数据来源：CEIC；作者整理。

第二个例子是近年来一大批中小银行出现的问题，以包商银行、锦州银行为代表。仔细分析这些银行的问题根源可以发现，既有大股东乱来，也有董事长乱来的现象，说到底是这些银行没有严格执行监管规则和法律。很多银行的大量资金都流向了大股东的关联企业。这一现象在 2020 年底央行对银行的"体检"过程中也发现了不少，而这种做法在监管规则里是被明令禁止的。如果一家机构出了问题，可以说是银行自身的问题，但如果一批机构出问题，可能就需要从规则上来找原因。经济学上有一种说法是：好的制度让坏人做好事，坏的制度让好人做坏事。如果没有建立一个守规则的环境，本来守规则的人最后也会不守规则。现在的问题不是没有规则，而是没有人督促落实。包商银行的问

02
提升金融监管效能

题不是一两天出现的，为什么一直没有发现或者发现了一直没有采取措施？监管有法不依或有规不依，银行风险上升是很自然的现象（见图2-10）。

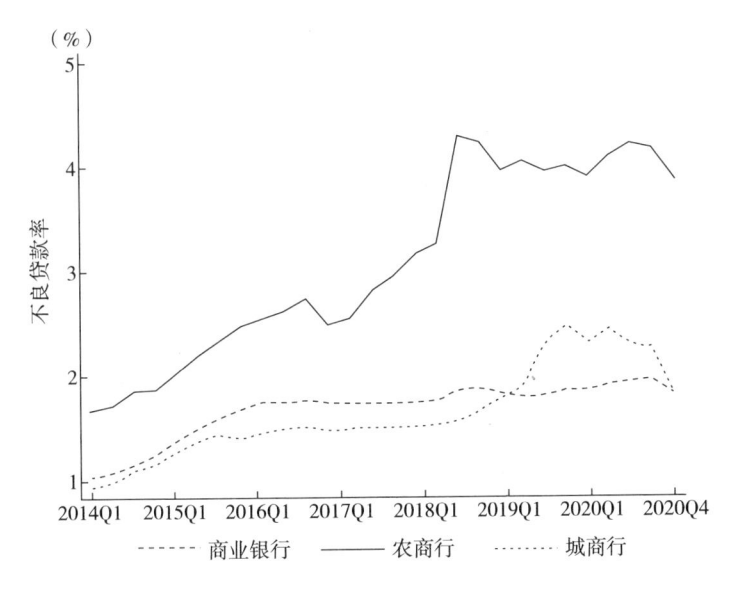

图 2-10 2014Q1—2020Q4 商业银行不良贷款率

数据来源：CEIC 数据率；作者整理。

第三个例子是金融机构承担了许多政策性责任。1997年亚洲金融危机爆发时，银行平均不良率超过了30%，触目惊心，政府通过兜底稳住了局面。从正面说是政府帮助了这些银行，但从银行角度来说，很多问题其实也是政府造成的，因为有很多贷款是政策性贷款。当时有一种"安定团结贷款"，就是过年过节时，一些企业由于经营困难，发不出工资，政府就要求银行给企业贷款发工资，让工人们过年。这样看来，既然银行确实承担了政策责任，导致了风险，政府出面兜底也是很正常的事情。但金融里面还有一个道德风险问题，即反正政府会兜底，银行就不会非常努力地经营，甚至将其他因素造成的风险与政策责任的后果放在一起。

2020年新冠肺炎疫情暴发期间也出现了同样的现象。各国政府都采取了"不计一切代价的政策"，但做法略有不同。市场经济国家的财政支出中前三大项：一是保就业补贴。只要企业保证不解雇工人，政府就提供补贴，其实是保工人就业；二是失业救济；三是直接发放现金。这三条相当于采取各种方式把钱送到居民手中，主要是保老百姓的生活。中国的做法是什么呢？财政三大开支分别是基础设施投资、税收减免或优惠政策延长、公共卫生开支，这三条都很重要，但显然主要目标是保经济主体，把中小微企业保住，间接地保老百姓的生活，同时为经济复苏打下基础。但中国的手段有两点值得关注：第一，这些做法没有直接把钱发到企业或者个人手上，即不能解决企业当下没有经营收入的流动性困难；第二，保经济主体最主要的渠道是商业银行对中小微企业的贷款。2020年中小微企业贷款余额达到15.3万亿元，增长超过30%，还对其中7.3万亿元的贷款实施"应延尽延"的政策，还本付息都可以延迟到2021年6月底。现在看结果，美国政府的负债一下子增加了很多，因为钱花出去了不会回来。中国的做法使企业的负债一下子增加了。

在较大的负向冲击下，不计一切代价的政策无可厚非。保老百姓还是保经济主体，只是方法不同而已，也跟制度环境和历史

02
提升金融监管效能

传统有关。但中国做法上的一个较大问题在于，责任大部分落到了金融机构的肩上。政府一直没有明确说明，一旦金融资产质量明显恶化，谁来承担主要责任。2020年商业银行不仅要增加对中小微企业的贷款，还要降低贷款利率。这显然是具有很强的政策特性的贷款业务，尤其是在新冠肺炎疫情暴发期间。中小微企业很重要，这一点毋庸置疑。但商业银行是市场化机构，首先需要关注盈利和市场风险，然后才能考虑支持国家政策。稳健开展业务的基础包括：一是有效的信用风险评估手段，如果缺乏有效的手段，只是盲目地在政府的压力下放款，最后只会造成一堆坏账，在某种程度上P2P的经历就是一个前车之鉴；二是市场化的风险定价，有风险不是做金融交易的根本障碍，但服务收益必须覆盖风险，否则商业上就无法持续。

此外，实际上，前几年监管创新了不少中小银行补充资本金的工具，目的是增强中小银行的实力，化解存量资产质量风险。但地方政府和社会各界却把这看作促使中小银行扩大信贷投放的举措。中国在这方面的政策需要切实改进，各级政府、金融机构虽然都很努力，但不时给市场一种"事倍功半"，甚至"好心办坏事"的印象。

现在的问题是，银行不良率在未来一段时期上升会是一个大概率事件，谁来承担责任却并不清楚。可以想象的是，如果银行出现生存困难，政府或者央行一定会出手，不然财务后果只能由银行自己承担。这样的做法可能与市场化改革大方向不太一致。而且，政府一遇到问题就将政策性责任压到金融机构身上，长此以往，金融机构商业化运营恐怕会变得举步维艰。更重要的是，政府现在恐怕越来越难对所有的金融风险进行兜底。这两年的情况是，大银行不会有问题，但许多中小银行在新冠肺炎疫情暴发之前就遇到了不少问题，如果再加上不良率上升，可能运行就会出现困难。比如在不良率上升之后还有没有足够的流动性支持实体经济，有没有足够的资本金来开展新的信贷业务，这些都是值得关注的。

02
提升金融监管效能

提升金融监管效能的政策建议

金融监管是金融机构必须遵守的一系列规则与法律，以及对上述规则与法律执行情况的监测和保证得到落实的手段。提高金融监管的效能，防范和化解系统性金融危机，维护金融体系稳定是一项系统工程，应坚持顺应市场、统筹政策、夯实监管、支持创新的原则。具体的政策建议如下。

（一）加快金融监管的立法和制度建设，明确监管目标与职责，合理区分监管与宏观调控、监管与经济发展、监管与金融行业发展

中国的金融监管效能不高，既有"该管的没管好"的问题，也有"不该管的管了不少"的现象。前者包括中小银行和P2P的风险，后者则包括宏观稳定与金融发展。金融监管的规则与法律尚未得到很好的执行与落实，金融稳定主要依靠政府兜底来维持，但这种做法难以长期持续。提高金融监管效能要从三个环节同时着手，一是明确监管政策目标，将金融活动全面纳入监管；二是赋予监管部门必要的决策与执行权力；三是建立监管问责制度。

建议完善金融监管立法和制度建设，考虑在制定金融稳定法时，将监管部门支持金融部门发展的责任移交出去，并明确行为监管的标准与方法。监管政策的目标应该明确为保障公平竞争、保护金融消费者利益和维持金融稳定，以此提升经济的长期竞争力，而宏观经济波动、金融行业发展或者资产价格水平变化等，都不应成为金融监管政策调整的理由。

监管需要配合宏观调控的需要，但一般不宜因为临时的宏观调控而改变或调整监管政策，也不宜因为宏观调控而改变监管政策的执行方式。如经济下行时，对一些违规业务采取放松监管，而经济过热时，临时以文件或会议形式要求限制或抑制个别业务，甚至对机构和人员进行处罚等。

金融机构需要支持国家产业发展战略，如支持小微企业、"三农"、生态环保等，监管政策也要适当配合。但监管配合发展仍需坚守监管的初衷，不能放弃基本的金融安全要求。建议，凡是国家产业发展战略明确要淘汰和抑制的行业和产业，应该制定明确的限制甚至禁止金融支持的政策；凡是符合国家产业发展战略，需要重点发展的领域，一般应运用市场化引导性的政策，尽可能少用"三个不低于"一类的行政命令性政策。

金融监管部门不应承担相关金融行业发展的责任。当金融监管部门承担相关金融行业发展责任时，有时为了行业发展往往会放低监管要求，甚至放弃一些必要的监管。中国保险行业、信托行业集中出现风险的阶段，往往是由于监管部门为了行业加快发展，调整监管政策或在一定程度上放松监管造成的。前些年的监管套利现象，在一定程度上也有监管部门为了被监管机构业务发展而制定特殊业务监管政策的原因。

02
提升金融监管效能

（二）提高微观审慎监管标准，加强对金融机构日常业务经营常规化、动态化监管

目前，监管部门对金融机构业务的监管是以指标监管和事后监管为主。指标监管是观察金融机构监管指标的执行情况，一般是在发现负面异常情况时进行检查监督，这也是一种事后监管。事后监管包括两种：一种是在金融机构发生风险后进行检查监督；另一种是程序化的检查。一般来说，金融机构突破监管指标，说明风险已经积累了相当长的时间，此时监管介入，无法起到防范风险的作用。因此，需要对金融机构日常业务经营进行常规化、动态化的监管，这样的监管，更多的是监管针对发现的异常情况与被监管机构进行及时、专业的沟通。通过沟通，对机构的一些业务创新、业务变化有充分的了解，对正常的业务创新和变化做到心中有数，对一些疑问与机构进行探讨，对可能存在的风险及时加以制止。

以银行业机构监管为例，在监管指标执行正常的情况下，观察金融机构行业集中度、授信集中度的突然变化和大幅波动；信贷业务与债券投资业务的相互关系及异常波动；某类交易业务的突然大幅波动；资管业务、投行业务、同业业务的大额波动，资产投向的异常变化，与信贷业务的相互关系；各类资产负债比例的突然大幅变化，表内表外业务比例的大幅变化；探讨业务创新的模式、原理、做法、可能的风险及市场需求。通过对日常业务经营中的异常情况进行常态化监管，从而及时发现风险隐患，管理金融风险。

金融机构在执行监管指标时，会根据自身情况制定相对严于监管的指标，并自设其他一些管理指标。监管部门在监管时，应依据机构的指标体系进行询问和监管，而不单是以不突破监管指标为合规依据。监管机构也应该不定期地走访一些企业，以了解企业真实杠杆及多头融资情况，进而评估其对银行及金融市场的潜在影响，同时能够更好地评估相关银行经营的审慎性水平。以香港的经验为例，当香港金融管理局（以下简称"金管局"）发现市场有新的金融业务模式、某机构某类业务突然出现较快增长、某机构对某类企业突然集中增加授信量、某机构某项业务集中度较高等情况时，会与相关机构进行交流，了解情况，探讨内部风险管理机制等。此类沟通并不作为"检查"。在金管局认为还没有完全明了相关问题之前，会进行持续的沟通，一般不会断然要求停办业务。

（三）建立监管问责制度，加强监管政策的落地与执行，明确依法取缔非法金融活动（无牌经营金融业务）的部门和程序

一是应建立监管问责制度。在金融业务必须持牌经营、监管全覆盖的原则下，如果由于监管缺失导致了金融风险，监管部门应承担相应的责任，这样才有可能改变监管不作为的问题。二是监管政策应确保落地并严格执行。保证政策的严肃性、权威性和可预测性。只有监管政策被严格执行，对监管部门和监管人员追责时才有可靠的依据。三是监管政策应随市场情况做出动态调整，且政策调整需要精细化。如果市场条件发生变化，原有的监管政策不再适应，或者过宽过严了，则需要调整现有的监管政策或出

台新的政策。绝不能不调整政策，而只调整执行政策的宽严度。充分考虑不同监管政策的调整对市场的不同影响程度。比如，新政策的起始时间点的确定、存量业务整改与否及整改期的确定、按新政策追责时间点的确定等。以前为了使新政策立竿见影，往往会要求立即执行、对存量业务立即进行整改。有些业务相对市场传染性有限，立即整改一般只影响个别机构、个别企业。但现在许多金融业务都有很强的市场风险传染性，如股票配资比例调整，如果规定新的比例要求从某个时点开始，存量业务到期自然结束，则对市场的冲击就会非常温和。四是，建议进一步厘清监管机构与被监管机构的关系，尽量在行政、人事、利益等方面做好分离，监管机构在规范监管的基础上，为市场营造公平的环境，切实保护金融消费者和投资者的合法权益。

目前，对于非法金融活动（无牌经营金融业务）有比较清晰的定义，但由哪个部门依照什么程序依法取缔非法金融活动则没有明确的规定。各监管机构在法定意义上，只有对持牌经营的金融机构进行监管的权力。现实中，对于无牌经营的金融业务，即使有举报和报案，只要未形成风险或群体事件，各相关机构多是到场劝阻。只有当出现风险或群体事件时，才会由政府出面组织金融监管部门、工商、公安、地方金融监管局、法院等进行处置，并将之定性为非法经营，进入法律程序。因此，应尽快明确依法取缔非法金融活动的牵头部门和程序。建议由相关业务监管部门负责非法金融活动认定和依法取缔的牵头执法部门，进入程序后，再由其他部门如工商、公安、法院完成相关法律程序。

（四）进一步完善"双支柱"宏观调控框架，明确宏观审慎政策的职责边界和权责划分，不断丰富宏观审慎政策工具箱

"双支柱"框架是一个具有中国特色的政策创新，也是全球政策改革的方向，其重要起因是全球金融危机爆发之前美联储宽松的货币政策造成了重大的金融风险。在"双支柱"的框架下，货币政策专司币值稳定之责，而宏观审慎政策则负责金融稳定，两者共同支持经济与金融的稳定。为了确保货币与宏观审慎政策决策机制之间既独立又合作的关系，建议明确宏观审慎监管的主要任务为检测与评估系统性金融风险，并在此基础上不断丰富与完善宏观审慎政策工具箱。

虽然中国已经初步建立了"双支柱"调控框架，但这个框架仍处于起步阶段，尚需要在以下方面进一步丰富和完善：一是要强化货币政策与宏观审慎政策的协调配合。增强货币政策操作的规则性和透明度，推动货币政策由数量型向价格型调控为主转变。针对房地产、债券市场和跨境资本流动等领域的潜在风险，及时采取宏观审慎政策措施，防范系统性风险。二是建立完善的金融风险监测预警体系。重点加强对杠杆行为、债务及金融周期的监测，建立宏观审慎压力测试工具，逐步将重要的、有系统性影响的金融机构、金融市场和金融基础设施纳入宏观审慎管理。三是许多政策工具还具有较强的"行政性"。以跨境资本流动领域为例，一些政策工具非常接近资本项目管制措施，将来应该考虑引进一些类似于准备金、托宾税和负债率等更加"市场化"的政策工具。与此同时，如果是为了维持金融稳定，也可以考虑继续保

留对一些容易形成大进大出的短期跨境资本流动进行管制。

（五）统一地方金融监管的标准与政策，明确地方金融监管的权责匹配，加强中央与地方、地方各级之间的监管协调

制定和执行全国统一的地方金融监管标准和政策。一是因为各地监管能力差异很大，许多地方金融监管部门缺乏相应的监管能力；二是政策差异容易导致监管套利，随着各地金融关联度的提高，这个问题变得更加突出；三是一些地方政府缺乏承担地方金融风险全部责任的意愿和能力，中央政府仍然需要分担相当的责任。具体可考虑以下几点。

一是加强国家层面的立法。建议在国家层面尽快出台地方金融监管条例。在坚持金融监管中央事权的基础上，以立法形式规定地方金融监管机构的监管事项、责任、执法权力的法律依据，确保地方监管执法有据，为地方金融监管提供上位法支撑。二是，制定统一的经营规则和监管规则。目前，小额贷款公司、融资性担保公司、典当行、融资租赁公司、商业保理公司、地方资产管理公司等其他类型机构的经营规则和监管规则，已明确由银保监会制定。应尽快明确区域性股权市场、辖区内投资公司、社会众筹机构、地方各类交易所等机构的经营和监管规则，建议由证监会统一制定。进一步加强中央与地方,地方与地方之间在金融监管、风险处置、信息共享等方面的协作。三是压实地方政府责任，明确将发展职能从地方金融监管中分离出来。坚持金融的中央事权原则。目前地方金融监管一方面承担着金融发展、动员金融机构支持当地经济发展的任务，另一方面还承担着维护金融稳定的任

务。通常情况下，监管和稳定会让位于行业发展。结果是类金融机构牌照发了很多，监管又跟不上，最后导致金融风险的出现。

（六）以金融监管创新支持负责任的金融创新，利用数字技术为监管赋能，同时大幅增加包括编制、经费与技术方面的金融监管资源的投入，提升监管能力

实现金融创新和金融稳定之间的动态平衡，是全球监管机构所面临的难题。金融监管的主要目标在于通过审慎监管和行为监管，保持整个金融体系稳健运行，保护金融消费者的合法权益，在此基础上促进负责任的金融创新和金融服务实体经济效率的提升，从而提高经济的长期竞争力。监管与创新之间并不必然矛盾，在二者之间寻求适当的平衡，可以达到监管为创新创造适宜环境、创新为监管提供先进手段的相互促进的良性效果。

金融监管不应以金融效率和竞争力损失为代价。目前，我国在移动支付、互联网银行以及大科技平台企业方面的发展已经居于世界前列，并已产生全球影响力。平台经济和数字金融的平稳健康发展，对于实现经济高质量发展、支持人民币国际化以及提升我国金融国际影响力均能发挥积极作用。因此，监管机构应该站在维护金融安全、提升我国经济的国际竞争力和影响力的高度，支持负责任的创新，防止监管处理过头，监管好平台经济与数字金融。

金融与技术的融合是金融发展的趋势，也在长期内极大地提高了金融效率，推动了金融和经济不断进步。监管机构应坚持"技术中性"。金融监管应及时进行动态调整，将金融业务与数字技术快速融合过程中可能会产生风险的新服务、新活动、新产品及时纳入监管。着手研究提升数据质量、构建有穿透力的监管信息系统。借鉴"监管沙盒"的做法，在将市场机构与金融科技相关的新产品和新业务的风险控制在一定范围的基础上，鼓励金融机构开展提高金融效率、增加金融有效供给的创新。同时，积极利用数字技术提升监管效率。如针对复杂的关联交易和多层嵌套的金融产品，可考虑采用区块链保证交易数据可靠的技术特征，监测交易资金的去向和底层资产质量，提高监管有效性。

过去40多年来，中国的金融业从一家机构开始，已经形成了规模庞大、机构众多、产品复杂的完整的金融体系，目前金融发展还在加速。这对金融监管能力的持续提升提出了更高的要求。在数字技术与金融业务快速融合的过程中，金融创新不断提速，金融规模快速扩张，金融产品复杂程度不断提高。目前中央和地方的金融监管机构，在人员编制、业务经费、技术能力等各方面，都难以对新机构、新业务以及新产品进行适时有效的监管。因此，有必要在人员编制、业务经费和技术水平等各方面加大资源投入。

（七）央行、监管与财政应共同构建国家金融安全网，设立金融风险处置基金，同时更多地依靠市场方式取代政府的隐性担保，防范与化解系统性金融风险

构建与完善国家金融安全网是建设现代金融体系的重要举措。过去，国家金融安全网的核心是由国家信用支持的隐性担保。随着金融市场化与开放程度的不断提高，这套安全网很容易造成新的不稳定，政府什么时候出手、承担多少责任、机构与投资者会遭受多少损失都是不确定的。同时，这套以隐性担保为特征的安全网给地方政府、市场及市场主体留出了与中央政府博弈的空间。而这样的博弈，往往又放大了金融风险，增加了监管成本和隐性担保成本。

一个完整的国家金融安全网应该包括五方面内容：微观审慎与行为监管确保个体层面的稳定与公平；宏观审慎管理缓解甚至避免系统性风险的积累；央行发挥最终贷款人的功能、确保市场流动性的充裕；市场化的机制，如存款保险制度处置风险，目前由于存款保险制度的资金严重不足，很难真正承担起处置银行风险事件的责任，存款保险机构要积极作为，一方面实行差别化的费率，筹集更多的保险资金，另一方面积极参与对银行的监管；央行与财政相互配合，以应对系统性金融风险。

可以预期的是，如果发生金融风险，责任主要还是会落在央行与财政部门的肩上。央行应随时准备调整货币政策，为市场与机构提供充足的流动性，保证金融体系的正常运行。但如果地方债务状况恶化、银行不良贷款率上升甚至资本外流压力增大，不应采取由央行独立支撑的做法。政府可考虑用财政资金设立一个"金融风险处置基金"，在出现可能引发系统性金融风险的资本金短缺时维持局面。更重要的是，该基金的设置有助于提升机构与市场对未来的信心。有了信心，也许最终并不真的需要动用大量的资金稳定金融。

（八）在机构监管模式中应重视功能监管对提升监管效能的作用，借鉴"双峰"监管模式的经验，加强审慎监管与行为监管

在持续的竞争和创新中，金融机构所提供的金融产品的种类

02
提升金融监管效能

和服务范围在不断变化,金融机构与市场之间的边界也逐渐开始交叉,传统的机构监管者就会面临监管重叠和监管空白共存的尴尬局面。功能监管的含义是,只要不同类型的金融机构开展相同性质的金融业务,均面临同样的监管标准和监管主体,这样不仅会有效减少监管缺失,而且有利于促进市场公平和良性竞争。

金融监管模式多种多样,且各有利弊。但我们的研究表明,实行"双峰"监管模式国家的金融体系更加稳健。审慎监管的职能,如同"医生",重点在于审查金融机构的运行是否健康稳健;而行为监管的职能如同"警察",重点在于规范金融机构的行为,纠正金融机构的不当与违规行为,并对违法违规行为给予严厉处罚,从而保护金融投资者和消费者的合法权益。审慎监管与行为监管应在相互配合的基础上各司其职,保证金融机构既健康运行,又行为得当,从而提升整个金融监管体系的稳定性。

因此,长期内,审慎监管和行为监管适当分设的"双峰"监管架构,可作为中国金融监管构建的改革方向。短期内,建议在金融委的框架内设立行为监管的监督协调机制,以强调将金融消费者保护在当前监管体系中的重要性。中长期内,建议借鉴"双峰"监管模式的经验,将"一行两会"内部已经建立的金融消费者保护部门进行整合,建立国家金融行为监管局,与央行的宏观审慎管理和"两会"的微观审慎监管建立相对分立的监管体系,从而形成金融委统一领导下的准"双峰"金融监管框架,即金融委负责加强政策沟通协调,实现信息、数据共享;人民银行负责制定和执行货币政策,并对整个金融体系实施宏观审慎监管;银保监会和证监会以金融业务为基础实施微观审慎监管，维护这些金融机构的安全和稳健运营；金融行为监管局负责金融机构的行为监管，在加强对金融机构交叉性金融产品和服务的信息披露、产品定价及产品出售等行为监管的基础上，改善消费者金融基础知识普及，改善消费者对金融产品和金融交易的理解，并更多地发挥市场机制作用，提高金融消费者的风险承担意识和能力。

03

推动制定"金融稳定促进法"

03
推动制定"金融稳定促进法"

加快推进金融稳定立法，促进金融体系稳健运行，守住不发生系统性金融风险的底线。关注金融机构健康，未雨绸缪，提高金融风险防范的前瞻性和预见性，夯实金融稳定基础。坚持问题导向，规范金融风险处置机制，严格救助性资金使用，提高透明度，防范道德风险。明确金融风险事件问责追责制度，大幅提高处罚力度。厘清金融稳定和风险处置中各方权责利，处理好金融稳定立法与其他金融法律的关系。

一、制定金融稳定促进法的现实考虑

当前，建立合理高效、相互制衡的金融风险处置机制，落实处置金融风险的资金来源是矛盾的焦点。但长远看，具有前瞻性的事前防范机制比风险处置、事后救助对金融稳定更加重要。因此，金融稳定立法应为"金融稳定促进法"。

金融稳定体现为金融中介促进资源配置功能的顺畅实现，通过有效的金融资产配置结构，服务于实体经济发展的根本目标。金融稳定促进法应促进金融体系处于能够正常发挥关键功能的状态：一是宏观经济健康运行，货币财政调控政策稳健有效；二是金融的资金媒介功能持续有效发挥，有效传导价格信号、促进资源优化配置；三是金融体系自身可以承受内部波动和外部冲击，解决金融失衡问题，整体上实现平稳运行。

在金融稳定和风险处置中不得不考虑三个基本环境：一是金

融作为中央事权，在单一制国家很容易形成"有风险找中央"的兜底思维；二是国有金融资产在全部金融企业中占比超过70%，"有困难找政府""父爱主义"的思想很难避免；三是动用公共资源救助风险民营金融机构，往往会陷入"亏了国家，肥了个人"的两难境地。

制定金融稳定促进法，重点是要解决本轮金融风险处置中暴露出的体制机制和规则的缺陷，包括：市场出清机制不畅；部门职能划分不清；花钱买平安，买单机制不明；央地关系权责不配；监管"牌照信仰"；公司治理架构无效；追责问责机制缺失。

过去30多年金融风险处置的成功之处在于：一是坚持制度先行，优化顶层设计，政府主导风险处置；二是实行风险隔离，使金融机构能够轻装上阵；三是重视补充资本，夯实机构经营实力；四是健全公司治理，强化市场纪律的自我约束；五是依法严厉查处违法违规机构和责任人，严肃市场地位；六是风险处置与深化金融改革相结合，花了学费买来教训，不断拾遗补阙完善金融制度。

也有值得吸取的教训：一是存在政府过度参与，扭曲了市场机制；二是没有从根本上建立一套规范的风险处置机制，没有形成一套相互监督和约束的部门职责安排；三是对金融机构和金融市场过度保护，容易引发道德风险；四是侵蚀了公共利益，透支了未来公共资源；五是透明度不足，间接导致了金融乱象的重复演变。有必要指出的是，过去中国经济持续高速增长掩盖了风险处置模式的弊端，这也显示出当下和今后金融风险处置的困难。

制定金融稳定促进法可以借鉴次贷危机中美国不良资产救助

计划的实践，以及国际金融稳定制度的建设经验：构建全面的金融稳定框架；将金融安全网逐步拓展至宏观审慎和行为监管维度；监管理念逐步从机构监管向功能监管转变，将影子银行体系纳入审慎监管；强化系统重要性的机构监管；重视消费者权益保护。

二、金融稳定立法的基本框架与要素

在制定金融稳定促进法时应遵循以下原则：一是坚持市场化、法治化；二是协同高效，相互监督；三是机制畅通，反应敏捷；四是权责清晰，奖罚分明；五是系统完备、重点兼顾。金融稳定立法的基本框架与要素应该包括以下几个方面。

一是在金融监管体系建设上，应坚持分业经营与分业监管，可考虑赋予人民银行监管纠偏权力；强化机构分业监管下的功能监管；明确金融稳定决策机构职责，赋予其拟订金融规则制定权、重大事项决策权和问责追责权。

二是公司治理层面，把加强党的领导和完善公司治理统一起来；强化对大股东的约束，确保全体股东有平等的待遇；董事会对有效实施风险管控负有最终责任；规范金融机构信息披露，加大惩处力度；激励与约束并举，建立稳健的薪酬体系；充分发挥金融机构外部治理机制的监督作用。

三是在消费者权益保护上，建立金融消费者权益保护统一机制，严格信息披露要求，强化侵犯金融消费者权益行为的惩处机制，加强金融消费者教育，提高监管对金融创新的反应速度，建立救济制度和非诉讼纠纷解决机制。

四是在金融稳定监测、预警与风险处置方面，构建信息沟通和协作机制，建设预警机制，开展压力测试，完善金融风险事前、事中和事后处置全链条工作。

五是金融稳定立法应明确风险损失分摊的基本原则，设立严格的救助启动条件，制定清晰的动用程序，强化资金动用的法律约束。要坚持在明确股东责任，用足自身资源的基础上，用好市场救助机制，引入共同基金、穷尽地方政府资源、动用中央政府资源的救助逻辑。

六是在动用公共资金处置问题金融机构风险时，应遵循"成本最小化"和"系统性风险例外"原则。应明确股东出清、行业性资金救助、央行流动性救助、央行专项再贷款救助、地方可动用资源、中央财政兜底的资金动用顺序。

七是夯实金融稳定基础支撑和保障，包括优化信用环境、信息整合与共享、监管能力建设，发挥好第三方中介机构的作用。

八是对于问责追责和处罚，应该建立独立的第三方金融监管规则合理性评估、金融监管绩效评价和金融风险检讨机制，完善金融机构的内部问责机制及股东行为约束机制，建立金融从业人员追责制度，健全对金融监管机构的问责体系，明确地方政府属地责任，加大金融违法处罚力度。

三、金融稳定立法中需要处理的几个重要关系

制定统一有序、高效权威的金融稳定促进法，关键要厘清几个重要关系，协同部门利益。

03
推动制定"金融稳定促进法"

一是创新、效率与金融稳定：金融稳定立法要安全和发展并重，平衡好金融安全与金融效率、资源保障与道德风险的关系，为真正的金融创新提供正向激励。衡量金融创新真实与否的基本标准在于，是否有利于效率的提升，是否风险可识可控，是否能被有效监管。

二是金融稳定与中央银行的关系：央行作为最后贷款人能够为市场提供流动性支持，但应在确保其他手段均不能奏效的情况下诉诸实施。央行的核心角色应重在"预防"而非事后"救助"，履行宏观审慎管理、信息整合、基础设施稳健职责，而非充当"救火队长"的角色，更不宜让市场产生央行兜底预期。

三是金融稳定与监管机构的关系：关于金融稳定制度的规定分散在多部门，应健全顶层设计，实现宏观审慎管理与微观审慎监管的对应和补充，淡化监管的行业发展职能。设置"监管"与"接管"的防火墙，做好监管效能评估，开展有效的监管问责活动。

四是中央银行与金融监管的关系：应强化行业监管职能、功能监管职能，健全资源配置市场化、金融机构退出与恢复、消费者保护等机制。明确央行在行业监管纠偏、央地协调监管、信息共享等协作机制中的主导地位。

五是金融稳定与财政的关系：财政部门既要履行出资人职责，又是金融风险最终救助成本的实际承担者，同时作为"最后买单人"负有保障公共资源安全的职责，应参与风险救助的全过程，在金融稳定机制中发挥制衡约束作用。

六是中央与地方的关系：金融监管主要是中央事权，地方金融监管为有效补充。应建立中央和地方金融监管协调机制，厘清中央与地方的风险处置职责，压实地方政府风险处置属地责任，建立地方向中央求助机制，严格规范求助标准与程序。

七是金融稳定与透明度：金融稳定需要通过立法完善金融市场基本制度，促进金融机构运行，提高金融市场、金融监管、金融风险处置的透明度，大幅增加违法成本。

八是金融稳定立法与其他法律的关系：金融稳定立法是对金融稳定工作的全局性顶层设计。金融稳定立法应建立统筹全局、体系完备的跨行业、跨部门金融稳定总体工作机制，构建防范、化解和处置金融风险的具体实施机制，做好与《企业破产法》的有效衔接。

四、金融稳定立法应突出解决的问题

一是夯实金融稳定的基础支撑和信息保障，明确统一的金融基础数据信息系统整合职责，制度化开展金融稳定评估、监测、预警，否则风险防范无法做到未雨绸缪。

二是明确金融风险处置资金的来源和使用规范，以及由此产生的资金日常管理问题。

三是明确金融风险处置中股东、金融机构、监管当局和地方政府的职责，有效防范道德风险，提升风险处置效率。

03
推动制定"金融稳定促进法"

金融稳定与否事关金融基本功能的发挥,事关金融运行的方方面面。虽然就目前来看,建立健全风险处置机制和落实处置金融风险的资金来源是矛盾的焦点,但从长远来看,具有前瞻性的事前防范机制比风险处置、事后救助对金融稳定更加重要。因此,金融稳定立法不应为"金融风险处置法",应为"金融稳定促进法"。

金融稳定立法的根本目的是防范和化解系统性金融风险、系统性金融机构的风险,而非解决个案金融风险。本章是要界定金融稳定立法的范围,梳理立法的基本框架和要素,厘清稳定金融涉及的基本理念及利益关系,优化利益方职能职责,夯实金融稳定立法的基础,而非逐条撰写规范性立法条例。

制定金融稳定促进法的出发点

单独制定金融稳定促进法,既需要做好同既有的金融法律法规的协同配合,也要借鉴、总结国内外风险处置、金融稳定制度建设的有益经验,突出重点,解决当前金融风险处置中的现实问题。

一、问题导向,解决金融风险处置中的问题

自本轮金融周期以来,金融风险水落石出,处置救助任务急

迫繁重，暴露出不少体制机制和规则不足的缺陷，理清这些问题是健全金融稳定法律体系的基础。在金融风险处置中需考虑三个基本环境：一是金融作为中央事权，在单一制国家很容易形成"有风险找中央"的兜底思维；二是国有金融资产在全部金融企业中占比近90%，"有困难找政府""父爱主义"的思想很难避免；三是动用公共资源救助风险民营金融机构，往往会陷入"亏了国家、肥了个人"的两难境地。

一是市场出清机制不畅。我国金融风险处置缺乏市场化出清的成熟机制。金融机构破产无完备的法律体系，缺少可遵循的制度和成例。20世纪90年代末，海南发展银行的破产清算是少有的金融机构市场化出清的尝试，但持续20余年仍未结束。金融机构破产法律体系的缺失，为行政救助打开了方便之门。政府部门也缺少市场化出清的主观能动性，风险救助采取以稳为主的理念，"捂盖子、击鼓传花"成为监管偏好。近期部分资不抵债、已经事实上破产的城商行进行的所谓的"破产重整"，更像是行政主导的救助型重整，并非市场化出清。

二是部门职能划分不清。监管职能、处置职能、损失分担等主要职能边界模糊，既有重叠又有缺失，"铁路警察各管一段"的问题突出。其一，监管部门囿于既有职能边界，对金融创新监管依据缺失，意愿不足，导致P2P等风险较大的"创新乱象"在较长一段时间内缺乏实质性管控。其二，风险出现后，监管部门、出资人、风险救助机构等部门缺少救助责任与分工的明确划分，更多是依靠金融委一事一议，居中协调。其三，对处置成本的分摊缺乏成熟的机制，存在问题金融机构股东转移财产、监管部门推诿扯皮、地方政府"躺平"等问题。

三是买单机制目的不明。动用公共资源救助机构、转移风险的意愿强烈，但缺乏总结经验、建立可持续的长效机制的动力。与美国次贷危机救助中实现较高盈利相比，近期金融风险救助投入资金规模巨大，但收回成本的可能性微乎其微，其中的绝大多数最终都会通过财政政策转嫁给全体纳税人。在损失承担的过程中，花钱买平安的短期诉求成为主导，花钱买机制的长效目标仍然缺失。有些机构"最后的晚餐"反复吃，风险不断后移。

四是央地关系权责不配。金融监管主要是中央事权，但地方政府承担对"7+4"类金融机构的直接监管权。近期暴露的金融风险，不少属于传统中央监管范畴，地方政府前期并未介入，既不了解情况，也缺乏监管手段与能力，却要靠前承担损失。同时，针对地方政府监管的金融机构违规全国展业、过度同业形成和扩散的风险，中央金融部门也缺少事前监测和跟踪机制，却要牵头进行风险处置，同样面临信息、工具、职能等不对称的问题。

五是监管理念责任不全。我国传统金融监管存在"牌照文化"倾向，准入管理严格，但"管生不管养"，对金融机构的过程监管不足，对非持牌金融机构缺乏监管意愿。这容易导致少数持牌金融机构依靠"牌照信仰"违规经营，在监管范畴内隐藏风险；形成监管真空，导致不少互联网金融机构和类金融机构以创新之名违规展业，在监管之外堆积风险，继而形成系统内外双向的风险失控。

六是公司治理架构无效。大股东、负责人的"一言堂"问题是近期金融风险处置暴露出来的突出问题。一方面，个别国有金融企业治理体系失效，一把手"一言堂"，排斥异己、规避公司治理程序，独断专行，大搞高风险扩张、关联交易和利益输送，损公肥私。另一方面，民营金融机构治理体系崩溃，大股东操纵金融机构违规放贷、自我融资、关联交易、转移资产等问题极为突出。问题金融机构通过公司治理实现自我管理、自我约束、自我监督的功能几乎完全丧失。

七是追责问责机制缺失。金融风险形成与追责问责机制不健全紧密相关。个别金融机构形成数千亿元的损失，相关责任人百万年薪照领，换份工作照干，权利责任极度不对等。部分民营股东虚假出资、循环出资、违规经营，使风险放大到数千亿元，问题暴露后却一味"躺平"，无股东权益用于清偿。部分政府部门和监管部门公职人员遵纪守法意识缺失，与金融机构内外勾结，牟取私利，责任追查、倒查的威慑力明显不足。

二、以往鉴来，汲取过去金融风险处置得失

（一）国有银行不良资产处置

20世纪90年代，国有企业资产负债率从1980年的20%左右上升至1995年的85%，导致银行不良贷款率在1999年时攀升到39%，余额2.5万亿元，银企之间债权债务问题凸显，聚集了巨大的金融风险。1993年6月，朱镕基在全国金融工作会议上"约法三章"——停止违规拆借、严格管制存贷款利率、银行与兴办

实体脱钩并停止投入信贷资金，开展金融秩序全面整顿。1998年全国金融工作会议把防范和化解金融风险提上重要议事日程，提出组建金融资产管理公司，剥离商业银行不良资产。1998年发行2 700亿元特别国债，补充四大国有商业银行资本金。1999年四大资产管理公司相继成立，分别接收商业银行和国家开发银行剥离出的13 939亿元不良贷款，其中债转股总金额为4 050亿元。

处置银行不良资产，剥离和债转股是直接手段，把国有企业和国有银行作为一个整体加以处理，在划转国有银行不良资产的同时，大幅度降低了国有企业的负债水平和利息支出。债转股模式兼顾了银行、企业、财政三方面的考虑，银行债权变股权没有简单地勾销债务，而是改变了偿债方式，从借贷关系转变成不需要还本的投资合作，是一种现实代价较小的债务重组方案，容易得到各方支持。这是一条今后可以遵循的原则和坚持的经验。

债转股模式的另一个目标是推动国有企业转换经营机制，注资、引进战略合伙人，股改上市，优化企业资本结构，建立现代企业制度。2003年汇金公司成立，直接注资中国银行、建设银行，引进战略投资者，支持四大国有商业银行股改上市。2016年10月国务院发布《关于市场化银行债权转股权的指导意见》，引入市场化转股定价和退出方式，开启新一轮债转股工作，对于压减过剩产能、保持经济稳健、维护金融稳定都有积极作用。

（二）中小金融机构风险处置

一是城商行体系的组建与分化。1994年共有城信社5 200余家，总资产3 171亿元。由于缺乏统一的监管约束和操作规范，内部管理混乱，许多城市信用合作社（以下简称"城信社"）资产损失严重，"挤兑"风波不断蔓延。1997年国务院启动城信社整顿，联合资产达到5亿元以上的省市一级城信社组建成为城商行，地县一级城信社划归农村信用联社或由原单位收回或撤销。截至2002年底，仍处于经营状态的城信社仅为449家。但历史包袱问题没能解决，1998年城商行不良贷款率达34.3%，2003年上半年账面利润仅为36.09亿元。其后通过联合重组、引进战略投资者等方式推动城商行合规整改，放开城商行异地展业限制，财政和央行通过中央专项借款、再贷款等方式予以资金支持。城商行经历了一段高速增长期，部分头部机构成功上市，大部分城商行盈利能力不强、资产质量恶化，仍面临着较为严峻的经营压力。

二是农村信用合作联社（以下简称"农信社"）改革的起起伏伏。1978年改革开放之初，农信社由农业银行领导。[①] 农信社作为农业银行的基层机构，经营自主权被削弱，其在农村地区吸收的大量存款被调出，用于支持国有企业改革，造成大量坏账损失，1995年末农信社亏损机构占比达44.73%。受亚洲金融危机和清理农村合作基金会事件的影响，1996年起国务院推动农信社实施"行社脱钩"，农业银行转由人民银行代管，力图恢复农信

[①] 1979年初，国务院颁布《关于恢复中国农业银行的通知》（国发〔1979〕56号），决定让中国农业银行领导农信社。

03
推动制定"金融稳定促进法"

社的合作金融性质[①]，推进农信社"地市联社"、"省联社"、股份制等改革方式探索。但从经营效率上看，1993—2003年，农信社持续亏损，其"合作金融"的发展方向受到一定质疑。

2003年国务院新一轮农信社改革，通过"花钱买机制"，明确规定[②]：农信社的管理与风险处置由省政府负责，银监会负责监管，省联社作为地方政府监管农信社风险的重要平台，将农信社改造成具有商业可持续的"三农"服务机构，农信社走上完全商业化的道路。迄今，全国农商行、农信社分化严重，既有浙江农信"台州模式"和"温州模式"的成功，也出现了不少省市的系统塌陷。

三是农村合作基金会涉众型风险处置。农村合作基金会是20世纪80年代早期，为管理处置人民公社体制解体后的集体资产，满足个体农户合规信贷需求，满足乡镇政府"投资需求"而出现的农村合作经济组织。由于长期未能明确机构身份、内部管理混乱、行政干预严重、违法经营金融业务，积累了大量金融风险，1998年各地农村合作基金会出现挤兑风潮。国务院于1999年正式宣布统一取缔农村合作基金会，清产核资，对于符合条件的并入农信社，对于资不抵债又不能支付到期债务的予以清盘、关闭。在农村合作基金会的风险处置方面，一是通过人民银行借款保障

[①] 1996年8月国务院颁布《关于农村金融体制改革的决定》（国发〔1996〕33号），指出此次改革的目的仍是恢复农信社的合作制，但是与恢复"三性"的改革相比，这次改革处在整个农村金融体制重大变化的背景下，其广度、深度都要更进一步。改革的核心是逐步将农信社改为合作性金融组织。

[②] 《关于进一步深化农信社改革试点的意见》（国办发〔2004〕66号）。

兑付，多年后最终损失都由中央财政承担，二是其不良资产大多数由农信社承接，造成农信社资产劣化、风险暴露，"雪上加霜"。

（三）证券行业风险处置经验

2003年底至2007年8月，我国证券行业出现了严重危机。一些证券公司面临资金链断裂、增量资金急剧减少、存量资金不断流失、行业信用大幅下降等问题。证券公司风险爆发的成因主要有：一是普遍存在报表不实，账目不清，账外经营严重；二是挪用客户资产，违规高息融资，资金缺口巨大；三是股本不实，股东不清甚至有些股东以证券公司为平台侵占公司的资产或者客户的资产，高管人员失职、渎职甚至违法犯罪，公司治理和内控失效。自2004年8月至2007年8月，开展证券行业综合整治，全国共清理账户1 000多万个，通过政府救助、整改重组、停业整顿、撤销或责令关闭、行政接管、破产等方式共处置了58家高风险公司，其中27家公司恢复正常经营，31家被关闭或撤销。

本次处置的经验，一是初步建立证券公司市场的退出和投资者保护长效机制；二是彻底纠正了证券公司挪用客户交易结算资金，保本保底、委托理财、账外经营、股东占款等违法违规行为，2 853亿元资金的历史遗留风险全部化解；三是集中改革完善了客户交易、结算资金承管、国债回购、账户清理等一批基础制度，增强客户资金安全性，证券公司流动性缺口得到有效解决；四是依法严厉查处违法违规机构和责任人，严肃了市场地位；五是积极稳健推进证券公司的业务发展和有序创新，全面实施以净资本为核心的风险监控制度,法律体系和监管机制得以健全。在本轮证券公司风险处置中,还暴露出法律法规不健全、行政干预等问题,应在今后的金融风险处置中,完善相关法律法规制度建设,减少行政化手段带来的道德风险。

(四)信托行业风险处置教训

信托行业在发展中一直存在业务定位不清晰、与银行业务同质化竞争、风险管理能力不足等问题,使得行业风险周期性积聚。监管部门分别于1982年、1985年、1988年、1993年、1999年、2007年对信托业进行了六次大规模整顿,信托业逐步从银行业与证券业中分离出来,信托公司的数量也由1 000余家减少到68家。信托业前四次治理"以堵为主",均未能真正化解信托业功能错位与定位模糊的深层矛盾。第五次整顿让一直野蛮生长的信托业回归到本质上来,真正办理"受人之托,代人理财"的信托业务。整顿的重中之重是要使信托业与银行业、证券业分业经营,不能用负债资金从事投资、贷款业务和证券业务;对各类信托投资公司进行分类处理,进行合并重组、扩充资本金、壮大经营实力,不符合条件的信托投资公司被摘去金融牌照,改为实业公司、财务公司或证券(经纪)公司,以银行业务为主的信托投资公司转为国有独资银行的分支机构。2001年《中华人民共和国信托法》颁布,信托关系从法律上得到了确立。2007年《信托公司管理办法》明确将"信托投资公司"改为"信托公司",约束信托公司固有业务项下的投资业务,信托业完成第六次整顿。

信托业所经历的六次大整顿,既是对信托业发展路径的校对,也是对信托行业的保护。迄今，68家持牌信托公司总体运营仍面临较大困难，通道业务及融资类信托持续压降，房地产、地方平台等业务领域风险凸显，打破刚兑困难重重，创新转型政策制度支撑不足，监管理念和行业发展方向仍面临着不知何去何从的彷徨。未来，信托公司仍需要回归信托本源，优化业务模式，提升投研能力，强化全面风险管理，发展具有信托制度优势的家族信托、养老信托、慈善信托等服务类信托，走差异化、专业化的高质量发展道路。

（五）历次金融风险处置经验总结

成功之处在于：一是坚持制度先行，优化顶层设计，政府主导风险处置；二是实行风险隔离，使金融机构能够轻装上阵；三是重视补充资本，夯实机构经营实力；四是健全公司治理，强化市场纪律的自我约束；五是依法严厉查处违法违规机构和责任人，严肃市场地位；六是风险处置与深化金融改革相结合，花了学费买来教训，不断拾遗补阙完善金融制度。

当然也有值得汲取的教训：一是存在政府过度参与，扭曲了市场机制；二是没有从根本上建立一套规范的风险处置机制；三是对金融机构和金融市场过度保护，容易引发道德风险；四是侵蚀了公共利益，透支未来的公共资源；五是透明度不足，间接导致了金融乱象的重复演变。有必要指出的是，过去中国经济持续高速增长掩盖了风险处置模式的弊端，这也彰显出当下和今后金融风险处置的困难。

三、他山之石,借鉴国外风险处置防范经验

(一)次贷危机中美国风险处置的实践

一是,2008年次贷危机爆发后,美国财政部、美联储通过不良资产救助计划深度参与金融风险处置,形成了有效的政策合力,实现了稳定性与收益性兼具的救助效果,有四点经验可资借鉴:其一,不良资产救助计划作为应对次贷危机的核心措施,救助思路从最初购买金融机构的不良资产,到最后的直接注资转变,发挥资金杠杆作用;其二,注资方式为购买金融机构股票,且以优先股为主;其三,被定向注资的关键金融机构需要受到高管薪酬限制、公司费用支出限制和普通股股息限制等附加条件的约束;其四,美国财政部通过回款、股息和权证出售等方式,实现净盈利退出。不良资产救助计划执行情况按月对外公布。

二是,次贷危机爆发后,信用市场面临流动性枯竭,货币政策探入零利率区间,美联储正式启动非常规货币政策工具,包括旨在稳定货币与价格的量化宽松政策(QE),以及旨在恢复资本市场流动性的资产购买等措施:一是将救助范围从银行部门拓展至非银金融机构,着眼于整个金融体系的稳定性;二是稳定抵押品价值,帮助非银机构和金融市场恢复融资流动性和交易流动性功能;三是在救助过程中,与财政部形成合作与制衡并重的关系,一方面在资金筹措、救助担保等方面形成了较强的政策合力,另一方面,美联储部署的特殊贷款工具具有"准财政性",需得到财政部的支持与同意;四是明确救助范围,对濒临破产的机构不予救助。

（二）危机后各国金融稳定制度设计变迁

全球金融危机后，主要国家和地区逐步形成以中央银行为主的全面金融稳定框架，金融安全网的内涵也逐步拓展至宏观审慎和行为监管维度，监管理念逐步从机构监管向功能监管转变。按特征划分主要发达国家危机后的统筹协调机制，见表3-1。

表3-1 按特征划分主要发达国家危机后的统筹协调机制

	以宏观审慎为目的	以微观审慎为目的	以金融消费者权益保护为目的
央行下设	欧洲：系统性风险委员会（ESRB） 英国：金融政策委员会（FPC） 法国：审慎监管局（ACP）	欧洲：监管机构联合委员会（ESAs） 英国：审慎监管委员会（PRA）	美国：消费者金融保护局（CFPB）
财政下设	美国：金融稳定监管委员会（FSOC） 澳大利亚：金融监管委员会（CFR）		
独立机构		英国：金融市场行为监管局（FCA）	加拿大：金融消费者保护局（FCAC）

（三）金融稳定监管全流程、全覆盖

信息收集和共享机制。美国金融稳定监管委员会专门设立数据委员会确保成员间充分的信息共享，金融稳定理事会建议各国之间建立跨境信息分享机制，均凸显出信息收集和共享机制的重要性。

预警机制建设。各国金融风险预警机制构建主要涉及预警指标体系及其预警界限值等方面。如资本充足率8%的最低监管要求和流动性覆盖率、净稳定资金比率、合同期限错配、融资集中度等指标。

压力测试设计。国际清算银行提出，监管人员应要求银行机构报告压力测试框架及测试结果，并根据报告评估流动性及偿付能力的脆弱性，要求银行完善资本计划和流动性应急计划，或制订恢复与处置计划。各国央行也大都在实践之中。

事前机制。一是出资机制，如欧洲"单一处置基金"、美国"应急资本"制度。二是恢复与处置计划，英美两国2009年就以大型银行为试点制订了"恢复和处置计划"，后期逐步拓展至所有系统重要性金融机构。三是处置启动机制，美国在立法上最先确立"早期干预措施"，《联邦存款保险法》和《多德—弗兰克法案》分别确立了一般金融机构和SIFIs（系统重要性金融机构）的矫正制度。

事中机制。一是救助制度，危机后各国救助逻辑从"他救"（bail-out）向"自救"（bail-in）倾斜，处置方式从"国有化"向"市场化"倾斜。二是重整制度，包括临时性管理和接管两种，前者金融机构所有者仍保留其权利，后者金融机构所有者权利被中止或授予接管人。①三是破产清算制度，英国2009年《银行法》和美国《多德—弗兰克法案》均提倡建立破产有序清算制度。

事后机制。美英两国对金融危机的问责方式都呈现出非常态

---

① 袁达松.金融稳定促进法论[M].北京：法律出版社，2019.

化、非机制化特征。美国方面,由国会授权成立临时性金融危机调查委员会负责查明金融危机的起因。英国方面,通过任命金融监管机构负责人对危机责任和根源进行反思。

(四)功能监管与审慎监管

功能监管强化。以《多德—弗兰克法案》和2009年《银行法》为首的法律蓝本均强调了对"大而不倒"金融机构的监管,其监管方式也顺应金融混业经营和金融创新发展,推动传统机构监管转向功能监管,尽力避免监管空白。[1]

将影子银行体系纳入审慎监管。《多德—弗兰克法案》将大型对冲基金、私募股权基金以及其他投资顾问机构纳入监管,并要求在美国证券交易委员会注册登记,同时减少《商品期货现代化法案》对场外衍生品市场的监管豁免,大部分场外衍生品移入交易所和清算中心进行交易和监管。[2]

加强宏观审慎监管。宏观审慎成为危机后国际金融监管制度改革的共识,从"伦敦公报"[3]到"首尔宣言"[4],G20一再强调实施宏观审慎监管的必要性与紧迫性。在国际监管机构的指引

---

[1] 巫文勇.利益平衡视角下的金融机构破产特定债务优先清偿法律制度研究[M].北京:中国政法大学出版社,2014.

[2] 袁达松.金融稳定促进法论[M].北京:法律出版社,2019.

[3] 2009年4月2日,G20伦敦峰会后发布加强金融体系的宣言,指出加强对所有系统重要性金融基础设施机构、市场和工具的监管,以识别和应对金融系统宏观审慎风险。

[4] 2010年11月12日,G20首尔峰会上,各国领导人对制定宏观审慎框架提出了明确要求,特别是要求金融稳定理事会、国际货币基金组织和国际清算银行应加强对审慎监管政策框架的研究。

下,各国在宏观审慎监管方面已纷纷建立起系统性的体制机制和政策框架。

加强微观审慎监管。《巴塞尔协议Ⅲ》进一步加强了微观审慎监管要求,具体体现在提高资本质量及水平标准、增加杠杆率监管要求、增加流动性风险监管、增加风险资产覆盖范围等四个方面。

(五)大而不倒与系统重要性机构

国际社会一方面界定全球系统性重要金融机构,提出监管计划。另一方面,除了《巴塞尔协议Ⅲ》中更新或新增的宏观和微观审慎要求外,还从提高系统重要性金融机构的TLAC(外部总损失吸收能力)、设计和建立恢复与处置计划、限制机构规模、剥离高风险自营交易等方面,强化了针对SIFIs的监管法律制度。

(六)行为监管与消费者权益保护

全球金融危机后,各国纷纷加强金融投资者教育,严格信息披露要求,规范纠纷解决机制和救济制度等,全方位提升金融消费者权益保护,不断强化金融机构相关义务。此外,还逐步发展以"建立稳健薪酬体系"为目标的监管模式,探索"软法治理"[①] "监管沙盒"等金融创新监管实践。

四、拾遗补阙,做好与现有法律的衔接匹配

(一)《中国人民银行法》与金融稳定促进法

《中国人民银行法》仅规定人民银行有维护金融稳定的职责,

---

① 英国对互联网金融采取软法治理的思路,对P2P的监管采取了"先行业协会,再政府监管"的模式。

缺乏具体的制度支撑，没有明确维护金融稳定的政策工具和监管措施，也未建立有效的金融稳定协调机制，已不能适应履行金融稳定职责和金融风险处置实践的需要。即使正在修订中，也无法替代、涵盖金融稳定促进法的功能。两部法律的相关工作应同步进行，共同构成金融稳定长效机制的法律基础。

（二）金融监管法的职责边界

我国相关法律缺乏从全局高度跨行业、跨部门对金融稳定制度的统筹安排，缺少专门针对系统重要性金融机构的处置规则，临时和随意的规范性文件较多，金融机构跨境处置方面的法律规范较少。此外，在监管制度方面也存在局限性，比如预防与准备制度立法层级不高、内容分散、目标不明确，早期纠正制度时监管机构介入具体标准比较模糊、自由裁量权较大。

（三）金融机构危机处置与《企业破产法》

一方面，我国金融机构危机处置制度主要按行业分类，呈现"碎片化"特点，如《商业银行法》规定商业银行破产清算制度，《证券法》规定证券类金融机构行政处置制度，《保险法》规定保险公司危机处置制度、问题保险公司接管制度等。另一方面，金融机构破产机制立法专业性较弱、内容规定不详细、以行政干预主导的处置程序及处置权责规定较为模糊。《企业破产法》仅规定"国务院金融监督管理机构可以向人民法院提出对该金融机构进行重整或者破产清算的申请"，"金融机构实施破产的，国务院可以依据本法和其他有关法律的规定制定实施办法"，缺乏实施细则和相关金融风险处置工具，不具备可操作性。

（四）美欧英金融稳定立法情况

一是立法设置专门的宏观审慎监管机构，落实对系统性风险的监管。美国《多德—弗兰克法案》成立了金融稳定监管委员会，负责事前识别和监测系统性风险。英国则在《2012年金融服务法案》《2016年英格兰银行与金融服务法案》中，在英格兰银行下设货币政策委员会、金融政策委员会和审慎监管委员会，分别负责货币政策、宏观审慎与微观审慎监管。欧盟在《泛欧金融监管改革法案》中设立了欧洲系统性风险委员会进行宏观审慎监管，新设三个监管局，分别负责监管银行业、保险业和金融业。

二是重新配置监管机构与权限，注重机构间的监管协调。美国《多德—弗兰克法案》擢升了美联储的监管职权，使之成为系统性风险监管者；将储蓄管理局与货币监理署合并，负责全国性的银行监管；新增联邦保险办公室负责对保险业的监管等；金融稳定监管委员会则负责协调和促进各监管机构的信息共享。英国构建了以英格兰银行为核心、三个专业委员会为支撑的"三支柱"治理体系。欧盟则强化了三大金融监管当局在银行业、保险业和金融业方面的职能，加强金融监管规则的趋同性。

三是限制高风险交易行为，强化对金融消费者的保护。美国禁止银行利用参加联邦保险的存款进行自营交易，从根源上控制银行的规模和风险敞口；加强监管包括信贷违约互换市场在内的所有高风险交易行为，要求对贷款进行打包的银行须将其中5%的信贷风险保留在其资产负债表中。英国则授权金融服务监管局有权采取紧急行动，限制卖空行为。欧盟全面禁止信贷违约互换类型产品的裸卖空，要求将所有标准化衍生品纳入交易所及通过中央清算所清算等。

此外，美、欧、英都新设专门机构以加大对金融消费者的保护力度。欧盟多次修订《资本金要求指令》，提高银行的存款保障金额及补偿比率，增强银行对受害金融消费者的赔付能力。

金融稳定立法的基本框架与要素

通过金融稳定促进法，构建防范、化解和处置金融风险的权威、高效法律基础，维护金融稳定的长效机制。立法应秉持市场化、法治化原则，夯实前瞻性的事前风险防范基础，健全金融风险的监测、预警与处置机制，明确风险损失分摊机制，完善事后追责问责机制。金融稳定立法框架，如图3-1所示。

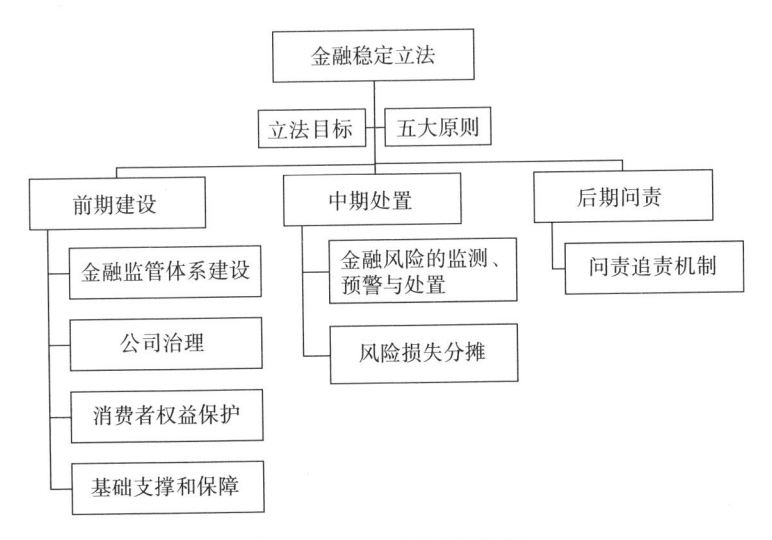

图 3-1 金融稳定立法框架

一、与金融稳定立法有关的含义、目标与原则

（一）金融稳定的含义

金融稳定是指一个国家或者地区在一定时期内金融发展、金

融运行、金融效率和金融结构的稳健状态，体现为金融中介促进资源配置功能的顺畅实现，从而服务于实体经济发展的根本目标。金融稳定是一个宽泛的概念，既能指一个机构的稳定，也能指行业的稳定，还能指系统性的稳定。单个机构稳定是基础，系统重要性金融机构的风险能够通过外溢效应最终导致金融体系不稳定。促进金融稳定既需要在微观层面上夯实单个金融机构的稳定基础，完善金融机构公司治理、强化信息披露、加强金融监管，又需要在宏观层面上对系统性金融风险①实现有效的识别、防控和处置。

金融稳定主要包含：金融密切服务实体经济，金融资产规模与实体经济发展相适应；金融体系运行平稳，整体风险可控；金融领域有效供给充足，发展路径和治理规则明确；金融机构管理良好、运行稳健、健康发展；金融市场作为资金媒介的功能得以有效发挥；消费者权益得到有效保护。

（二）金融稳定促进法的目标

金融稳定促进法应为我国建立以金融稳定为目标的系统性金融监管体系提供法律支撑和根本遵循，建立系统化、法治化的金

---

① 国际金融组织对"系统性金融风险"的内涵已有基本共识，但具体的定义不同。2019年，金融稳定理事会认为系统性金融风险是由经济周期、宏观经济政策的变动、外部金融因素冲击等因素引发一国金融体系激烈动荡的可能性，且这种风险对国际金融体系和全球实体经济都会产生巨大的负外部性。2011年，G20财长和央行行长报告将系统性金融风险定义为可能对实体经济造成严重负面影响的金融服务过程受损或中断的风险。同年，国际货币基金组织、国际清算银行认为系统性金融风险是金融体系部分或全部受损时引发的大范围金融服务失效，并且可能对实体经济产生严重冲击的风险。

融稳定机制,守住不发生系统性金融风险的底线,让金融体系处于能够正常发挥关键功能的状态。

金融体系要处于"能够正常发挥关键功能的状态"至少包括以下内容:一是宏观经济健康运行,货币财政调控政策稳健有效;二是金融的资金媒介功能持续有效发挥,有效传导价格信号、促进资源优化配置;三是金融体系自身可以承受内部波动和外部冲击,解决金融失衡问题,整体上实现平稳运行。

(三)制定金融稳定促进法应遵循的原则

一是坚持市场化、法治化。坚持发挥市场在资源配置中的决定性作用,有效衔接现有金融领域的法律法规,为实现金融稳定提供清晰可循的法律依据。

二是协同高效,相互监督。明确金融稳定工作的牵头机构,清晰金融管理各部门间的协同机制,相互配合、协同联动、监督制约、运行高效。

三是机制畅通,反应敏捷。明确全面覆盖、敏捷畅通的预防、处置、应对金融风险的事前、事中、事后全流程工作规则,明确应对金融风险、实现金融稳定的可用政策和工具。

四是权责清晰,奖罚分明。明确金融稳定各主体间的权责划分,实现责权一致、激励约束兼容、科学合理,有效防范道德风险。

五是系统完备、重点兼顾。金融稳定立法既要解决全链条、"未雨绸缪"治未病的问题,也要突出重点,解决"买棺材"的问题。

二、金融监管体系建设

（一）坚持分业经营与分业监管

我国金融体系长期以来形成了以银行为主的间接融资体系，金融市场发展相对滞后，金融产品、业务跨界融合不多，对不同业务性质的金融机构实施机构分业监管存在合理性。近年来，我国监管受套利驱使，表外金融产品增多，表外资产规模增加，金融混业经营驱使明显。同时，网络平台、非持牌机构跨界越界经营，屡屡发生不正当竞争和侵犯消费者权益等相关风险，对机构分业监管构成巨大挑战。坚持金融分业经营、分业监管模式，符合我国现阶段的金融市场发展水平，符合金融监管实际，也切合成熟市场国家的实践教训，应坚持完善。在明确行业监管、行为监管机构职责的同时，可考虑明确赋予国务院金融委或者人民银行监管纠偏的权力和实施机制。

（二）强化机构分业监管下的功能监管

近年来的金融风险事件，很大程度上是由金融监管部门"管机构不管行为"所致。应强化分业监管体系下的功能监管，坚持实质重于形式的原则，按照"上高速公路的车都归交警管"的监管理念，将同一功能的金融行为全部纳入对应部门的监管范围。从国际实践看，与机构监管相对应的是功能监管和综合监管。功能监管的本质是"同一行为，统一监管"。综合监管是"单一监管"，由单一金融监管机构对金融行业实施全能型监管。综合监管对主司部门的金融监管能力要求极高，目前在我国实施的难度过大。

03
推动制定"金融稳定促进法"

当前,应推动"机构监管"向真正的"分业监管"逻辑转型。分业监管的基础是不同信用工具的性质和风险特点的差异性,本质上就是功能监管,其被诟病缘于现有监管实践将"分业监管"异化为"以行业画地为牢"的机构监管,导致对分业监管实践的偏离和舆论误解。回归分业监管的本质,全方位穿透机构、业务和产品的嵌套或创新表象,以功能或业务为导向进行跨部门统筹,对带有复合性和结构性特点的跨市场资金流动实现有效监管,能够以最小成本解决监管缺位、权责不清等迫切问题,符合中国当下实际。此外,我国金融监管体制还存在监管目标的清晰度、监管规章制度的完备度、监管手段和权力制衡监督机制的有效性、高素质监管人才的匹配度等深层次问题,这些问题的解决可能比监管结构调整更为重要。

(三)明确金融稳定决策机制的职责

金融委作为国务院议事协调机构,从实现金融稳定长期可持续的顶层设计需求来看,有必要在国务院层面明确强化金融委责权,赋予其金融领域重大事项的决策权、重要金融规则的制定权、金融风险的判断和处置权、金融风险事件的追责问责权。金融监管委员会应独立于各金融监管部门,一方面避免部门利益影响决策公信力,另一方面其超然的地位也有利于协调各监管部门履职尽责。同时,要明确界定金融监管机构、地方政府金融管理机构各自的金融稳定责任与权力,明确金融风险判断标准和启动主体,防止金融机构和监管机构的道德风险。

三、公司治理

一是加强党的领导在金融机构公司治理中的重要作用。把加强党的领导和完善公司治理统一起来，党委前置研究公司"三重一大"事项，有利于确保党中央各项决策部署得到有效贯彻执行，有利于持续探索和完善中国特色现代金融企业制度，有利于将企业的利润追求与金融稳定宏观发展目标进行有机结合。

二是强化对大股东的约束，确保全体股东待遇平等。应保护和促进所有股东平等行使权利，特别是要避免大股东控制，侵害小股东利益。应严格出资监督，落实股东自有资金出资责任，严格限制金融股权质押，明确发生重大风险时股东的损失吸收与风险抵御机制。应提高公司股权结构的透明度，厘清规范股权关系，严格限制股东关联交易。探索建立保护股东合法权益的有效维权机制和赔偿机制。

三是董事会对有效实施风险管控负有最终责任。公司治理框架应确保董事会对公司的战略指导和对管理层的有效监督，确保董事会最大限度维护公司和股东利益。董事会应当适用严格的职业道德标准，并考虑利益相关者的利益。董事会应推动建立全面的风险管理体系，并督促监督这一体系的有效执行。

四是规范金融机构信息披露，加大惩处力度。金融机构应建立健全信息披露制度，严格按照法律法规及监管规定及时披露信息。强化外部市场约束，优化公司市场化监管，确保股东充分行使知情权。应加大违法违规信息披露惩处力度，提高失信成本。

五是激励与约束并举，建立稳健的薪酬体系。金融机构应逐步发展以"建立稳健的薪酬体系"为目标的监管框架,清晰规范的绩效考核机制,提高职工薪酬与职工能力的匹配度,避免"高水平的大锅饭"。对董事、监事和高级管理人员的薪酬,应建立明确的制度安排,充分披露并实现有效监督。

六是充分发挥金融机构外部治理机制的监督作用。应允许并支持外部治理机制对公司的有效监督,鼓励员工积极参与公司治理,确保并加强对会计师事务所、律师事务所、信用评级公司、资产估值机构等第三方机构公正履职的监督,加强社会舆论与新闻媒体的监督作用,督促金融机构改善公司治理、提高经营管理成效。

四、消费者权益保护

一是消费者权益保护的体制设计。金融消费者权益保护应首先打破相关部门各自为政的局面,建立服务于金融消费者权益保护的统一机制。要进一步完善立法,在金融稳定促进法中体现系统的金融消费者权益保护思路。

二是信息披露要求。在严格要求金融机构执行现有信息披露制度的同时,增加对信息可得性、易用性的要求,以便于理解的语言和形式,提供清晰、充足、及时的信息。

三是法律责任设定。对侵犯金融消费者权益的行为,应在金融稳定立法中明确各方责任,强化惩处机制,提高违法成本。对侵犯消费者权益的违法行为,应加强监管协同,充分共享信息,建立全链条问责和惩处机制。

四是金融消费者教育。应结合我国实际，明确牵头部门，加强金融消费者教育，提高金融消费者专业能力和认知水平，增强金融消费者风险识别防范能力，统筹推进金融知识普及和金融消费者教育工作。

五是金融创新活动。应充分考虑金融创新对金融消费者权益的影响，明确监管思路。推动金融消费者权益保护标准建设，明确金融创新活动中金融消费者权益保护的特殊性。提高监管对金融创新的反应速度。

六是救济制度和非诉机制。参考国际经验探索建立适用于我国实际情况的替代性金融纠纷解决机制，充分、合理、有效地解决金融机构与金融消费者之间的交易纠纷，最大限度地保障金融消费者在纠纷处理中的诉求和权益。

五、金融稳定监测、预警与风险处置

（一）金融稳定监测：信息沟通和协作机制

应在构建科学有效的金融稳定监测指标体系的前提下，明确金融信息牵头部门，建立信息沟通和跨部门协作机制。提高金融信息标准化的权威性，扩大覆盖范围，确保在分析评估系统性风险过程中不存在信息盲点。提升信息和数据的使用效率，确保在各部门之间实现充分共享使用。

（二）预警机制建设：早期报告和压力测试

在通过信息共享机制建立常态化金融稳定监测的基础上，要健全系统性金融风险早期预警机制。应结合中国经济的结构性特征,综合各类理论建立科学的金融风险预警模型,并设计预警界限值和预警信号系统。同时,因为预警机制在很大程度上依赖于金融机构提供的经营信息数据质量,应要求在金融活动中起到关键作用的金融机构按照统一的会计准则,定期向监管机构报告真实数据。

预警机制的建设应与金融体系的压力测试相结合。压力测试分为识别系统性风险、评估银行在常态情景下和在濒临经营失败情景下的压力测试(反向测试)。金融稳定工作各责任主体要做好宏观经济运行判断,运用系统性压力测试评估金融体系的稳健性。及早发现、识别问题金融机构,尽早采取干预措施。

(三)金融风险处置:事前、事中和事后

事前机制包括出资机制和恢复与处置计划("生前遗嘱")。出资机制是为了实现处置目标而建立的资金筹集制度,其为问题金融机构提供可供利用的融资渠道,旨在实现帮助危机机构恢复健康、隔离"关键服务功能"或保护存款人利益等目的。恢复与处置计划旨在帮助金融机构在出现经营困难时恢复正常经营,或为其进行有序处置提供指导,以降低破产倒闭对金融体系稳定造成的冲击。应引导重要金融机构建立"恢复与处置计划",重要金融机构应有定期更新且经相关主管部门审定的金融风险处置预案。

事中机制构建,一是要建立处置启动机制,明确风险发生后的处置流程,并增加对系统重要性金融机构的早期干预措施。二是要明确金融风险处置的主要责任机构,健全市场化的风险处置机制,严格限制公共资金救助条件,畅通金融机构市场退出机制。

三是要明确金融风险处置资金的来源和使用顺序。

事后机制，一是在金融风险事件和机构处置后应建立事后评估审核和制度反思机制，以举一反三弥补制度短板，落实长效机制。二是建立健全金融风险事件的事后问责机制。

（四）成本最小化与例外情形

在动用公共资金处置问题金融机构风险时，应遵循"成本最小化"和"系统性风险例外"原则，即处置方式需满足最低成本要求，如在未满足最低成本要求的情况下仍需进行救助，则要求被救助金融机构的破产必须可能引发系统性风险。"系统性风险例外"的本质是"大而不能倒"，由于"大而不能倒"可能带来的道德风险、市场支配地位和不公平竞争等问题，"系统性风险例外"应受到规范和限制，如对SIFIs进行更为严格的审慎监管，提高其损失吸收能力，并建立恢复与处置计划等。值得注意的是，我国数量相对较少的大型金融机构在金融系统中占主体地位，且其中大部分为国有，一定程度上存在国家隐性担保，隐含"系统性风险例外"原则。应考虑通过立法，将国家隐性担保转化为公开透明的"系统性风险例外"的原则和实施规范。

六、风险损失分摊

一是股东的责任。明确股东责任和监管责任的差异是金融稳定立法要着重解决的问题。要压实股东的主体责任，要求股东坚守初心，承担风险损失，在风险处置时应按《公司法》将股东权益冲销清零，减轻社会压力和风险事件的外部性影响。同时也要平衡风险监管和资本经营的需求，避免过度的监管要求、过高的资本充足率标准导致资本抑制。

二是行业性保障救助。行业性保障机制"设而不用"是金融稳定立法必须解决的问题。当前行业性保障救助机制仍需完善，应统筹银行、保险、证券、期货、信托等行业性保障救助机制，形成统一的独立机构，赋予其相应的知情权和监管权，充分发挥行业性保障救助机构在金融机构风险早期识别、早期纠正和参与处置中的作用。

三是公共救助。问题金融机构的公共资金救助的途径主要包括：财政部门或者中央银行直接资金注入，进行流动性救助；债券互换，用政府债券置换问题金融机构的不良资产以优化资产结构；对问题金融机构国有化。公共救助资金主要由中央银行和财政部门提供，要明确人民银行最后贷款人的身份，认清金融损失从金融机构到央行贷款再到财政支出，最后由全体国民承担的传导路径。要严格规范公共救助资金注入问题金融机构的附加条件，约束受援助机构的股东行为、财务限制和分配要求。要建立救助资金偿还机制，保障央行资产负债表稳健性，避免风险救助成为新的风险源头。

应研究建立风险救助基金（金融稳定保障基金）的可行性与必要性。一种可参考的设计方案为：将风险救助基金设立在存款保险机构中，根据金融机构风险评级的不同，进行差异性的资金征集。难以处理的困境是统一的金融稳定保障基金与现存的行业性金融风险救助基金（如存款保险基金等）的关系，是否有独立的资金筹集渠道和不同的使用要求？否则，会产生重合之嫌疑，徒增金融机构缴纳负担。因此，另外一个可行的思路是整合现有各行业保障基金成为金融稳定保障基金；分行业明确筹集渠道和基金规模上限标准，严格基金日常投资运作和风险救助动用的方式和范围，实现正向收益和运作的可持续性；规范基金与中央银行、金融监管当局和财政部门的关系，保持基金运行的相对独立性，防范基金筹集、动用时的道德风险。

四是启动的条件与程序。金融稳定立法应明确风险损失分摊的基本原则，设立严格的救助启动条件，制定清晰的动用程序，强化资金动用的法律约束。要坚持用足自身资源，用好市场救助机制，引入共同基金、穷尽地方政府资源、动用中央政府资源的救助逻辑。

在救助资金的逻辑顺序上，市场化救助先于行业救助性基金救助、行业救助性基金先于公共资源救助。在动用公共资源救助时，中央银行提供流动性支持和再贷款应先于财政兜底，财政兜底应先压实地方属地责任，最后才是依托中央财政解决。由此，应明确股东出清、行业性资金救助、央行流动性救助、央行专项再贷款救助、地方可动用资源、中央财政兜底的资金动用顺序。

七、基础条件的支撑和保障

一是信用环境。金融稳定立法应明确信用环境的顶层建设思路，做好信用信息获取、运用、评价和惩处机制的法律规划，明确市场信用评级机构的权责利。明确金融监管部门的管辖权，树立监管权威。

二是信息整合与共享。为金融安全筑牢体制机制的"防火墙",要加强统筹互联互通和信息共享,建立高效的信息统计、整合与共享基础设施。应充分发挥国家金融基础数据库的作用,建立统一标准、同步采集、集中校验、汇总共享的金融业综合统计工作机制,赋予人民银行信息收集、监测权,实现金融信息的集中统一管理,全面分享,充分应用。立足于当前金融信息收集中的问题,应明确金融机构及时、真实、完整报告金融统计信息的义务和责任。

三是第三方中介机构。金融稳定同样需要第三方市场中介的充分参与和正确履职。应建立独立的第三方金融监管规则合理性评估、金融监管绩效评价和金融风险检讨机制。强化对第三方中介机构发展的引导与监督,建立确保审计、会计、资产评估、增信等第三方机构公正客观履职的监督机制。明确对劣迹第三方机构的行为认定,加大处罚力度。

四是监管能力建设。我国金融体系具有独到优势,金融监管能力建设应符合我国国情,不可一味参照西方经验。要充分发挥我国党管金融、国有主体的独特优势,充分发挥纪检监察作用,强化党纪国法约束,建立有中国特色的金融监管文化,增强有中国特色的金融监管能力,树立中国特色金融稳定道路的制度自信。

八、问责、追责和处罚

一是建立独立的第三方评价机制。金融监管部门同样对金融风险的形成负有责任,有必要参照国际经验,建立独立的第三方金融监管绩效评价和金融风险检讨机制,确保金融风险事后评估与反思机制的客观公正。

二是完善金融机构的内部问责机制。金融稳定立法应对金融机构内部问责提出要求,明确内部问责制度及股东行为约束机制,严格问责时限要求,准确认定责任人员,客观公正地采用党纪处分、政务处分、纪律处分、经济处分、组织人事处理等内部问责措施。

三是建立金融从业人员追责制度。提高金融机构从业人员和金融监管人员专业素质,加强对金融从业人员的法律约束。应从法律层面强化对金融风险责任相关人员的追究制度,建立"黑名单",完善从薪酬追索、限制行业进入、追究刑事责任等处罚制度。

四是健全对金融监管机构的问责体系。应在客观公正界定金融监管部门权责的前提下,完善对金融监管部门的问责制度,实现行政问责、纪检监察及司法问责相结合。准确区分管理缺位、管理失误、管理放纵等不同违法违规行为,规范金融监管行为、提升金融监管效能。

五是明确地方政府属地责任。应严格贯彻落实第五次全国金融工作会议关于"地方政府要在坚持金融管理主要是中央事权的前提下,按照中央统一规则,强化属地风险处置责任"的要求,明确地方政府在金融防范和处置中的属地责任。规范对地方政府问责的标准和程序,做到责任与权力对等。特别是对地方政府批准的区域性金融机构违规经营导致的金融风险隐患,需要压实属

推动制定"金融稳定促进法"

地责任,严肃追究相关责任人责任。

六是加大金融违法处罚力度。要对金融违法者形成有效震慑,避免因违法成本过低助长违法行为。第一,明确界定违法行为范畴,将金融机构非法经营、违规展业、超范围经营、违规对外担保或拆借资金、超越授权违规对外投资、违规向管理层出售资产、压低价格、利益输送、内部人控制;股东虚假出资、非自有资金注资、"名股实债"出资、自我循环注资、抽逃出资,以及违规关联交易、违规占款、违规加杠杆收购等虚假注资;实体企业通过虚假合同或服务等骗取套取银行贷款、控股操纵金融机构违规经营、占用挪用金融机构资金;中介机构不勤勉尽责、协助出具虚假财务报告;各类主体干预操纵资产评估、财务审计、清产核资;监管部门失职渎职、滥用权力等行为引发金融风险的,明确界定为影响金融稳定的违法行为。二是加大对相关违法行为的处罚力度,从严核定违法所得,严格追究刑事、民事责任,大幅提高行政处罚标准。按照过罚相当原则,可以按金融违法不当利得或非法交易发生额的倍数处以处罚。对长期、多次实施同类金融违法行为的,可以按次累计处罚。三是在严格追究单位责任的同时,依法追究违法责任人的个人责任。金融机构股东及其管理层要承担风险责任,接受因风险产生的损失,并应被严肃追究相应的法律责任。

金融稳定立法中的几个重要关系

防范化解金融风险需要坚实的法律基础。我国现行法律对金融稳定和金融风险防范处置的规定条款分散，过于原则，部门化色彩较浓，缺乏系统完整的规定。建立统一、有序、高效、权威的金融稳定法律制度，关键要厘清几个重要关系，协同部门利益，并体现在立法中。

一、创新、效率与金融稳定

（一）金融稳定与金融效率

金融稳定立法应平衡金融安全与金融效率。从金融的本质出发，金融稳定与金融效率都是为了实现金融资源合理运用，促进实体经济发展。金融稳定体现为金融风险整体可控，金融中介促进资源配置功能的顺畅实现，从而服务于实体经济发展的根本目标。金融效率体现为金融资源高效配置支持经济转型和产业调整升级，实现实体经济与金融自身的高质量发展。

应在金融稳定的前提下提升金融效率。金融稳定是实现经济发展和保障金融效率的基本前提。当金融稳定与金融效率存在矛盾时，应是稳定优先于效率，在稳定的基础上谈效率。效率不是速度，不是扩张，而是资源有效配置服务实体经济的能力，效率提升也能促进金融稳定。

推动制定"金融稳定促进法"

不能只要稳定而牺牲效率。金融稳定立法既要强调不出现系统性金融风险,强化系统防范,又要积极发挥法律制度对金融创新、金融发展的促进作用,提升金融效率。不能一味强调金融稳定而抑制金融效率,不可能把"风险管没了",要强调安全与效率并重。

(二)金融监管与金融创新

金融创新是那些能够提高市场运行效率、增进社会福利、维护市场公平竞争环境并且本身能够守住风险底线的创新,而不是那些以监管套利为目的,自我循环、自我繁荣、自娱自乐,拉长融资链、扩张融资圈、加大融资成本,增大金融市场不稳定性,损害金融消费者权益的"伪创新"。是否有利于效率的提升,是否风险可识可控,是否能被有效监管,是衡量金融创新真实与否的基本标准。

金融监管是金融创新的引导者和维护者,监管规则要适应金融创新发展。金融监管的目的不在于阻碍金融创新发展,而是在保障金融秩序稳定的前提下鼓励"真创新",促进经济发展。金融监管要把握好监管的边界,在风险可控的基础上确定对金融创新的容忍度。安排从弱到强的"监管阶梯":对看不清形态且可能产生系统性影响的金融创新,应持谨慎态度;对看不清形态但风险可控的创新,实行"监管沙盒";对已看清业态的创新,解决"不平等监管"问题。

合意的金融监管既能兼顾金融稳定又能支持经济发展。美国《多德—弗兰克法案》最初被抨击存在大规模的越界行为,会削弱美国金融体系、降低金融效率，但事实证明在这些监管约束下，美国金融体系仍然能够支持经济扩张。而若在实体经济发展对金融有强烈、合理的需求时，仍然对在监管框架下的传统金融机构和业务进行过于严格的限制，那么市场上进行监管套利的"伪创新"动机会更强烈，催生出"影子银行"和"表外账"等脱离监管的业务，反而让风险隐藏在监管机构看不到的暗处，不利于实现金融稳定。

（三）资源保障与道德风险

金融稳定立法应平衡资源保障与道德风险之间的关系。资源保障充足有助于维护金融体系稳健运行，但需做好保持金融稳定与防范道德风险之间的平衡。化解金融风险、促进金融稳定要有充足的资源，包括监管资源、专业管理技术资源以及资金资源等，运用好诸如存款保险制度、央行流动性支持、政府性资源等公共政策工具。但不能因为一味强调稳定而不顾道德风险，要让股东、机构等利益相关方承担起责任，让储蓄者、投资者参与进来，将市场约束、监管约束和金融稳定政策结合起来，在实现金融稳定的同时能够有效防范道德风险。

从 2008 年次贷危机处置和过去 30 多年来我国动用公共资源处置金融风险个案的经验看，处置金融风险是要花钱的，但只花钱远远不够；金融稳定是钱的事，但绝不只是钱的事，只靠花钱买不到平安。在动用最终手段，包括中央资源、公共资源时，必须有所约束。金融风险处置宜强调权威性、及时性，要雷厉风行、子弹充足，但也宜坚持"花钱有约束"和"买单有前提"。花了钱要反思制度的短板与漏洞，而不能只是"花钱买教训"。

(四)立法建议

金融稳定立法要安全和发展并重。构建多层次监管框架，引导金融创新，富有针对性和有效性的监管框架，既要留有适当的试错空间，为金融创新提供正向激励，避免抑制创新自主性和灵活性，提高金融效率、支持经济增长，又要在全局上做到心中有数、心中有度，确保风险可控。

金融监管应具有适应性、一致性和穿透性，既要避免金融创新领域的监管空白，又要贯彻市场化、法治化原则，明确监管、行政干预与市场的界限。金融稳定立法要将依法合规和稳健经营意识贯穿到金融创新的全过程。

要建立良好的行为制约、激励约束并行机制和全覆盖的监管机制，使全社会都了解金融是有风险的，"做生意是要有本钱的，借钱是要还的，投资是要承担风险的，做坏事是要付出代价的"，切实防范"金融泛化""金融创新伪化"，切实防范金融风险处置中的道德风险。

二、金融稳定与中央银行的关系

(一)央行在风险处置中的流动性提供功能

央行维护金融稳定的能力建立在其能够为市场提供流动性这一特有能力基础之上，央行发挥流动性功能主要采取如下措施。

一是扩大抵押品范围。降低抵押门槛，提高紧急流动性、可得性。二是扩大流动性参与范围。央行实施流动性管理的范围可以从存款银行延伸至证券、信托、保险等所有具有系统重要性的机构。三是使用非常规货币政策。通过资产购买、实施量化宽松和预期管理等非常规政策，有针对性地缓解某些信用市场流动性枯竭导致的功能失灵，解决货币政策探入利率零下界面临的失效问题。

（二）央行最后贷款人职责

央行最后贷款人的紧急救助机制，是动用公共资源和公共资金维护金融系统稳定，启动应该非常谨慎，是确保在其他手段均不能奏效的情况下诉诸的最后措施，应包括三个原则。

一是择优选择原则。只救助暂时陷入流动性危机的金融机构，只救助股东穷尽内部救济措施的金融机构。二是谨慎适用原则。对于基础薄弱的机构，可直接采取接管或并购的救助措施；对于明显不具备生存能力的机构，要坚决执行破产程序；坚持在穷尽所有市场化救助手段后，再进行最后贷款人的救助，并严格执行对股东或管理层的惩罚。三是坚持市场化原则。采取适当的惩罚性措施，防止利率过低诱发的道德风险。严格控制贷款期限，防止被救助金融机构对贷款的长期占用。

（三）央行机构救助和处置责任

明确央行在系统重要性金融机构危机处置中的角色定位。一是明确央行救助职能的非唯一性。央行在最后贷款人制度中的核心角色应该在于"预防"，而非事后"救助"。应首先遵循自救或市场化救助原则，央行的最后贷款人只是救助措施中的一种，其他救助方式包括财政部注资、国有化等。二是明确央行危机救助的重心在于保障金融市场的连贯性、规范性和稳定性。央行要保证金融市场基础设施的持续供给，促成危机机构的有序清算，预防与监测处置过程中可能发生的系统性危机。

（四）立法建议

一是明确人民银行宏观审慎管理职能及具体权力。人民银行已实质上承担了宏观审慎管理等职能，要实现依法监管需要明确人民银行宏观审慎管理、制定审慎监管基本制度等职责，赋予其监测评估权、指令权、建议权。

二是明确和保障人民银行统筹获取全面金融信息的权力，以及在信息协调共享机制建设方面的主导地位，提高系统性风险防范的前瞻性与及时性。具体包括共享数据库的建立、金融数据标准的制定、数据透明度的建设，甚至基于初步分析提升系统性风险防范决策能力，加强对相关监管部门的建议功能等。

三是出于机构独立性和节约公众资源的考量，央行在危机救助环节应辅佐财政提供流动性支持作用，而非充当"救火队长"的角色。一方面，危机管理的政治因素势必需要央行牺牲一定程度的独立性。危机结束后，央行应及时退出，保障其独立性。另一方面，金融危机期间，央行以金融稳定的名义承担了"准财政"义务，需要受到财政部门的监督和制衡。

四是将存款保险职能从央行中独立出来，进一步完善金融安全网的有效性。我国存款保险机构隶属于央行，其有限的监管能力与持续增大的存款保险责任之间的矛盾不断深化。应增强存款保险机构的独立性，并拓展其风险预警、风险识别、现场调查、数据核实与早期纠正等环节的监管权责；对具有不同风险的银行采取差异化保费措施；明确和细化处置风险时调查取证、管理人角色、过桥银行、特殊债权人角色，以及资金来源、退出方式和渠道等工作机制。从而完善针对信用中介的行为监管维度，对央行的宏观审慎监管和银保监会的微观审慎监管形成有力补充，并在系统性风险防范和处置中形成合力。

三、金融稳定与监管机构的关系

（一）监管规则的制定与执行分立

目前，我国涉及金融稳定的制度规定分散在中央银行和金融监管部门制定的多部法律中。应健全金融稳定顶层设计，明确金融委在党中央、国务院的领导下，全面统筹协调金融稳定工作。从法律层面，由全国人大立法，与"一行两会"的执行权分立。

（二）监管执行效果

近年来，我国金融监管体系不断完善，监管效力有所提升，但仍存在一些不足。其一，监管理念有待更新。重持牌机构轻行为实质，对超范围、变相开展金融业务行为的关注度不够。重事前审批轻事后监管，穿透监管和科技监管意识有待加强。其二，监管规则仍待优化。监管标准过快对标国际规则，与我国现实情况结合度不够。监管规则难以跟上金融创新，衍生出"一放就乱，一管就死"的治理困境。其三，职能定位有待明晰。监管承担行业发展职责，放任发展，偏离"姓监"的立场。"管办合一"容易形成既是"裁判员"又是"运动员"的市场扭曲现象。

（三）宏观审慎管理和微观审慎监管的关系

宏观审慎管理与微观审慎监管互为对应，互为补充，但有明显区别。宏观审慎管理重在识别整体风险，一般不介入个体机构监管，否则会偏离防范系统性风险的初衷，容易造成监管重叠和监管竞次问题。宏观审慎管理重在风险监测预警，不实施常态化干预。否则可能会放大与微观审慎监管的政策冲突，产生监管重叠或监管空白等问题，甚至加大金融运行波动。

（四）金融监管与风险处置的利益冲突

目前，我国的风险处置强调"谁监管谁处置"。在风险机构救助的过程中，金融监管部门直接任命本机构人员出任接管组组长，让监管变成了接管，而后又变成高管，接管人或清算人与问题机构内部经营者的双重角色存在利益冲突。同时，当前我国对接管的法定条件规定不够清晰，在接管中赋予金融监管部门大量的自由裁量权。金融监管部门考虑社会影响等因素，对大部分问题金融机构实施救助和兜底，甚至推动"好"机构收购"坏"机构，实际上是以行政化处置代替市场化处置，在加剧道德风险的同时侵犯了金融机构的经营权。

（五）监管效能评估

金融监管是一种公权力，需要进行有效的监管问责。目前，中小金融机构实控人违法违规和财务造假行为等问题突出，监管不尽责、推诿责任和被围猎问题频发，监管腐败屡现，"谁来监督监管者"的问题长期存在。国际上，巴塞尔银行监管委员会认为，评估监督效果、设立问责机制是监管的核心要素。主要发达经济体在法律制度中明确监管效能问责，并采取立法监督与行政监督相结合的方法，其中，行政监督主要由财政部门负责，如英国、德国、日本、意大利、加拿大、智利、芬兰等。主要采用监管资源投入、监管活动、监管产出、监管结果等不同绩效指标，来评估监管的实际效果。

（六）立法建议

针对存在的问题，应该在立法程序和内容上加以明确。其一，立法与执行分立。提高立法层级，由全国人大立法，与"一行两会"的监管执行权分立。其二，明确部门职责。强化金融委的统筹协调职能，由其统一监管标准，推动信息共享，并督促金融监管部门规范所监管领域的无照经营活动；优化人民银行宏观审慎管理职能，突出防范系统性金融风险的定位，强化银保监会、证监会的功能监管和行为监管职能；明确"管办分离"。其三，设置"监管"与"接管"的防火墙。明确行政"接管"的条件、程序和边界，加强在风险处置中对监管的制衡。其四，建立监管评估和问责机制。建立对金融管理部门的监督评价制度和对金融监管权的外部监督机制，加强监管效能评估，明确评估金融监管成效的责任主体和工具，可授权财政部门具体开展监督考核工作。

四、中央银行与金融监管的关系

（一）中央银行金融监管职能的变化

中央银行的金融监管职能经历了从去监管化到再强化的过程。自20世纪90年代开始，以英格兰银行为代表，全球范围内

03
推动制定"金融稳定促进法"

陆续开启中央银行去监管化制度改革,主要理由是货币政策与金融监管之间存在冲突,以及中央银行担负金融监管职能的道德风险。2008年全球金融危机爆发以后,中央银行去监管化趋势有所逆转,由央行或者货币当局承担主要金融监管职责的国家占比从危机前的55%提升至2016年的62.5%[①],各国央行普遍对系统性风险和系统重要性金融机构负有主要监管责任。

对中央银行金融机构的监管职能仍存在争议。反对者认为央行监管银行存在三方面缺点:一是中央银行更擅长宏观经济分析,而银行监管则更多基于会计信息和风险管理;二是银行监管与货币政策之间可能存在冲突,而同一机构承担两种责任不能最好地解决冲突;三是增强中央银行在金融危机管理和日常金融监管方面的关键作用,会削弱其独立性。支持者认为存在两方面优点:一是金融监管和中央银行履行最后贷款人职责、执行货币政策等核心职能之间具有协同作用;二是有利于实现宏观审慎与微观审慎的政策协同,可确保及时共享信息;有最终拍板的议事机制和负责人,内部协调便利,避免机构之间的推诿和博弈。

(二)中央银行在金融监管体系中的地位

当前,全球金融监管模式主要有两类:一是央行或货币当局承担主要监管责任。如在美国的"伞形监管"模式下,美联储处于伞尖,其他行业监管机构针对各金融行业进行纵向监管。在英国的审慎监管与行为监管"双峰"模式下,英格兰银行负责审慎

---

① 王振.金融监管模式的演变[J].中国金融,2016(7):89-91.

监管,内设金融政策委员会和审慎监管局,分别履行宏观和微观审慎监管职能,金融行为监管局负责消费者权益保护。二是由独立的金融监管部门承担主要监管职责。如在日本的金融厅一体化监管模式下,金融厅由日本内阁府直属管辖,主要负责确保金融体系稳定以及保护金融商品消费者和投资者,日本央行也被赋予金融监管权,侧重于系统性风险识别、监测和建议,但没有行政处罚权。

(三)中央银行需要平衡不同的监管目标

一是宏观审慎政策和货币政策的协调。货币政策与审慎监管政策传导渠道重叠,特别是对银行资产负债表及信贷供求的影响。货币政策是管理总需求最主要、最有效的工具,制定货币政策时应考虑到宏观审慎政策对经济周期的影响。二是宏观审慎与微观审慎的协调。保障单个机构的安全和稳健有助于维护系统稳定,但旨在减少系统性金融风险的宏观审慎政策可能与提高单个机构抗风险能力存在一定冲突。三是流动性管理与审慎政策的协调。央行流动性工具设计与审慎政策存在重要的协同作用。在央行向金融机构提供流动性的条件过于宽松时,审慎监管可以通过提高对金融机构的最低流动性要求降低道德风险。

(四)立法建议

目前,在我国"一委一行两会+地方监管局"金融监管框架下,国务院金融稳定发展委员会处于伞尖核心地位,承担统领金融监管协调的职能,"一行两会"针对各自负责的领域进行纵向专业化的行业性监管,地方监管局承担地方金融监管事权,人民银行承担系统性风险防范化解和金融稳定职能，以及金融控股公司监管职能。2018年国务院将拟定银行保险法律法规以及审慎监管基本制度的职责划入人民银行。金融监管部门职能定位不清晰之处，一是职责范围过广，金融发展导向难却，甚至还承担其他"多目标"任务，以及部分财政职能。二是风险监管职能不足，分业监管与混业经营存在制度性错配，只监管持牌机构酿就了监管真空。三是市场人为分割，债券市场标准不一，"五龙治水""多头监管""两市场三后台"等问题突出。

立法上，一是厘清金融监管与金融发展的职能定位，淡化行业发展促进职能，强化行业监管职能以及功能监管职能，以防范系统性金融风险为底线，健全资源配置市场化机制、有效有序竞争机制、金融机构退出及恢复机制、消费者保护机制以及强化基础设施建设等，比简单的监管组织架构调整更加重要。二是明确央行在整体金融监管框架中的作用。建议充分发挥人民银行在行业监管纠偏、创新业务跨市场业务监管协同、央地监管协调、金融风险处置、消费者保护、信息共享等协作机制中的主导地位。

五、金融稳定与财政的关系

财政部作为"最后买单人"，需要最终承担损失。为确保公共资源安全，财政部门需要全流程参与金融稳定各个环节。

（一）在危机救助中发挥"最后买单人"作用

财政部门是金融风险最终救助成本的实际承担者。一旦产生最终风险救助损失，实质是由全民为金融风险买单。在穷尽市场化处置方式但仍需救助时，财政部门可以通过注资、担保、购买不良资产等方式，直接承担风险和损失，维护金融稳定和修复市场信心。此外，通过央行再贷款、国有金融机构出资、存款保险出资等方式救助金融风险，本质上也是使用公共资源，形成的损失将影响上缴财政的利润，相当于财政部门作为"最后买单人"。与"最后买单人"职责相对应，财政部门负有保障公共资源安全的权力，应参与风险救助全过程，履行公共资金使用监督职责，确保处置风险的公共资金不被滥用。

（二）在日常金融运行中发挥风险监测和监督作用

基于"最后买单人"职能，财政部门要靠前监测金融风险，不能在风险处置时"被动买单"。一是前期金融风险监测。各级财政部门应及时掌握经济、财政、金融及重要金融机构的运行情况。二是在出现风险苗头时掌握风险信息。金融管理部门在监管中发现风险，应及时与财政部门共享信息。三是对第三方机构的监管。会计、审计、财务、资产评估等第三方机构对保障金融机构财务健康和金融稳定发挥着重要作用，财政部门负责监督和规范会计行为，制定并组织实施国家统一的会计制度，指导和监督注册会计师和会计师事务所的业务，指导和管理社会审计。四是参与制订恢复与处置计划。在常规处置期间，财政部门参与系统重要性金融机构恢复与处置计划的设计和审核，处置程序的启动、市场化处置措施可行性的审核，等等。在中央银行最后贷款人制度失效时，财政部门则主要通过两种方式实施直接公共资金救助：一是财政为金融机构提供担保或直接注资，为金融机构提供了信用增进,解决了其流动性困难。二是财政直接入资问题金融机构股权,对民营金融机构实施阶段性的"国有化",或者购买金融机构问题资产,对风险做出隔离,保障金融体系的稳定性。

(三)在金融稳定机制中发挥制衡约束作用

在金融稳定机制中,财政部门要把握好维护金融稳定和保障公共资源安全的平衡,对金融管理部门进行监督制衡。其一,财务管理监督。在我国,中央银行和金融监管部门预算均被纳入中央部门进行预算管理,财政部门负有法定的预算和财务监督责任。其二,特殊工具使用监督。财政部门不干预金融管理部门正常开展业务。在紧急情况下,需要使用特殊政策工具时,为防止造成公共资源损失和形成道德风险,需要财政部门发挥监督职责。英国财政部对一切涉及公共资金运用的决策负责,包括运用财政性资金救助倒闭的金融机构。美国财政部在危机救助中发挥主导作用,美联储提供紧急贷款需要得到财政部长的同意。《2008年紧急经济稳定法》明确规定了美国财政部主导实施不良资产救助计划的权力。日本银行开展外汇交易等国际服务,需要财务大臣的批准。

(四)发挥出资人职责

财政部门根据授权,代表国家集中统一履行国有金融资本出资人职责,各级财政部门根据国务院和地方政府授权,基于出资人职责对金融机构实施内部管理,依法享有重大决策、选择管理者并享有投资收益等股东权利,同时可以依法保障出资人权益。

(五)立法建议

通过金融稳定立法加强顶层设计,统筹考虑金融监管、风险监测评估预警、风险处置等环节,深化体制机制改革,构建分工明确、各司其职、相互衔接、协调联动、激励相容、监督制衡的金融稳定治理框架。建立公共资源使用与监督机制,明确公共资源范围、使用条件、方式和程序,赋予财政部门对公共资源使用的财务监管监督职责。特殊金融政策工具的使用需要事先征得财政部门的同意。赋予财政部门风险监测的职责和获取监管信息的权力,加强各级金融管理部门和财政部门之间的信息共享,确保财政部门充分知晓金融机构的真实信息、金融监管动向,以及金融风险监测、评估和预警情况。加强财政部门与中央银行、金融监管部门的协调,日常处理好财政"管资本"和金融监管"管风险"的关系。财政部门要遵循"规范运行、严格监管、公开透明、诚信履约"原则,强化对第三方机构的信用监管,加强信息披露检查,对财务造假等违法违规行为进行严厉处罚。

六、中央与地方的关系

(一)坚持金融管理主要是中央事权,地方金融监管为有效补充

金融监管主要是中央事权。中央监管掌握与国家金融安全密切相关的货币发行权,以及由此衍生的货币、信贷、利率、汇率等金融调控权。金融的扩张能够促进经济的增长和扩张,地方政府存在利用金融工具发展经济的积极性可能演化为发展冲动、融

资冲动,这与金融监管的目标存在矛盾。

地方监管是监管体系的有效补充。中央监管机构的地方分支机构的覆盖范围和监管能力有限,地方政府能有效协调并调动当地公安、司法、财政、土地、税务、工商等部门的资源,对防控当地金融风险的产生和蔓延具有更强的地缘优势。

(二)建立中央和地方金融监管协调机制

首先,要发挥金融委在金融监管协调中的作用,打通政策落地"最后一公里"。其次,搭建统一的金融信息共享平台,强化中央金融政策在地方的有效实施,加强中央和地方的信息沟通和共享。再次,要加强中央和地方对新兴金融业务的协调合作,堵塞监管漏洞,避免出现监管空白。最后,还应加强中央对地方金融监管的评估和督导,对金融风险形成和处置中的不当履职及时纠偏问责。

(三)厘清风险处置中中央与地方的职责

从我国的实践情况看,中小银行金融风险处置由地方政府落实属地责任,但金融监管事权归属中央金融监管部门,地方政府并未监管问题金融机构,也难以及时获取有效信息,不利于对风险进行有效处置,存在金融监管权责不对等问题。同时,地方金融监管机构专业能力不足,监管手段较为薄弱,科技水平不高,人员配备、信息支撑等方面都较为欠缺,尤其是部分欠发达地区金融监管能力明显不足,难以对金融新业态形成有效监管。

对地方政府实质控制的问题金融机构(包括股东关系、人事任命形成重要影响,以及履行纪检职责),应按照权责一致的原则,"谁家的孩子谁抱走",由地方政府进行救助,只有当穷尽地方资源仍未能实现有效救助时，才能向中央求助。

（四）立法建议

在立法中明确各部门及地方政府的职责，金融监管主要是中央事权，地方监管是监管体系的有效补充，明确中央金融管理部门承担包括对地方金融机构在内的金融规则制定权、金融风险处置牵头职能。明确金融信息整合部门对地方金融监管部门的信息共享责任。地方金融监管要对"7+4"以及不吸收公众资金、限定业务范围、风险外溢性较小的属地金融活动履行监管职责，实现监管全覆盖，与中央派出机构共同维护地方金融稳定。要压实地方政府风险处置属地责任，建立地方向中央求助机制，严格规范求助标准与程序，严控地方金融风险向中央转移的道德风险。

七、金融稳定与透明度

（一）金融机构运行的透明度

金融机构信息披露标准应与国际标准接轨，加强金融机构财务信息披露的真实性。特别是对资产负债表外业务、重大关联交易等重要信息进行"全景式"披露，以及对股份回购、并购重组等可能产生高风险的行为进行严格披露。

（二）金融市场的透明度

完善资本市场的基础性制度，把好市场入口和出口两道关。健全证券发行上市、交易、信息披露、分红、退市和投资者保护等基础性制度。加强对金融市场交易的全程监管。规范金融市场中介机构行为，增加金融市场中介信息披露透明度。

（三）金融监管的透明度

健全金融监管制度建设，逐步扩大监管制度覆盖范围，实现覆盖所有金融机构、业务和产品，对各类金融活动依法实施全面监管。改善金融监管体系治理结构透明度，建立不同监管当局常态化信息沟通交流机制，加强金融监管信息对公众的披露，鼓励公众参与监督。

（四）金融风险处置的透明度

建立和完善风险处置信息披露制度，明确问题金融机构信息披露的时间、内容和方式。引入股东与债权人对处置机构的监督，畅通问题金融机构及其股东和债权人、投资者以及其他利益相关者的司法救济渠道，可以通过申请行政复议、行政诉讼等方式维护自身合法权益。

（五）立法建议

通过金融稳定立法完善金融市场基本制度，增强透明度，提高违法成本。加强金融机构信息披露制度建设，将其作为公司治理的重要内容。完善金融市场信息披露制度，严厉打击市场操纵、内幕交易、欺诈等行为。补齐监管制度短板、提升监管精度，提高金融机构行为的可预期性。建立和完善金融风险处置的信息披露制度，掌握好向社会公众公布风险处置情况的节奏。

八、金融稳定立法与其他法律的关系

（一）金融稳定立法的全局性与其他法律的受限性

金融稳定立法是对金融稳定工作的全局性顶层设计，而其他法律法规是从单个部门的角度考虑金融稳定。现有金融稳定的制度规定受制于部门立法、行业立法，缺乏从全局高度对金融稳定制度进行统筹安排，中央与地方、央行与财政、不同金融监管机构之间职责不清晰，不能满足防范化解金融风险的迫切需求。

（二）金融稳定立法的可操作性与其他法律的原则性

目前金融稳定的制度规定多为原则性规定，缺乏执行细则和风险处置工具，可操作性不强。应通过金融稳定立法建立维护金融稳定的全流程机制；厘清各部门责任，建立健全沟通协调机制；健全风险处置中的政策工具储备，详细规定风险处置程序启动条件、处置工具以及处置程序终结条件等内容，明确风险处置中的资金来源和使用顺序，为风险处置机构提供明确的行为依据。

（三）金融稳定立法与《企业破产法》的有效衔接

当前《企业破产法》并未针对金融机构的特点做出破产退出安排，而其他相关法律，如《商业银行法》虽然涉及金融机构破产问题，但都是原则化规定，缺乏实际可操作性。可考虑在《企业破产法》中增设"金融机构破产"专章，明确金融机构接管、重组、撤销、破产处置的程序和机制，为实现市场化、法治化处置金融风险提供法律依据。

（四）立法建议

金融稳定立法应立足维护国家长治久安的战略高度，为防范化解风险提供坚实的法律基础；应建立统筹全局、体系完备的跨行业、跨部门的金融稳定总体工作机制；应立足国内现实，构建

03
推动制定"金融稳定促进法"

防范、化解和处置金融风险的具体实施机制,丰富风险处置工具,加强政策可操作性;应建立健全金融机构市场化退出机制,补充和细化《企业破产法》中对金融机构破产的相关规定。

金融稳定立法的国际经验

一、金融监管与金融稳定的历史沿革

金融的发展与金融风险相伴相生,从而催生了对金融监管的需求。中央银行首先承担起了最初的金融监管责任。之后,西方国家金融监管经历了自由银行→行业自律→法定监管→审慎监管和功能监管→宏观审慎监管的演进过程,最终形成了主要经济体之间既有特色,又有共性的现代金融监管体系。

(一)从自由银行到法定监管

西方国家金融监管的理念演进主要有两条途径。一是英国等欧洲国家,在银行业兴起之后的较长时期内推崇自律监管,最终于20世纪下半叶逐步建立起法定监管体系。从18世纪末到19世纪末,受古典经济学影响的自由资本主义国家相信市场的调节能力,银行业发展处于自由放任状态。在这一时期,"自由银行"危机不断,倒闭频发。为了应对危机,欧洲国家逐渐形成了行业自律的救助和监管模式。以英格兰银行为例,在1946年英格兰银行国有化之前,其一直以伦敦金融城领导者的身份,代表市场力量,协调市场机构处理和应对金融危机。1946年通过的《英格兰银行法》将英格兰银行国有化后,实际上使英格兰银行成为政府的一部分。1979年的《银行法》第一次以法律形式明确了英格兰银行对银行业的法定监管职责。同期,英国政府制定出台了

03
推动制定"金融稳定促进法"

1948年的《公司法》、1963年的《存款人保护法》、1967年的《公司法》、1939年的《防欺诈法》、1958年的《防欺诈法》、1958年的《保险公司法》等，明确了证券业、保险业的监管体系，建立了以政府监管为主的正式金融监管体系。

二是类似美国，从自由银行阶段直接进入法定监管。美国金融监管制度的特征是立法管制。从1781年美国第一家银行（美洲银行）设立到1864年依托《国民银行法》建立国民银行制度、成立货币监理署，美国联邦政府对各州银行几乎没有任何管制。① 1913年的《联邦储备法》设立美联储，承担中央银行职能，并履行对加入会员的州银行的管理职责。1933年大萧条后，《格拉斯—斯蒂格尔法案》出台，确立了商业银行业务和证券业务相分离的制度。同期，美国制定了一系列法律，完善了分业经营制度，建立了联邦存款保险公司②、证券交易委员会③、联邦住房贷款银

---

① 在此期间，美国第一银行（1791—1811年）、美国第二银行（1817—1836年）作为美国中央银行的雏形，均阶段性履行了联邦政府的金融管理职能。
② 由《格拉斯—斯蒂格尔法案》确定设立，为联邦级金融管理机构。美国联邦存款保险公司用存款保险的方式为商业银行经营提供安全性保证，并相应建立了一整套稽核、检查系统，负责监督、管理所有不参加联邦储备体系的州注册银行的经营活动。
③ 1934年的《证券交易法》规定设立证券交易委员会，在其设立之前，美国各州政府已经开始采取一些措施规范证券市场。到1913年，几乎一半的州已通过了规范证券销售的法规。

行委员会①、联邦储蓄贷款保险公司②等监管机构，加强了金融管制。

（二）金融稳定概念的产生和演化

金融稳定是从自由银行时代起，政府始终追求的目标之一。但其正式提出源自1994年英格兰银行对这一定义的使用。1996年，英格兰银行发行了新的出版物《金融稳定评论》③。自此，"金融稳定"成为国际金融监管的常用词汇，IMF开始定期发表《全球金融稳定报告》，一些国家也开始发布本国的《金融稳定报告》。

对金融稳定的追求与现代金融的产生相伴相生。1720年"南海泡沫事件"④是英国历史上第一次系统性金融危机，当时作为南海公司竞争对手的英格兰银行⑤在政府的协调下，初步达成了

---

① 1932年的《联邦住房贷款银行法》规定创立联邦住房贷款银行委员会，作为联邦政府独立的金融管理机构，专门行使对所有互助储蓄银行和储蓄贷款协会经营活动的管理职能。
② 1934年的《国民住房法》规定建立联邦储蓄贷款保险公司，作为联邦政府独立的金融管理机构，为储蓄贷款协会和互助储蓄银行及其他金融机构提供存款保险，并对它们的经营活动进行检查和监督。
③ 《金融稳定评论》，每两年出版一期。2006年，为了反映内容和目标的变化，《金融稳定评论》更名为《金融稳定回顾》。
④ 南海公司泡沫破灭，股价大幅下跌，资本市场不再接受南海公司的任何证券。如果任由南海公司破产，将导致投资者遭受惨重损失。
⑤ 英格兰银行由辉格党人创立，南海公司由托利党人创立。辉格党和托利党是查理二世后期英国议会的两个派别，两党斗争十分激烈，不仅在政治领域，也在经济领域。光荣革命后，两党在金融领域的斗争直接影响到英国金融史和英国财政史的走向。南海公司设立的目的是用公司股份收购政府短期债务，进行债务转换。帮助政府减轻还本付息的负担。以此为条件，获得在南海地区从事贸易的垄断权，并形成和英格兰银行相抗衡的金融力量。

救助协议，但因危机对整个资本市场信心的影响，参与救助的英格兰银行股价也开始下跌，继而引起了对英格兰银行银行券的挤兑。1721年8月，英国颁布《公共信贷恢复法案》，英国历史上第一次对私人机构开展救助行动。英国的精英阶层和商人阶级自此开始对金融危机有了初步理解。金融危机影响太大、涉及面太广，如果不加以干涉，很可能危及社会稳定和国家稳定。"南海泡沫事件"成为英国金融监管的重要起源。自此，英格兰银行不再仅仅是一家商业股份银行，而且开始承担起协助政府应对危机、维护金融市场稳定的责任。

（三）金融稳定与宏观审慎

宏观审慎政策的目的是应对金融体系内以及对实体经济的负外部性。尽管分析重点也是整个金融体系的健康状况和稳定性，但相比起"金融稳定"，宏观审慎政策的职责范围更宏大，不仅需要与货币政策联动以调控物价、稳定币值，还需要解决外汇流动性和跨境资金流动等问题。在政策框架和调控工具方面，宏观审慎政策框架是一种动态发展的框架，其主要特征是建立更强的、体现逆周期性的政策体系，更具原则性和指导性，但在金融稳定方面的具体制度安排和政策工具有待进一步加强。

宏观审慎监管并非完美无缺，其与金融稳定无法相互替代。首先，虽然理论界普遍认为中央银行应该拥有一定的宏观审慎监管决策权，但从中央银行在宏观审慎监管政策中决策者、主导者和参与者的角色看，都存在不足。中央银行拥有过多的宏观审慎监管决策权可能导致其滥用监管权力，监管权的高度集中还可能导致中央银行的官僚作风，难以充分了解和协调各方意见。此外，逆周期资本缓冲作为宏观审慎调控的重要工具之一，其适用性有待验证。同时，宏观审慎监管政策未充分考虑影子银行和监管套利、平滑经济周期证据不充分、系统性风险计量和监管疏忽等问题。最后，为防范金融机构跨国监管套利，宏观审慎监管需要全球经济体之间相互协作。在政策框架和调控工具上，宏观审慎政策框架是一种动态发展的框架，但在金融稳定方面的具体制度安排和政策工具有待进一步细化。因此，在宏观审慎监管之外，还需要建立健全专门的金融稳定促进法律体系，通过多部门协作以防范和化解金融风险和危机。

（四）审慎监管、功能监管和宏观审慎监管

审慎监管和功能监管理念的演进，是主流经济学思潮演替、金融混业成为大趋势和前期金融风险处置反思的共同结果。20世纪90年代，英国巴林银行、日本大和银行等风险事件使人们逐渐认识到，政府干预并不能终止危机，针对金融机构的救助也并不能保证及时控制危机蔓延。因此，政府应防患于未然，时刻对金融机构实施审慎监管，督促金融机构稳健经营，从而防范金融危机的发生，保障整个金融体系的稳定。

审慎监管的中心工作在于及时、准确、全面、公开的信息披露，通过市场参与者的自由选择对金融机构和金融市场活动进行制约。与之相伴而生的功能监管思路，重点在于按金融功能而非金融机构划分监管领域，减少监管套利，避免监管空白。审慎监管和功能监管理念的兴起，能够更好地适应西方金融机构混业经

营的大趋势。2008年全球金融危机爆发之后，宏观审慎监管理念成为主流。这一方面是受传统监管理念偏重金融机构，对金融市场的系统性风险重视不足所影响，另一方面也与经济金融全球化日益紧密，金融危机具有更高的传导性和系统性有关。

二、金融稳定的立法现状

2008年全球金融危机后，结合对危机的反思和风险应对的总结，一场大规模的金融监管改革立法运动在全球范围内展开，重点和核心都聚焦在了金融稳定之上。

（一）全球金融危机后金融稳定立法的趋势

从各国金融监管改革方案看，对宏观审慎监管框架的追求成为共识。一是将系统性风险的防范放在首要的位置，并设置专门机构加以负责。如美国成立金融稳定监管委员会，英国在英格兰银行董事会下增设金融政策委员会，欧盟设立系统性风险委员会等。二是重新配置监管机构与权限，注重机构间的监管协调。美国重组了既有监管机构；英国重新明确了中央银行在金融稳定中的职责和所处的核心地位。欧盟将原先的银行、证券和保险监管委员会合并为新的欧盟金融监管局。三是限制高风险交易行为，强化对金融消费者的保护。美国引入"沃尔克规则"，禁止银行利用参加联邦保险的存款进行自营交易。英国和欧盟对金融机构的一些高风险业务进行严格的约束。此外，美国、英国、欧盟的金融监管改革方案也不约而同地加大了对金融消费者的保护力度。

在搭建宏观审慎监管框架的同时，各国并没有抹杀原有微观审慎监管的基础作用。可以说，今天的宏观审慎已不再是一个纯粹与微观审慎相对的概念，而是一种离不开微观审慎配合支持的机制理念。构建一个与宏微观审慎有机结合的监管框架，不仅是当前国际社会治理金融危机和进行监管改革立法的一个共识，更是引领未来整个国际金融监管法制转型的主旋律。

（二）美国金融稳定立法

2010年7月21日，美国出台的《多德—弗兰克法案》是其自20世纪30年代大萧条以来改革力度最大、影响最深远的金融监管改革议案，反映了美国对2007—2009年金融危机的全面反思。

《多德—弗兰克法案》有两个基本核心，一是金融市场系统性风险监管，二是金融产品消费者（市场投资者）保护。在金融市场系统性风险监管方面，包括成立由财政部牵头的金融稳定监管委员会[①]；建立新的系统性风险监管框架，将所有具有系统重要性的银行和非银行机构纳入美联储监管；加强对场外交易的衍生产品和资产支持证券等产品的监管等政策。在金融产品消费者保护方面，包括在美联储系统内设立金融消费者保护局；修正高管薪酬和公司内部治理结构；制定新的严格规定以保证投资顾问、金融经纪人和评级公司的透明度和可靠性；加强对私募投资者的保护等。

---

① 该委员会由财政部牵头，其成员包括10家监管机构在内的16名成员，主要职责在于识别和防范系统性风险。

(三)英国金融稳定立法

英国政府认为金融稳定的目标有两个:一是金融体系整体稳定,其中包括所有的金融子系统;二是促进经济增长和就业。基于这一理念,英国建立了以英格兰银行为核心,以货币政策、宏观审慎和微观监管三支柱结合以及金融政策委员会、金融稳定委员会和货币政策委员会三个专业委员会独立运行的治理框架。

英格兰银行从职能上成了货币政策、宏观审慎和部分微观监管的单一主体,并具有对保险公司、证券及投资公司的部分监管权,同时还具有金融基础设施的主导监管权。2009年的《银行法》完善了金融服务赔偿机制,设立了金融政策委员会,初步揭示了金融稳定治理的集权模式。2012年的《金融服务法》明确了金融稳定的目标,基本确立了以英格兰银行为核心的金融稳定治理集权模式。2016年的《英格兰银行与金融服务法》强化了英格兰银行的微观监管权,取消了审慎监管局,新设了审慎监管委员会。

(四)欧盟金融稳定立法

欧盟理事会于2009年通过了欧盟金融监管体系改革法案,提议从宏观和微观两个层面形成泛欧金融监管体系。具体包括:一是设立宏观监管机构欧洲系统性风险委员会,其职能为宏观性地监控整个欧盟金融市场可能出现的风险,并在重大风险出现时及时发出预警,在必要情况下提出包含应对措施的建议。二是将原先欧盟层面的银行、证券和保险监管委员会升级为欧盟金融监管当局,职能在原先监管委员会的基础上做出了具有实质性内容的扩充。

在风险管理和消费者保护方面，欧盟致力于强化对银行的风险约束，加强对信用评级机构的监管，加强对冲基金和私人股权基金透明度的监管等。同时，欧盟还非常重视加强成员之间的金融监管合作：一是于2007年通过跨国金融危机管理的9项原则，二是在欧盟金融监管体系改革法案中提出的微观监管体系需要由各成员的金融监管当局合作完成。

三、金融稳定监管的核心要素

结合对2008年全球金融危机的处置实践和反思，主要国家一致认为，金融稳定监管必须建立涵盖事前、事中、事后的全流程监管体系。在具体体系建设中，欧盟、英国、美国等主要经济体各有侧重，但在关键要素上保持了高度一致。

（一）事前机制：风险判断和建立明确处置机制成为共识

金融稳定监管非常重视危机的事前处理，通过信息收集和共享、建立预警机制、进行压力测试、完善出资机制、设立"生前遗嘱"、明确处置机制等措施，强化风险判断，明确处置工具和流程。

信息收集和共享主要是保证在分析评估系统性风险过程中不存在信息盲点，加强了跨境信息分享机制的要求。预警机制的目的在于提前防范金融机构资产质量恶化、流动性风险演化为信用危机、储户大规模挤兑等系统性风险隐患。压力测试设计要求银行机构报告压力测试框架及测试结果，并根据报告评估流动性及偿付能力的脆弱性，完善资本计划和流动性应急计划，或制订恢复与处置计划。出资机制是为了实现处置目标而建立的资金筹集制度，旨在为问题金融机构提供可供利用的融资渠道。恢复与处置计划旨在帮助银行在出现经营困难时恢复正常经营，或对其进行有序处置提供指导，以降低破产倒闭对金融体系稳定造成的冲击。处置启动机制包含明确合理的触发条件设计，以便处置机构可以在适当的时机启动程序尽早介入，避免严重的损失。

（二）事中机制：行政介入和公共资源支持力度加大

一旦金融危机爆发，金融风险防范和金融稳定监管的重心将集中在危机处置上。各国的危机处置制度包括救助制度、重整制度和清算制度。救助制度和重整制度属于破产的预防措施，重整制度则是侧重解决问题金融机构的内部管理机制。当救助制度和重整制度都无力挽救时，伴随着金融机构的倒闭，清算制度正式启动。在现实中，这些措施往往同时用于处置问题机构。

救助制度包括自我救助和国家救助。为防范系统性金融风险和道德风险，各国救助逻辑从"他救"向"自救"倾斜，处置方式从"国有化"向"市场化"倾斜。其中，金融机构自救工具被视为危机后金融机构处置机制中最具创新性的变革。而国家救助和后续监管权责则随危机性质的不同采取有针对性的安排。欧洲的危机救助机制市场化安排较为全面，措施工具较为丰富。英美在救助体制方面更加强调事前监管以规避道德风险。

重整制度主要包括临时性管理和接管两种。临时性管理是指金融监管机构任命一定的受托人对问题金融机构进行管理，用以恢复金融机构的正常经营、重新达到审慎监管的要求。接管是一种通过接管人重整或关闭清算金融机构的管理程序，旨在使金融机构资产价值最大化，保护债权人、政府或金融保险机构的利益。在接管程序中，金融机构所有者的权利被中止或授予接管人，确保后者能够行使受托人的权利。

破产清算制度分为普通破产立法和特殊立法两种。基于对危机后国家救助、存款保险制度引发的逆向选择和道德风险的深刻反思，英国开始从原先的普通破产立法模式，向美国金融机构破产特殊立法模式靠拢。英、美两国均提倡建立金融机构破产有序清算制度，即国家不应动用公共资金支持问题机构，而应实行金融机构破产退出市场。

(三) 事后机制：系统反思和第三方问责制的探索

在完成风险处置和危机救助后，反思和问责是必要的流程，也是进一步改革完善金融监管的必要前提。2008年全球金融危机爆发后美、英对金融危机的问责方式都呈现出非常态化、非机制化的特征。

英国通过任命金融监管机构负责人的方式对危机责任和根源进行反思，这也与英国历次金融危机的问责模式保持了一贯性。2008年，英国政府任命金融服务管理局主席阿代尔·特纳勋爵分析英国发生危机的根源，以及如何采取措施维护金融稳定，以避免发生类似的错误。特纳勋爵对金融服务管理局提出严厉批评，认为其监管方式存在严重缺陷，要求金融服务管理局采取更系统、更深入的方式，将更多的监管资源投入"系统重要性银行"，推动更高级别的监管人员参与监管，加强对银行经营模式和策略的监控等。①

美国由国会授权成立了临时性的金融危机调查委员会,负责查明金融危机的起因。该委员会的专家小组由10名来自金融、经济、住房、市场监管、银行和金融消费者保护等领域具有从业经验的普通公民组成。委员会于2011年1月发布了关于金融危机成因的最终调查报告,认为危机的发生主要是由监管大规模失灵、有效的公司治理瘫痪、华尔街的冒险投机、普通家庭的过度借贷、政策制定者危机应对意识不足,以及系统性的问责和道德缺失等原因所致。②

四、监管理念的新共识

危机后,欧美主要经济体对危机的形成、扩散、风险和处置过程进行了系统研究,并在强化功能监管、建立宏观审慎监管体系、优化微观审慎监管方式等领域达成了共识。

(一)功能监管理念的巩固与实践

传统的金融危机预防及应对主要集中在银行风险方面,但2008年全球金融危机爆发于未受存款保险制度覆盖的短期融资市场,非银行金融机构成为系统性风险的源头。危机后,美国和英国均强调了对"大而不倒"金融机构的监管,其监管方式也顺应金融混业经营和金融创新发展,推动传统的机构监管转向功能监

---

① 苏洁澈.危机与变革:英国银行监管体系的历史变革[J].金融法学家(第四辑),2012:116-127.

② FCIC: "The Report Conclusions", last visit on Sept. 23, 2021.

管，尽力避免监管空白。①

将影子银行体系纳入监管，是危机后金融监管的重要变革内容之一，也是功能监管逻辑强化的重要体现。在国际层面，IMF等主要国际组织对影子银行监管问题进行了深入研究，金融稳定理事会更是致力于解决影子银行的监管漏洞，推动全球监管标准的协同统一。欧美国家也纷纷加强对影子银行实体及业务的监管，阻断其放大系统性风险的传导链条。在实体监管方面，美国将大型的对冲基金、私募股权基金以及其他投资顾问机构纳入监管。欧盟将影子银行体系中的重要机构纳入监管。② 在业务监管方面，美国将大部分场外衍生品移入交易所和清算中心进行交易和监管。欧盟相继出台了《欧洲市场基础设施条例》《金融工具市场指令Ⅱ》《反市场滥用行为指令Ⅱ》等法规，加强对衍生品交易的监管。③

（二）宏观审慎监管的应用与完善

危机后，宏观审慎成为国际金融监管制度的改革共识。各国相继通过立法程序确立宏观审慎监管制度，宏观审慎监管机构也在国别、区域和全球范围三个层次上得以确立。

各国建立的系统性宏观审慎监管体制机制和政策框架包括：一是强化宏观审慎意识。以整个金融体系为出发点考察整体风险

---

① 巫文勇.利益平衡视角下的金融机构破产特定债务优先清偿法律制度研究[M].北京：中国政法大学出版社，2014.
② 袁达松.金融稳定促进法论[M].北京：法律出版社，2019.
③ 袁达松.金融稳定促进法论[M].北京：法律出版社，2019.

暴露和潜在的系统性风险状况。二是建立宏观审慎监管框架。建立实体性机构，持续性开展分析、监测和评估工作，发现并识别系统性风险和影响金融稳定的因素，发出风险警示并采取政策行动。三是开发宏观审慎监管政策工具，包括为应对系统性风险的自动稳定机制所需要的手段、对大型金融机构实行特殊监管的自由裁量工具等。四是探索宏观审慎监管政策的配合方式。加强与货币政策、财政政策、汇率政策等多方面的有机配合。①

缓解金融体系的顺周期性是宏观审慎监管的重中之重。逆周期资本缓冲、资本留存缓冲和动态损失拨备制度是主要的监管指标。逆周期资本缓冲要求在信贷高速增长、系统性风险不断累积的情况下，银行需要按照风险加权资产的 0~2.50% 计提逆周期资本缓冲（由普通股或其他能充分吸收损失的资本构成）。资本留存缓冲的要求是在最低资本要求的基础上，银行要保留 2.5% 的资本留存缓冲，使得核心一级资本加资本留存缓冲达到 7%。动态损失拨备制度是指，若银行信贷增速超过正常水平，应按照贷款增速偏离正常水平的程度计提超额资本。②

（三）微观审慎监管的改革与优化

在高度重视宏观审慎监管的同时，微观审慎监管理念也得到了进一步的改革与优化。《巴塞尔协议Ⅲ》从提高资本质量及水平标准、增加杠杆率监管要求、增加流动性风险监管、增加风险

---

① 尹继志. 全球金融危机后金融监管的创新与发展 [J]. 科学·经济·社会，2012（30）第 1 期：31-32.
② 金融体系系统性风险研究——基于 SIFIs 的视角.

资产覆盖范围等四个方面,进一步加强了微观审慎监管的要求,一是提高资本质量标准和资本水平标准。将资本分为核心一级资本、一级资本和二级资本。其中,一级资本必须有助于银行实现持续经营的目的,只包括普通股和永久优先股,充足率最低要求从原来的 4% 提高至 6%。二是创建流动性风险监管国际框架,通过设立流动性覆盖率和净稳定融资比率,减少流动性风险和期限转换。三是新增杠杆率监管要求,控制银行资产过度扩张。即银行一级资本与资产余额的比率不低于 3%。四是将风险资产的覆盖范围从单纯的银行账户拓展至交易账户,加强对资产证券化与信用衍生品的监管力度。

五、大而不倒与系统重要性机构

2008 年全球金融危机爆发后,国际社会和主要国家纷纷展开监管立法改革,防范"大而不倒"金融机构的系统性风险和道德风险。总体来看,不仅要求 SIFIs 满足《巴塞尔协议Ⅲ》中更新或新增的宏观和微观审慎要求,还提高了系统重要性金融机构的 TLAC(总损失吸收能力),及其监管的强度和有效性。

(一)更严格的资本要求

对 SIFIs,其中大部分为 G-SIBs(全球性系统重要性银行),施加更严格的资本要求。《巴塞尔协议Ⅲ》中要求对系统重要性银行施加 1% 的附加资本充足率要求,并根据系统重要性程度把 G-SIBs 分为五组,分别实施 1%~3.5% 不等的额外损失吸收能力要求①,同时针对对手方和中央结算体系的风险暴露,提出了更高的计提要求,以保障在金融合约对手方出现违约的情况下,该金融机构本身仍可以实现稳健运行。

(二)增强审慎监管标准

SIFIs受到《巴塞尔协议Ⅲ》中新增的流动性和杠杆率监管约束,同时,对系统重要性金融机构制定了超额流动性考核标准、应急资本机制、应急资本和自救债券等措施,进一步强化了系统重要性金融机构的损失吸收能力。②金融稳定理事会发布的《全球系统重要性银行总损失吸收能力条款管理办法》,正式明确了TLAC国际统一标准。TLAC要求金融机构在进入处置程序时将无担保或者无保险的负债予以减记或转股,从而实现自我救助。用来吸收损失的资本和债务工具总和,可统称为"TLAC合格债务工具"。G-SIBs在TLAC合格债务工具资本充足率之外,还需要满足2.5%的储备资本、0~2.5%的逆周期资本和1%~3.5%的附加资本要求。

(三)早期纠正要求

针对SIFIs的早期纠正要求主要体现在"生前遗嘱"制度方面。各国金融监管部门应在考虑金融机构规模、复杂程度、关联性、可替代性和跨区域差异程度等的基础上,设计和建立恢复与处置计划,以达到保证金融体系稳定发展的目的。在美国,"生前遗嘱"

---

① BCBS, Global Systemically Important Banks: Assessment Methodology and the Additional Loss Absorbency Requirement, working paper, November 2011.

② 袁达松.金融稳定促进法论[M].北京:法律出版社,2019.

首先适用于资产规模超过500亿美元的银行控股公司和美国金融稳定委员会认定的重要性非银金融机构。《多德—弗兰克法案》要求大型金融机构提前为自己可能出现的金融风险进行拨备。美联储有权对SIFIs实施早期纠正：在SIFIs财务状况恶化的早期阶段，对SIFIs资本分配、并购以及资产增长予以限制；在SIFIs财务状况恶化的后期阶段，对SIFIs施加资本恢复计划和融资方面的要求、限制与附属企业的交易、变更公司管理层以及变卖资产。

（四）限制机构规模

国际上通过对SIFIs的业务范围和规模进行限制，以保证金融体系的稳定。对SIFIs限制性措施中影响最为广泛的是《多德—弗兰克法案》，其针对银行部门的集中度出台限制性规定，即任何一家金融机构的负债余额不能超过总负债余额的10%，任何一家金融机构的保险存款总额也不能超过保险存款总额的10%，以对一些大型金融机构的过度扩张形成制约，并降低金融机构通过兼并的方式对金融体系造成威胁的可能性。

（五）剥离高风险自营交易

发达经济体通过"沃克尔规则"和"维克斯框架"等，调整商业银行的组织架构，限制银行自营交易或督促设置内部防火墙以防止风险传导。《多德—弗兰克法案》引入"沃克尔规则"限制银行自营交易，规定传统银行投资对冲基金和私募股权基金的规模不得超过基金资本和银行一级资本的3%，另类投资总规模不能超过银行有形股权的3%。在衍生品交易方面，要求银行将信贷违约互换、农产品掉期、能源掉期等高风险衍生品业务拆分到特定子公司，自身只保留利率掉期、外汇掉期、金银掉期等业务。① 英国和欧盟采取了"维克斯框架"，其监管理念是保留"全能银行"，但将投资银行与商业银行进行有效隔离，"被隔离银行"将不允许从事与支付和放贷无关的活动。② 在衍生品业务方面，英国允许零售银行业务部门使用衍生品对冲利率和汇率风险，出售则需要通过代理模式实现。③ 两大规则均被认为过于激进，造成银行资本和合规性方面的监管成本大幅上升，存在一定的争议性。

六、行为监管与消费者权益保护

（一）加强金融消费者保护全流程机制

金融危机后，国际社会和主要西方发达国家纷纷推动金融消费者保护方面的制度改革，加强事前、事中、事后机制建设，特别是加强投资者教育、信息披露要求，以及纠纷解决机制和救济制度等，全方位提升金融消费者权益保护并不断强化金融机构的相关义务。

第一，加强金融机构全方位的信息披露和风险提示义务。信息披露并非直接的市场监管干预，而是借助提高消费者决策所依据的信息的质量，来提高市场本身的价值组合能力。此外，信息披露监管长期以来仅限于强化信用产品卖方的信息披露义务，并

---

① 袁达松.金融稳定促进法论[M].北京：法律出版社，2019.
② 苏洁澈.危机与变革：英国银行监管体系的历史变革[J].金融法学家（第四辑），2012：116-127.
③ 专访英国ICB主席约翰·维克斯爵士：安全的银行结构≠"全能银行"的终结[N].第一财经日报，2012-08-10.

未对消费者能否真正理解信息进行评估，特别是对合同条款涉及成本、风险和收益等方面信息的理解。主要发达国家和地区监管要求金融机构针对不同类型的产品进行信息披露，披露内容应以使金融消费者能够理解为宜。

第二，加大投资者教育以进一步提升金融消费者的金融素质与理性决策。要真正解决信息失灵问题，不仅需要继续提高金融机构信息披露的质量，还需要帮助消费者有能力做出理性的决策。[①]加大投资者教育，弥补信息披露监管的局限，是后危机时代金融消费者权益保护的重要内容。依据《多德—弗兰克法案》设立的美国消费者金融保护局的第一个法定目标是确保"向消费者提供及时、易懂的信息，让他们对金融交易做出负责任的决定"。英国根据2010年的《金融服务法》成立了消费者金融教育局，独立、系统、全面地开展消费者金融教育工作。

第三，各国发展出以非诉机制为主的消费者救济制度，以提升纠纷解决效率。近年来，金融机构与金融消费者之间的交易纠纷频频发生，传统的司法救济途径难以满足纠纷解决的需求，因而ADR（替代性金融纠纷解决机制）备受各国推崇。ADR泛指所有法庭诉讼形式之外的金融服务纠纷解决机制，形态多样，包括调解、仲裁、申诉专员服务等。从主要国家立法和监管的实践看，基本都是通过立法赋权，设立金融消费争议的专门处理机构。

---

① 吴晓晨.消费信贷产品监管的路径及机制研究——基于美国《多德—弗兰克法案》1031（d）条款的评析[J].金融监管研究，2020（7）：82.

（二）加强公司治理，建立与风险承担相匹配的薪酬机制

金融稳定理事会规定浮动薪酬的 40%~60% 应采取延期支付的方式，支付期限一般不少于 3 年，且一半以上的浮动薪酬应以股票及与股权挂钩的其他金融工具支付。此外，信息披露也是金融危机后薪酬监管重要的制度保障之一。巴塞尔银行监管委员会于 2011 年专门发布了《薪酬信息披露要求》，对信息披露范围、事项、方法和周期进行了详细规定。[①]

美国、欧洲的金融监管机构也在金融危机后纷纷出台薪酬监管规则，相对而言，欧洲薪酬监管较为严格，而美国则更趋原则性。美国《经济稳定紧急法案》对向财政部出售过问题资产或接受过救助的金融机构高管进行限薪。欧盟的《资本金要求指令Ⅲ》规定监管机构有权采取经济或非经济性惩罚措施，包括减少金融产品、管理体系中的固有风险、冻结部分浮动薪酬或要求其增加额外资金。[②]

（三）金融创新与消费者保护之间的监管实践

英国对互联网金融采取了软法治理的思路，对 P2P 的监管采取了"先行业协会，再政府监管"的模式。先成立行业自律协会，协会既接受政府监管，也拥有规则制定权，对金融监管法律体系形成重要补充，同时为相关领域正式法案的制定奠定基础。后出台法规，进入对 P2P 行业的全面监管阶段。

---

① 戴新竹. 金融机构薪酬监管：国际经验及启示 [J]. 南方金融，2015（471）：71-73.

② 同上.

发达国家采取以沙盒监管为主导的金融科技监管模式。英国沙盒监管制度使金融科技初创公司、创新企业或金融机构在监管机构的监督下，在受控环境中进行实时试验，并对测试的全过程进行监控，对测试情况进行评估，以判定是否给予正式的监管授权，在监管沙盒之外进行大范围的推广。美国也借鉴了监管沙盒机制，但更强调立法先行，倡导负责任创新。美国出台《金融科技保护法案》和《金融科技法案2019》，旨在建构监管Fintech（金融科技）的法律框架，在创设新的监管议事机构、厘清监管协调机制的基础上，强化对金融科技的监管。

七、财政与金融部门协同配合

（一）财政与金融部门在金融稳定中的职能定位

各国央行普遍对系统性风险和系统重要性金融机构负有主要监管责任，财政部门虽不参与具体的金融监管工作，却是金融监管目标、制度设计等的主要决策者，更是公共资金运用的核心决策主体。

在英国，财政部处于监管体系架构的最顶端。英格兰银行作为"超级央行"，实施"双峰"监管体制的框架。但负有核心监管职责的英格兰银行隶属于财政部，其行长由财政大臣提名、首相任命。在危机时刻履行救助职能，特别是在公共资金参与救助时，财政部是公共资金使用的主要决策机构。财政部也是货币政策和监管政策目标的制定者。

在美国，财政部具有部分金融监管权，具体的监管职权由财政部货币监理署承担。货币监理署接受财政部领导，但相对独立运行，主要对国民银行和外资银行分支机构的设立、经营和处置等进行审批及监管。美国财政部在危机救助中发挥主导功能。2008年的《紧急经济稳定法》明确规定了美国财政部主导实施问题资产救助计划的权力。在《多德—弗兰克法案》中，财政部的职能主要是通过建立金融稳定监管委员会来实现的，这个委员会具有政策决策、政策协调和风险识别功能。

（二）优化制度安排，降低金融风险救助成本

在一系列防范和化解系统性金融风险的制度安排中，相对于金融监管部门，财政部门的职责更多地体现为对风险发生后的救助和兜底。为了避免仅在事后买单的被动局面，降低事后的兜底成本，财政部门需要与金融监管部门合作，积极介入相应的金融稳定监管工作，建立一套制度，使得买单金额在可承受范围之内，买单程序合法规范，买单后对金融机构的管理科学到位。

财政部门与金融监管部门合作，完善金融监管制度，加强事前风险防范和预警，共同参与大型金融机构"生前遗嘱"的制定等。在美国，SIFIs根据《多德—弗兰克法案》的要求，定期向金融稳定监管委员会和美国联邦存款保险公司提交"生前遗嘱"，计划的内容必须明确具体且符合要求。其中金融稳定监管委员会由财政部领导，成员包括美国财政部长、美联储主席、美国证券交易委员会主席等重要监管机构负责人。这些"生前遗嘱"是事前确定财政救助资金的参考依据。处置计划如不符合要求，应重新提交一份符合要求的处置计划，否则将对SIFIs实施更为严格

的监管，直到其提交切实可行的处置计划，甚至强制命令其剥离相关资产或业务。

建立系统性金融风险救助准备金制度，减轻救助中的财政压力。此类基金一般由公共部门管理，动用公共资金或行业资源对特定金融机构，一般为系统重要性金融机构，进行救助和处置，或用于应对重大金融风险事件。如，美国的有序清算基金，由财政部设立，美国联邦存款保险公司负责管理，用于支付美国联邦存款保险公司在处置系统重要性金融机构过程中产生的各项费用。有序清算基金事前不累积资金，在需要处置风险时由美国联邦存款保险公司向财政部发行债券募资。德国设立了金融市场稳定基金，初期由金融市场稳定局管理，2018年后并入德国联邦债务管理局（由财政部监督）。德国的金融市场稳定基金可以对金融机构债务提供担保，参与金融机构注资或收购股份，也可设立清算机构，承接特定金融机构的风险资产。金融市场稳定基金还可以通过担保业务收取担保费，财政部也可为其提供贷款作为资金来源。

（三）财政与金融部门在风险处置中的协同配合

央行在金融危机中进行流动性风险救助，财政是实质性救助风险和损失的最终买单人。以美联储为代表的几个主要发达经济体央行所承担的职能已经由最后贷款人扩展至最后做市商，从主要救助银行转变为更广泛地救助金融市场和金融产品。做市商是一种"准财政"功能，并没有消除引发金融危机的现有风险，而只是将私人部门的风险通过中央银行转移给公共部门。在危机救助中,一些央行将有毒资产纳入资产负债表,相当于央行以金融稳定的名义承担了"准财政"义务,可能导致公共资金损失,因此应事先取得财政部门同意。做市商应建立一套规范的运作机制以降低救助风险,原则包括将做市商作为超常规干预手段,启动前协调财政或立法机关,以建立明确的政策目标和条款,做市商不得超出包括财政部门的特殊支持在内的资金能力运作等。

在财政与金融部门协同配合的方式上,包括财政部门对金融机构债务提供担保,对金融机构注资,购买金融机构问题资产,为央行风险处置工具提供资金支持以稳定市场,参与健全处置机制等。在2008年的全球金融危机救助过程中,美国财政部、美联储和联邦存款保险公司在不良资产救助计划内共同实施资产担保计划,担保花旗集团问题资产的部分损失。花旗集团约3 000亿美元问题资产的潜在损失得到该计划的担保。根据损失分担原则,395亿美元以内的损失由花旗集团承担,超过395亿美元的部分由美国政府分担90%、花旗集团分担10%。对395亿~400.6亿美元的部分,由美国财政部分担;对400.6亿~411.7亿美元的部分,由联邦存款保险公司分担;如果损失超过411.7亿美元,则由美联储提供无追索权贷款分担。财政部于2011年结束担保,没有赔付,收益42.6亿美元。

(四)危机救助的实际效果

一是缓解流动性危机,稳定市场信心。2020年新冠肺炎疫情暴发后,美国公司债市场受到严重冲击,资金从固定收益基金中快速流出,相关资产价格快速下跌。当时,证券交易商的流动性和做市能力难以吸收卖出压力,导致流动性紧张的状况蔓延到国债、MBS(抵押支持债券)等市场。美联储采取的措施包括:于2020年3月再次启动一级交易商信贷便利,接受以投资级债务工具(包括公司债、市政债、商业票据等)为抵押向一级交易商提供最长90天期限的融资,用以增强一级交易商的做市能力;于2020年3月与财政部联合设立SMCCF(二级市场企业信贷工具),通过SPV(特殊目的载体)以市价向合格的对手方购买合格公司债等,有效稳定了市场流动性。

二是稳住重要金融机构,防止系统性风险蔓延。在全球金融危机中,由于美国国际集团是当时全球规模最大的国际性保险公司,破产可能会对经济造成灾难性损害,美国财政部与美联储共为其提供了1823亿美元资金救助。美国财政部在不良资产救助计划内先后两次对美国国际集团注资。美国财政部通过将不可累积优先股转换成普通股、出售普通股、让其还款等方式逐步退出该集团。2013年,随着美国国际集团回购了普通股认股权证,美国财政部已完全退出该集团,共获得50亿美元收益。

三是支持实体经济企业融资,促进经济恢复,有利于救助资金退出,实现财务共赢。在全球金融危机中,美国货币市场共同基金遭受的挤兑规模达4500亿美元,导致该基金集中抛售所持有的商业票据,票据利差急剧上升,实体经济企业融资困难。为支持实体经济融资并抑制市场恐慌,美联储于2008年10月启动商业票据融资便利项目,设立SPV,在一级市场购买发行方的高评级3个月期商业票据。为保护美联储免受损失,财政部从其外汇稳定基金中提供专项资金。美联储通过该便利购买了 82 家机构发行的约 7 380 亿美元商业票据，直接支持了实体经济企业融资。2008 年底，资产支持商业票据的利差基本恢复到了危机前的水平。2010 年 2 月，商业票据融资便利项目结束，2010 年 8 月，SPV 关闭。商业票据融资便利项目中购买的所有商业票据均按照条款得到偿付，SPV 从利息、费用中共累积了约 50 亿美元的收入。

金融稳定立法的出发点和关键要素[①]

一、制定金融稳定促进法的现实考虑

制定金融稳定促进法，不仅要着眼于"防范化解重大风险攻坚战"，也要聚焦矛盾焦点，建立合理高效、相互制衡的金融风险处置机制，落实处置金融风险的资金来源，还要关注事前防范机制，而不能只是事后救火、事后买单。从长远看，具有前瞻性的事前防范机制比风险处置、事后救助对金融稳定起到更加重要的作用。需要强调的是，金融稳定促进法是进行立法研究，而非撰写法律条文，更关注法律所要达到的目标和梳理应该解决的关切问题。

首先要明确金融稳定的定义。从金融功能的角度看，金融稳定体现为金融中介促进资源配置功能的顺畅实现，从而服务于实体经济发展的根本目标，而不应该是金融的自我繁荣、自我循环，拉长融资链、扩大融资圈，最后导致实体经济循环不畅。在这一问题的讨论上，要立足中国的现实环境，不能言必称希腊，"华尔街化"，过分看重欧美经验。

回顾多年实践，金融风险处置需考虑三个基本环境。第一，金融是中央事权，容易形成"有风险找中央"的兜底思维。自市

[①] 本文为王毅在2022年3月13日的中国金融四十人论坛课题评审会"金融稳定立法的目标与问题"上所做的课题介绍，由中国金融四十人论坛秘书处整理。

03
推动制定"金融稳定促进法"

场经济地位确立以来,金融一直是中央事权。但中国又是单一制国家,地方出现风险后,虽然主张"谁的孩子谁抱",压实地方责任,但综合考虑地方能力和资源配置格局,又容易形成"风险上交""有事找中央"的思维。

第二,国有金融资产在全部金融企业中占比超过70%,"有困难找政府""父爱主义"的思想难以避免。虽然自改革开放以来,民营经济蓬勃发展,但金融领域国有经济占比依旧很高,各级政府是出资人,既肩负股东职责,又有公共利益保护职责。前些年发展起来的民营金融体系出现问题后也都是政府在救助。

第三,动用公共资源救助风险民营机构,往往会陷入"亏了国家、肥了个人"的两难境地。从近些年的案例来看,民营企业出现问题后,把资产转移到国外,把债务和风险留在国内,政府还要动用公共资源全力处置、救助,难免在道义和最终结果上陷入"亏了国家、肥了个人"的两难境地。

制定金融稳定促进法,重点在于解决本轮金融风险处置中暴露出的体制机制和规则规制短板。一是市场出清机制不畅。"一个都不能少"的监管理念、地方政府意愿使得机构难以市场出清;二是部门职能划分不清,缺乏监督制约;三是花钱买平安,买单机制不明;四是央地关系权责不匹配;五是监管存在"牌照信仰",更关注牌照发放,"管生不管死";六是公司治理效能弱化。当前公司治理只有其"形"而没有其"神",很多都流于形式;七是追责问责机制缺失,干了坏事得不到处罚,小问题、大问题处理方式都一样。

参考次贷危机时美国、欧盟的处理方式，政府和央行往往在市场最悲观、价格跌到底部的时候出手，出台政策的目的在于把市场稳住，预期不断向好，使资产价值得以恢复。最后的处理结果是都没有亏钱，甚至赚了钱。无论是美联储、欧央行还是英格兰银行，在市场行情转好时，利用市场机制处置收购资产，都获取了收益。反观中国，无论是20多年前处置海南发展银行，还是当下的各个相关案例，都难以做到这一点，这是一个很大的教训，非常值得反思。

二、金融稳定立法的基本框架与要素建设

一是在金融监管体系建设上，应坚持分业经营与分业监管，可考虑赋予人民银行监管纠偏的权力和实施机制；强化机构分业监管下的功能监管；明确金融稳定决策机构职责，赋予其金融规则制定权、重大事项决策权、金融风险的判断和处置权以及问责追责权。

理顺监管机制，应重新审视中央银行在全面宏观审慎框架中的作用。央行监管理念的演变、对功能监管的落实、将影子银行纳入监管体系、保护消费者权益、提高对系统性重要金融机构的资本和信息披露的要求等，这些都对我国有着重要的启发意义。

二是公司治理，这是金融稳定的微观基础。客观来说，国有企业公司治理中的代理人选择非常困难。应加强党的集中统一领导，强化对大股东的约束，规范信息披露，建立稳健的薪酬机制，激励与约束相容，充分发挥外部治理机制的监督作用。

03
推动制定"金融稳定促进法"

三是消费者权益保护。这方面借鉴了一些制度性的内容,包括严格信息披露要求,强化侵犯金融消费者权益行为的惩处机制,加强金融消费者教育,提高监管对金融创新的反应速度,建立救济制度和非诉机制等。最大的问题在于,大量普通金融消费者缺乏风险识别能力,且监管对涉众行为管理不到位,导致消费者受到的损失和教训非常大。比如地方金融交易所、P2P 出现问题后会导致上千亿资金无法兑付,也不可能靠某一种机制筹钱兑付,这是导致金融不稳定、社会不稳定的一个重要因素。

四是金融稳定必须做到风险防范前置。要打好基础,建立金融稳定监测、预警与风险处置机制。虽然我们始终提倡信息沟通、信息共享、预警机制、压力测试等事中、事前机制,但在实践中,各部门往往各行其是,数据都难以做到统一,不稳定的源头更是无处锁定,金融稳定只会是空中楼阁。

五是风险损失分摊机制,这是金融稳定立法中争论比较多的问题。出现风险后,应该如何分担损失?如何救助?原则是什么?行政性股权清零的法律基础在哪里?市场机制是否还起作用?能否使用政府公共资金?如何使用地方资源?中央应该如何救助?这些问题争议较多,却也是促进稳定、防范风险的关键步骤。

六是在动用公共资源处置问题金融机构的风险时,应遵循"成本最小化"和"系统性风险例外"的原则。若仅遵循"成本最小化"原则,可能难以妥善应对系统性风险。因此针对单个机构、区域性风险,要坚持"成本最小化"原则。在出现系统性风险时,就不能再顾及"成本最小化",而要尽全力进行救助。在此过程中，资金动用应遵循股东出清、行业性资金救助、央行流动性救助、央行专项再贷款救助、地方可动用资源、中央财政兜底的顺序有序展开。

七是夯实金融稳定的基础支撑和保障，包括信用环境优化、信息整合与共享、监管能力建设、发挥好第三方中介机构作用等。

八是追责问责机制。从微观层面看，企业都靠估值而非现金流来实现迅速盈利，企业当期账面拿到高回报，团队拿到高奖金，而一旦风险出现，团队就辞职，谈不上收入递延，更谈不上追索扣回，缺乏追究问责环节。从宏观层面上，出现了外溢性的金融风险，机构是主体责任，但机构已无能为力，股东该承担什么责任？特别是存在关联交易的股东如何处理？包括地方在内的各管理方又该担负什么责任？这些责任往往在实践、实操中都难以夯实、界定。如果金融稳定立法在这方面能有明确说法，就是大的进步。

三、金融稳定立法需要处理好八个关系

金融稳定立法过程中，需要处理好八个方面的关系：金融稳定与公平效率的关系；金融稳定与宏观稳定政策的关系；金融稳定立法与中央银行的关系；金融稳定立法与监管机构的关系；金融稳定立法与财政的关系；中央和地方的关系；金融稳定与透明度的关系；金融稳定立法与其他法律的关系。金融稳定立法不能包打天下，也不可能完全搞清楚风险处置过程中的所有出清机制。在破产、金融监管等其他法律层面，也需要有系统化的安排。

03
推动制定"金融稳定促进法"

此外,金融稳定要关口前移,不能只关注风险处置,只解决出险机构的稳定问题,学习贯彻习近平总书记法治建设"抓前端,治未病"的思想,未雨绸缪,预防为先,把基础打牢。金融稳定是要花钱的,但光花钱远远不够;金融稳定是钱的事,但绝不只是钱的事。从多年的处置情况来看,光靠花钱买不到平安。在动用最终手段,包括中央资源、公共资源时,必须有所约束。金融风险处置强调权威性、及时性,要雷厉风行、子弹充足,也宜坚持"花钱有约束""买单有前提"的原则。

04

资本项目开放和货币国际化的国际经验教训

04
资本项目开放和货币国际化的国际经验教训

我国正处在加快推动资本项目开放和人民币国际化的窗口期,有必要对相关国际经验和教训进行深入研究,以为我国推动相关工作提供参考。

一般而言,资本项目开放指解除对资本和金融项目下各类交易的限制,国际上并无判断资本项目开放程度的统一标准,并且资本项目开放并不代表对资本项目下的交易不进行管理。国际货币指在货币发行国境外仍被广泛使用的货币,其中被主要国家普遍纳入外汇储备的佼佼者被称为国际储备货币。成为国际储备货币是人民币应有的目标。从国际经验来看,一国资本项目开放并不意味着该国货币必然成为国际货币,但货币国际化的程度越高,对资本项目开放的要求也会越高。

在货币国际化方面得到的主要启示包括:货币国际化进程主要由市场主导,需要遵循基本的市场规律。政府政策虽不会改变货币国际化发展的根本趋势,但能在货币国际化进程中起到助推器、稳定器和润滑剂的作用,特别是可在投融资领域促进货币国际化进程。货币国际化需要通过利率和汇率实现市场化,要求建立发达和开放的金融市场,并且离岸和在岸市场要协调发展才能发挥积极作用。

在资本项目开放方面的主要经验是:在宏观经济稳定的情况下推动开放较易成功,如果被迫因宏观经济状况恶化而开放,则需要付出惨重代价。和货币国际化一样,成功开放资本项目也要求一国的利率和汇率市场化改革基本到位，并具有发达完善的金融市场，更重要的是要建设一个稳健的金融体系。同时，完善的金融监管是开放资本项目的重要前提条件。资本流动管理措施效力递减、治标不治本，不应长期化。此外，还需要重视衍生品市场分散和防范风险的作用。总体来看，资本项目开放并无固定的模式和次序，适合国情的开放策略才是最佳策略。

总体来看，我国在资本项目开放和人民币国际化方面虽已取得显著进展，但与发达国家相比仍有差距，国际机构和市场主体对我国资本项目兑换便利性的认可度不高。当前资本项目开放的问题包括，主要采取了通道型而非制度型金融市场开放模式，境外机构在中国金融市场发行债券、股票的相关制度尚不完善，衍生品市场开放不足，个人跨境投资渠道有限，直接投资制度效率需要提高，以及营商环境有待进一步改善等。目前，我国具有进一步加快推进资本项目开放和人民币国际化的条件，宜着力推进相关改革，把握难得的历史机遇。

我国正处在加快推动资本项目开放和人民币国际化的窗口期，充分借鉴国际经验和教训，对把握历史机遇，稳妥推进开放，打造"双循环"的新发展格局有着重要意义。我们考虑到资本项目开放和货币国际化涉及的内涵广泛，而清晰的概念又是开展有效讨论的基础。

04
资本项目开放和货币国际化的国际经验教训

资本项目开放和货币国际化的相关概念

资本项目开放和货币国际化既不相同，又彼此联系、相互促进。在梳理货币国际化和资本项目开放国际经验之前，需要了解资本项目开放、资本流动管理、货币国际化和货币可自由使用等概念及其内涵。

一、关于资本项目开放、资本流动管理和资本管制

在国际收支统计中，资本项目主要用于记录跨境资本和金融交易，进一步细分为资本项目和金融项目，包括跨境直接投资、证券投资和跨境借贷三类交易。

国际上对资本项目开放并无明确、统一的定义。1995年，IMF认为，资本项目开放就是指解除对资本和金融项目下各类交易在市场准入、货币兑换和跨境汇出入等环节的限制。学术界一般也将资本项目开放理解为取消对资本跨境交易和相关支付的限制、允许资本自由跨境流动，从本质上看这与IMF的定义并没有显著差别。印度储备银行将资本项目开放定义为本国金融资产与外国金融资产间的自由转换，这是为数不多的一国官方给出的定义。

如何评判资本项目的开放程度国际上也无统一的标准。IMF每年发布的《汇兑安排和汇兑限制年报》（以下简称《年报》），会对其成员方汇率制度安排、经常项目和资本项目下资本流动

的限制措施等进行梳理和记录。需要指出的是,《年报》仅是客观地记录成员方对资本流动的管理措施和相关制度安排,并不代表 IMF 对成员方资本项目开放程度的评估,但学术界常根据《年报》的基础信息,编制衡量资本项目开放程度的指数,或开展与资本项目开放相关问题的研究。例如,知名学者钦和伊藤利用《年报》数据库关于汇率制度、资本项目交易安排等信息编制了涵盖国家范围较广的衡量资本项目开放程度的指标。申德勒集中考察《年报》数据库中关于资本项目交易 12 个细项中的 6 个细项信息,编制了更微观、更细致的衡量资本项目开放程度的指标。克莱恩、费尔南德斯等学者则对申德勒的指标进行了改良。此外,钦和伊藤编制的指标可以对资本流动管理措施的严格程度进行评估,也是较为常用的指标。

IMF 与 OECD 是关于国际资本流动和资本项目开放问题的权威机构,为各国资本项目开放提供了大量政策建议。传统上,两家机构都倡导通过开放资本项目来促进资本自由流动。例如,在很长一段时间内 IMF 持有的观点是,资本自由流动可以提高资源配置效率和本国金融部门的竞争力,促进技术跨境转移,有利于经济发展,因此各国应积极推动资本项目开放。但亚洲金融危机、全球金融危机的爆发,以及土耳其、阿根廷等国由于国际资本流动大幅波动而引发经济危机的情况,促使 IMF 开始反思其政策取向。

2012 年 IMF 发布了《资本流动自由化和管理:机构观点》(以下简称《机构观点》)。《机构观点》在肯定资本自由流动益处

04 资本项目开放和货币国际化的国际经验教训

的同时,也明确指出了资本项目过快开放存在风险,各国需要结合自身情况把握资本项目开放进程,这表明 IMF 的立场已发生了明显改变。《机构观点》更进一步地明确提出了,一国应综合采取汇率、利率等宏观经济政策和宏观审慎措施,以及在必要时采取资本流动管理措施来应对资本流动的相关风险,形成了管理资本流动风险的综合框架。

《机构观点》将资本流动管理措施定义为目的在于限制资本流动的措施,具体可分为两类:一是区别居民与非居民的资本流动管理措施,这类措施也被称为"资本管制"或"资本限制"措施;二是其他资本流动管理措施,即不区别居民与非居民但仍以限制资本流动为目的的措施。自《机构观点》出台以来,IMF 越来越多地使用资本流动管理措施代替"资本管制",以消除后者的负面含义。

宏观审慎措施的概念最早由国际清算银行提出,1979 年巴塞尔银行监管委员会的前身库克委员会在一次讨论国际银行贷款问题的会议上首次使用了宏观审慎的概念。2008 年全球金融危机爆发后,越来越多的国家意识到防范系统性风险的重要性,并建立了自身的宏观审慎体系。国际货币基金组织、金融稳定理事会及国际清算银行等主要国际组织将宏观审慎措施定义为"使用宏观审慎工具抑制系统性风险"的措施,主要有三方面目标:一是通过建立和释放资本缓冲,增强金融体系的韧性以抵御冲击;二是通过减少资产价格与信贷增速之间的顺周期反馈,控制杠杆率、债务存量及不稳定融资等的不可持续增长;三是抑制金融体系内部由关联性、共同敞口及"大而不倒"等问题所引发的结构脆弱性。

IMF 强调，一国应主要依靠宏观经济政策，包括增加汇率灵活性、调整货币和财政政策等来调控资本流动，同时可以采取宏观审慎措施防止系统性风险的积累。只有在宏观经济高度不确定、宏观经济政策的调整空间有限或时滞较长，危机又迫在眉睫的情况下才可使用资本流动管理措施。由于宏观审慎措施并不区分系统性风险的来源，当有关风险是由资本流动引发时，宏观审慎措施和资本流动管理措施可能产生重叠，这类措施通常被称为"资本流动管理/宏观审慎措施"。IMF 强调，在实践中各国应避免借宏观审慎之名，行资本管理之实，影响国际资本的正常流动。

OECD 在资本项目开放方面的权威性政策文件是《资本流动自由化通则》（以下简称《通则》）。《通则》是 OECD 于 1961 年颁布的对成员方具有强制约束力的多边协定，旨在促进跨境资本流动自由化，敦促加入方逐步解消资本流动限制，有效开展经济合作。

加入《通则》时，各成员方可以根据自身的金融情况，以负面清单的方式保留对部分资本项目的管制措施。目前，几乎所有成员方都有不同程度的资本管制，绝大部分成员方都通过不同方式对直接投资、房地产、资本市场证券业务等比较容易吸引短期资金流入、易受国际游资攻击的项目进行管制。加入《通则》后，当资本流动给经济及金融稳定带来显著风险时，成员方也可以暂时引入资本管制措施，但需要履行严格的报告和审批程序。

04 资本项目开放和货币国际化的国际经验教训

加入《通则》的成员方实施资本管制措施时需要遵循以下原则：一是只有在其他替代政策不能有效实现目标时才考虑采取资本管制措施；二是应具有透明度，而且应接受问责并允许国际讨论；三是应避免采取歧视性措施，并避免措施对其他各方产生负面溢出效应；四是政策措施应该适度，并尽量减少对商业活动，特别是对外商直接投资和商业信贷的负面影响；五是一旦可以通过其他非资本管制类措施实现政策目标，就应取消资本管制。

针对资本管制的具体项目，OECD 规定了不同的报告和审批程序。对于短期资本流动，如货币市场交易、金融信贷、外汇交易等，成员方不必经过审批，即可直接针对相关项目采取资本管制措施，但需要根据透明度要求对政策措施进行通报。对于其他类型的资本流动，如直接投资、房地产出售、资本市场证券交易等，成员方只有在遇到严重国际收支困难或金融动荡时，才能根据《通则》第七条，就重新实施资本管制措施提出申请，经 OECD 各成员方组成的投资委员会批准后方可实施。具体分类情况可参考表 4-1。

表 4-1 《通则》负面清单分类表

清单 A 若采取资本管制措施，需要履行审批手续	清单 B 若采取资本管制措施，则不需要事前审批，通报即可
直接投资	—
直接投资清偿	—
房地产销售	房地产购买
资本市场的证券业务	货币市场操作

续表

清单 A 若采取资本管制措施，需要履行审批手续	清单 B 若采取资本管制措施，则不需要事前审批，通报即可
集体投资证券	可转让票据和非证券化债权
与国际商业交易或提供国际服务直接相关的信贷（有本地居民参与相关商业或服务交易）	与国际商业交易或提供国际服务直接相关的信贷（无本地居民参与相关商业或服务交易）
—	金融信用和贷款
证券、担保和备用资金融通	金融支持工具（与国际贸易无直接关系，或无居民参与相关交易）
存款账户操作（非居民在本国机构的账户）	存款账户操作（居民在本国机构的账户）
人寿保险	外汇干预
个人资本流动（除赌博外）	个人资本流动（赌博）
资本资产的实物转移	—
变卖非居民拥有的冻结资金	—

需要强调的是，资本项目开放并不代表对资本项目下的交易完全不进行管理。事实上，国际的共识是，在资本项目开放后仍需要对资本流动进行必要的监控和管理，即使是那些公认的资本项目开放程度已达到很高水平的经济体，如美国、英国等也会保留对资本流动的管理措施，主要集中在以下三个方面。

一是出于反洗钱、反恐怖融资和反逃税避税等目的，对非法的跨境资本流动进行严格监管。二是出于国家安全等战略考虑，管控外国资本对本国高科创企业、战略性行业的投资、收购行为。例如美国就专门出台了《外商投资与国家安全法案》，限制外国资本对美国企业的投资收购。由美国国务院、国防部、国土安部等 11 个政府部门组成的美国外资投资委员会专门负责对可能影响美国国家安全的外商投资交易进行审查。三是对可能影响宏观经济稳定的大规模短期国际资本流动保持必要的监控。如上文所述，IMF 和 OECD 都认可在必要时对短期资本流动采取资本管制措施的合理性，但也强调要避免滥用有关措施。

此外，还需要指出的是，资本项目开放的进程并非线性的，不少国家，特别是新兴市场经济体国家都曾出现过在金融危机期间再度关闭此前已经开放的资本项目的情况，但有关措施多为临时性措施，在经济情况稳定后，多数国家会重启资本项目开放进程。

二、关于货币国际化和货币可自由使用

学界和国际机构对货币国际化也无统一的定义，但一般将货币国际化理解为一种货币成为国际货币的过程。2009 年，皮特·凯南将国际货币定义为在货币发行国境外仍被广泛持有和使用的货币，并且这种货币不仅要被广泛用于货币发行国居民与非居民间的交易，更要被广泛用于非居民之间的交易。

皮特·凯南进一步指出，一国货币要想成为国际货币，则该国需要满足下列的大部分条件：一是该国政府需要消除对其本国居民和国外主体在即期和远期市场上自由交易该国货币的限制；二是该国企业要能够使用本币进行出口计价，并且外国企业也愿意并且能够使用该国货币对其进行出口计价；三是外国的企业、金融机构、官方机构和个人要能够以其所期望的规模持有该国货

币和以该国货币计价的金融工具；四是外国的企业和金融机构，包括官方部门的金融机构，能够以该国货币计价发行可在市场上交易的金融工具，开展融资活动；五是该国的金融机构和非金融企业能够在国外金融市场上发行以其本币计价的金融工具；六是国际金融机构，例如世界银行和区域性开发银行能够在该国发行债务工具筹资，并可将筹集的资金用于相关的金融活动；七是该国的货币还应被一些国家纳入其货币篮子，以作为其调节汇率的参考。

2015年，巴里·埃森格林指出，一种货币要成为有吸引力的国际货币需要满足三个条件。一是货币发行国的经济规模要足够大，并且该国要大规模地、深度地参与全球的经济活动。只有当这一条件得到满足时，该国内外的经济主体才能以较低的成本，使用该国货币广泛地开展多种交易，并产生网络效应，推动该国货币国际化水平的提升。2005年，钦和伊藤和弗兰克尔对货币国际需求的学术研究也表明，货币发行国GDP规模、跨境贸易量和金融交易量，与其他国家将该国资产纳入国际储备的规模和其他国家私人部门投资该国资产的规模间，具有稳定的关系。二是货币的币值及货币发行国的金融市场需要足够稳定。只有货币币值和金融市场保持稳定，货币的使用者才会对持有该货币保持信心。需要指出的是，由于实体经济的不稳定，例如经济衰退和经济增速大幅放缓，会放大金融市场的问题并造成政策前景的不确定性，因此也会影响使用者对持有货币的信心。三是货币的流动性要足够好。只有当公共和私人部门投资者能够便利地、低成本

04 资本项目开放和货币国际化的国际经验教训

地买卖以一种货币计价的资产，他们才会有意愿更多地持有和使用该种货币。当前美元和历史上英镑的国际货币地位都有赖于这两国高流动性的国债市场的支撑。1994年福田和聪研究发现，日元国债市场流动性的不足是导致20世纪八九十年代日元国际化进展程度有限的重要原因。

总体来看，可以将货币国际化定义为一国货币走出国境，在国际贸易和金融交易中广泛发挥价值尺度、流通手段、储值手段和支付手段等职能的过程。国际货币中使用最广泛，并被全球主要国家普遍纳入外汇储备的货币，就是人们通常所说的储备货币。国际货币并不少见，但全球普遍接受的储备货币仅有美元、日元、欧元和英镑等寥寥数种，人民币作为储备货币在全球特别是在亚洲地区的接受程度也在稳步提高。

与货币国际化相似的一个概念是货币的可自由使用。IMF为挑选SDR（特别提款权）篮子货币设定了两方面标准：一个是货币发行国的出口规模，另一个就是货币可自由使用。IMF在2000年的SDR篮子货币审查中，首次明确将出口标准作为一国货币加入SDR的"门槛"标准。只有在审查的前5年中商品和服务出口规模在全球居于前几位的IMF成员方或货币联盟的货币，才会被IMF纳入SDR篮子货币的考察范围。这实际上暗含了IMF对SDR篮子货币发行国经济规模的要求，只有经济大国的货币才有可能成为SDR篮子货币。

制定"可自由使用"的标准主要是为了确保当IMF为一国提供SDR贷款时，借款国用SDR兑换的篮子货币可以被较为便利地使用，满足其国际收支的需要。具体来看，"可自由使用"概念包含以下两方面内容：一是在国际交易中被"广泛使用"，IMF主要用"在官方储备中的占比"来衡量一国货币的"广泛使用"程度；二是在主要外汇市场上被"广泛交易"，这是为了确保当篮子货币并非一国满足国际收支需求所需要的货币时，一国能以相对较低的成本将篮子货币兑换成另一种货币，从而间接满足国际收支的需要。IMF要求一种货币必须至少在按时区划分的亚太、欧洲和北美三大外汇交易市场中的两大市场被广泛交易。在实践中，IMF主要考察东京、伦敦和纽约等外汇交易市场的情况，并用一种货币在"国际外汇市场交易量的占比"作为指标来衡量"广泛交易"的情况。此外，IMF还会参考一种货币在"国际银行负债中的占比"和"在国际债务证券中的占比"等指标，来辅助判断货币可自由使用的程度。

从根本上看，货币可自由使用与货币国际化的内涵基本一致，都对货币发行国的经济规模和水平、金融市场发展深度提出了一定要求，并且也都体现了对一种货币国际地位的评价，前者主要用于SDR篮子货币。

三、货币国际化、货币可自由使用与资本项目开放的关系

由于货币国际化和货币的可自由使用要求货币走出国境发挥职能，就必然会对资本项目开放提出要求。从凯南和埃森格林对货币国际化的讨论以及福田和聪等的研究中不难看出，一定程度的资本项目开放是货币国际化和货币可自由使用的必要条件之

04
资本项目开放和货币国际化的国际经验教训

一。并且随着货币国际化程度的提高,本国居民和非居民之间,以及他国非居民之间持有、使用和交易该货币的规模会不断增大,需求也会越来越多样化,这也会对资本项目开放提出越来越高的要求。

但从另一个角度看,高水平的资本项目开放并不意味着该国货币必然会成为国际货币和可自由使用货币。货币国际化和可自由使用都潜藏着对一国经济规模、在全球贸易中的地位、金融市场发展深度和广度以及经济金融稳定性等多方面的要求,资本项目开放并不等同于上述方面的要求能够得到满足,因此也就不意味着货币国际化可以自动实现。正如人民银行前行长周小川于2012年所指出的,资本项目可兑换与本币国际化有联系,但没有必然的对应关系。国际上,大多数的小型开放型经济体都已宣布其资本项目是开放的,其中确实有不少国家开放程度相当高,其货币可兑换程度也比较高。但除瑞士法郎外,这些国家的货币都不是国际货币。

货币国际化的国际经验和教训

从美元、德国马克、日元、新加坡元等的国际化经验看，各国在货币国际化的过程中因立场差异而采取了不同的政策措施。但总体上看，其货币国际化的过程体现出以下几个规律。

一、货币国际化进程是由市场主导的，需要遵循基本的市场规律，政府的政策不会改变货币国际化发展的根本趋势

货币的国际化遵循基本的市场规律，既体现了一国的综合实力，也反映了市场主体对货币的接受和认可，并不会因为发行国政府的政策选择而发生根本性的变化。当本币国际化条件已经具备时，政府的抑制政策无法阻挡市场力量对本币国际化的驱动。联邦德国在马克国际化初期试图限制马克的国际化，但收效甚微，最终不得不顺势而为，解除限制性措施。联邦德国政府在1960—1980年对马克国际化一直持审慎态度，主动限制马克的国际化。20世纪60年代，马克国际使用范围逐渐扩大，国际化势头明显。但联邦德国认为马克国际化会加大资本流入压力，对国内价格稳定和金融稳定构成挑战。因此，政府推出一系列限制措施：在资本流入方面，具体措施包括限制非居民投资境内股票、债券和货币市场；限制本国银行向非居民存款支付利息；对境外投资者持有债券的收益征税，增加其投资马克债券的成本等。同时，政府

还限制在境外使用马克。1968年,德国央行与本国银行达成协定,银行只能在境内发行马克债券,央行对债券发行条件、规模有知情权和相当的影响力。非居民在德国境内发行马克债券,其收入汇出境外时须兑成外币,不允许以马克的形式流出,从而避免境外马克市场的壮大。20世纪70年代,德国仍采取管制措施,限制资本流入。1970—1974年,德国资本流入的管制措施见表4-2。

表4-2 1970—1974年德国资本流入管制措施历程

时间	资本管制措施
1971年5月	限制非居民购买国内货币市场票据,限制国内银行对非居民存款付息
1972年3月	从境外借款,境内主体应有借款额40%的境内现金存款,200万马克以下可豁免
1972年6月	限制非居民购买居民手中的国内债券
1972年7月	国外借款现金存款比的要求提高至50%,豁免金额降至50万马克以下
1973年1月	现金存款比的豁免金额进一步降低至5万马克以下
1973年2月	限制非居民购买国内股票
1974年2月	现金存款比降低至20%,提高现金存款比的豁免金额至100万马克以下,取消居民对外借款的限制
1974年9月	取消现金存款比和对非居民获得国内资产的限制

资料来源:Tavlas,1991。

限制政策对马克国际化起到了一定的抑制作用,但并未改变马克成为全球主要储备货币的发展趋势,一个突出表现是,在联邦德国限制资本流入的背景下,境外投资者持有马克资产的需求无法在境内市场得到满足,从而形成了体量庞大的离岸马克市场,境外投资者在离岸市场持有马克的资产规模,在1980—1984年一度超过其在境内持有马克资产的规模(见表4-3)。这一现象表明，市场在主动创造绕过限制措施的方式，限制政策效果有限。

表4-3　1980—1989境外投资者持有的马克资产

单位：十亿马克

年份 资产类别	1980年	1982年	1984年	1986年	1988年	1989年
在德国境内持有：						
德国银行系统	106.0	121.0	143.0	178.0	195.0	222.0
企业和个人	69.0	86.0	107.0	164.0	149.0	165.0
公共部门	31.0	85.0	109.0	166.0	192.0	198.0
总额	206.0	292.0	359.0	508.0	536.0	585.0
长期资产占比	61.8%	60.3%	64.2%	75.7%	75.0%	72.0%
短期资产占比	38.2%	39.7%	35.8%	24.3%	25.0%	28.0%
在德国境外持有：	266.0	303.0	376.0	383.0	516.0	599.0
欧洲马克占欧洲美元、日元、马克存款总额之比	n.a	12.3%	10.8%	12.3%	13.7%	14.2%
德国马克计价债券	57.0	61.0	71.0	102.0	124.0	128.0
备注项： 　外国居民在德国境内净买入或卖出的债券	0.3	2.3	13.8	59.1	2.1	0.7

数据来源：Tavlas，1991。

随着欧洲经济一体化发展，马克国际化已成趋势，抑制市场需求的难度不断增大。正如1985年德国央行的月度报告指出："考虑到德国马克的国际地位，德国不可能改变现在的发展趋势，马克必须保持相对其他国际投资货币的竞争力。"同时，德国金融市场的广度和深度进一步提升，抗风险能力增强，马克国际化条件已经具备。联邦德国在货币合作中扮演重要角色的意愿增强。

04
资本项目开放和货币国际化的国际经验教训

以1979年3月欧洲货币体系的建立为标志,其他成员的货币与马克挂钩。"通过接受德国货币政策的方式做出低通胀的承诺,"德央行也认为,"在欧洲货币体系内,(马克)承担着主要货币的功能,充当着其他货币的'稳定锚'。"1975—1986年,德国资本流入管制措施的解除历程见表4-4。

表4-4 1975—1986年德国资本流入管制措施解除历程

时间	资本管制措施解除
1974年9月	取消现金存款比和对非居民获得国内资产的限制
1975年9月	取消对非居民存款付息和非居民购买国内债券的限制
1980年3月	允许非居民获得国内公共部门票据
1981年3月	原则上批准非居民购买任何种类的国内债券和货币市场票据
1981年8月	完全取消非居民购买任何种类的国内债券和货币市场票据
1984年12月	取消非居民持有国内债券的息票利息税
1985年5月	允许德国拥有的海外银行主导发行海外马克债券
1985年5月	在德国央行允许的市场批准发行零息债券、浮动利率债券和包含掉期的债券
1986年5月	允许国外银行参与扩大的联邦债券联盟,废除了大部分国外借债的准备金要求

资料来源:Tavlas,1991。

解除限制后的马克国际化快速发展。马克在全球官方外汇储备中的占比,1970年约为2%,1980年为15%,1989年接近20%,20世纪90年代由于民主德国和联邦德国统一后经济阵痛有所回落。马克是当时仅次于美元的第二大储备货币,其份额几乎是排名第三位日元的两倍。1980—1989年,主要货币在官方外汇储备中所占份额见表4-5。

表 4-5　1980—1989 年主要货币在官方外汇储备中所占份额

单位：%

时间 类型	1980 年	1982 年	1984 年	1986 年	1988 年	1989 年
在德国境内持有：	—	—	—	—	—	—
德国银行系统	106.0	121.0	143.0	178.0	195.0	222.0
企业和个人	69.0	86.0	107.0	164.0	149.0	165.0
公共部门	31.0	85.0	109.0	166.0	192.0	198.0
合计	206.0	292.0	359.0	508.0	536.0	585.0
长期资产占比	61.8	60.3	64.2	75.7	75.0	72.0
短期资产占比	38.2	39.7	35.8	24.3	25.0	28.0
在德国境外持有：	266.0	303.0	376.0	383.0	516.0	599.0

数据来源：Tavlas，1991。

二、政府可以在货币国际化进程中起到助推器、稳定器和润滑剂的作用，特别是可在投融资领域促进货币国际化进程

虽然政府无法阻挡市场力量对货币国际化的驱动，但是，根据本币的国际地位与经济实力、金融实力发展的阶段性特征，政府可以利用"看得见的手"熨平波动，对货币国际化起到助推器、稳定器和润滑剂的作用。货币国际化初期，经济体的经济一般均能快速发展，经常项目往往存在顺差，本币自然呈现回流，因此，需要通过投融资活动向境外提供本币，形成境内外市场联动和本币的循环。

日本的"黑字还流"是这方面的典型例子。20 世纪 80 年代，日本贸易顺差占 GDP 比重大幅攀升，美日双边贸易摩擦加剧。1986 年，日本推出了"黑字还流"计划，旨在将国际贸易盈余、

04
资本项目开放和货币国际化的国际经验教训

外汇储备和国内私人资本通过政府发展援助和商业贷款等渠道重新流回发展中国家,从而实现削减国际收支顺差等目标。

"黑字还流"计划于1987—1991年施行,共三期约650亿美元(见表4-6)。第一期侧重向国际开发性金融机构出资,额度为100亿美元,约占同期GDP的0.5%。第二期通过国际机构、日本输出入银行、海外经济协力基金乃至民间银行出资,金额为200亿美元,约占同期GDP的0.8%。第三期是日本配合布兰迪计划[①]的实质举措,额度为350亿美元,约占同期GDP的1%。

表4-6 "黑字还流"计划一览表

期数	启动时间	金额（亿美元）	还流措施
第一期	1986年9月	100	在世界银行成立日本特别基金,总额约20亿美元。主要为发展中国家的经济调整项目提供贷款支持
			向IMF提供政府贷款,4年内从其外汇储备中拿出30亿的SDR篮子货币,约合36亿美元,用于减轻受援助IMF成员方的国际收支赤字负担
			国际开发协会第八项增资,日本政府3年间出资26亿美元
			亚洲开发银行的"亚洲开发基金"第四次补充财源,日本政府4年间出资13亿美元

---

① 1989年7月,为应对愈演愈烈的拉美国家债务偿还危机,美国提出布兰迪计划。在该计划下美国政府支持一些国家依靠外国商业银行获得借款或者债务支付。这些国家在基金组织和世界银行的支持下进行了成功的综合性结构改革。

续表

期数	启动时间	金额（亿美元）	还流措施
第二期	1987年5月	200	对国际开发金融机构的拨款，主要是在亚洲开发银行等设置"日本特别基金"，共80亿美元
			世界银行协调融资以及由海外经济协力基金提供贷款，共90亿美元，用于支持有关国家的经济政策。其中，海外经济协力基金日元贷款，折合超过30亿美元，日本输出入银行融资和民间银行融资60亿美元
			日本输出入银行无条件附加贷款30亿美元
			日本输出入银行承销发展中国家在日本发行的日元债券，帮助发展中国家政府直接募集日本国内的个人资金
第三期	1989年7月	350	日本输出入银行配合IMF和世界银行等，通过平行贷款和共同融资向主要债务国提供135亿美元的日元贷款。其中，至少80亿美元定向提供给布兰迪计划涉及的债务救助方
			日本海外经济协力基金提供70亿美元的援助性日元贷款，其中20亿美元提供给布兰迪计划的救助方
			继续向世界银行等国际开发性金融机构提供资金支持或资金捐助，金额为145亿美元

资料来源：朱隽，《新形势下的人民币国际化与国际货币体系改革》。

从具体构成看，"黑字还流"计划既包括官方的对外援助，又包括了商业性的贷款。总体而言，贷款的优惠程度高、期限长、附加条件少。从资金来源看，既源于日本财政预算，又包括私人部门资金。从资金流向看，主要流向发展中国家，尤其是亚太地区的能源、原材料出口企业。部分资金被有选择地用于进口日本的机械设备，并在项目投产后将产品出口到日本，以获取日元收入偿还贷款。从组织形式看，"黑字还流"计划充分利用了国家金融机构的力量。日本不仅直接参与国际金融机构增资,而且在多边开发机构下新设日元特别基金,还鼓励日本金融机构与国际金融机构开展平行贷款和联合融资。

总体上看,"黑字还流"计划在加快对外投资发展、改善日本国际收支平衡等方面起到预期的作用,基本实现了计划的初衷。一方面,日本企业对外投资大幅增长。1985—1989年,日本对外投资从1985年的122亿美元增长至1989年的675亿美元,成为当时世界上第一大对外投资国。按照海外资产排名,1990年全球最大的100家非金融类跨国公司中,日本有12家,仅次于美国(26家)和法国(14家);1989年日本海外银行资本达19 672亿美元,超过美、英、法、联邦德国四国总和,占全球国际银行总资本的40%。另一方面,日本国际收支平衡状况改善。1987—1990年,日本经常项目顺差从870亿美元减少至358亿美元,1987年后日本外汇储备基本稳定在900亿美元左右。而1989—2019年的日元外汇交易金额及占比情况如图4-1所示。

与此同时,"黑字还流"计划推动了日元国际化水平的提升。日本出口中以日元结算的比重自1986年的35.5%升至1990年的37.5%,进口中以日元结算的比重自9.7%升至14.4%;全球离岸债券中日元债券发行量占比自1985年的7.7%升至1991年的12.9%;全球跨境贷款中日元贷款的占比自1985年的5.7%升至1991年的11.6%;各国外汇储备中日元资产的占比自1985年的8.0%升至1990年的9.1%;在全球主要外汇市场上,日元交易量曾于1989年达到第二位,仅次于美元。

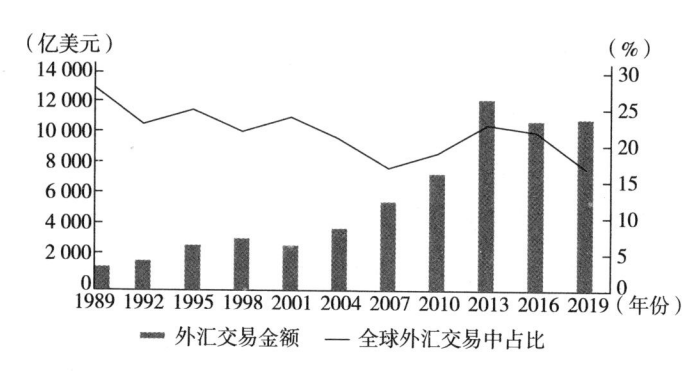

图 4-1 日元外汇交易金额及占比

数据来源：国际清算银行。

"黑字还流"计划恰是抓住了日本经济腾飞的重要时间窗口，有力地支持了日元国际化进程。因此，一国要进一步推动货币国际化，在坚持市场主导的基础上，政府可以积极有为，为充分发挥市场作用创造更好的环境和条件。

三、货币国际化需要利率和汇率实现市场化

从利率的角度看，市场化的利率是促进货币自由使用的制度基础，对于推动货币国际化至关重要。受到管制的利率会导致资金价格扭曲，影响资金配置效率，市场主体也难以对资金和各种金融产品进行合理定价。资金价格扭曲还会引致套利行为，对经济和金融体系产生冲击，阻碍货币在国际上被接受和认可。

从美国利率市场化的经验看，利率市场化与货币国际化是相互促进、协调发展的。美元开始成为国际货币有其特定的历史背

04
资本项目开放和货币国际化的国际经验教训

景,美国凭借其强大的政治、经济和军事实力,在两次世界大战中加强资本输出和商品输出,成为当时世界上最大的债权国,拥有接近全球一半的黄金储备,为战后美元取代英镑成为世界货币创造了条件。美元的金融市场开放和货币国际化采取的是先外后内的顺序,即通过依次实现货币国际化、放松资本管制、汇率自由化和利率自由化来实现金融市场的开放。当然,这也与其特殊的历史环境有关。1929—1933年的经济危机之后,存贷机构之间出现了恶性竞争,为此美联储宣布对存款利率上限实行管制(即Q条例)。但到了20世纪60年代后期,利率管制弊端日益暴露。僵硬的资金价格不能使资金流向优质的银行。特别是当时美国经济出现"滞胀"现象,通货膨胀率一度高达20%。对存款的利率管制导致美国公众不愿意将资金存入银行,出现"金融脱媒"现象。而且商业银行等存款性金融机构筹资能力受挫,美国银行业出现经营危机,大量银行破产。在此背景下,1970年尼克松政府成立的专门委员会主张放松金融管制,实现金融自由化,直到1980年美国颁布《存款机构放松管制和货币控制法》,废除Q条例,开始利率市场化,并于1986年真正实现利率市场化(见表4-7)。回顾历史,1970—1986年为美元国际化程度下降阶段,美元的官方外汇储备占比也呈逐年下降的趋势,原因一方面在于布雷顿森林体系瓦解后,英镑、日元和马克等货币在各国央行的占比逐渐提升,对美元国际化造成一定挑战;另一方面在于美国这一阶段处于金融市场开放的起步阶段,金融市场开放度相对较低。

表4-7　1970—1986年美国取消利率管制进程

时间	资本管制措施及解除
1970年	尼克松政府成立的专门委员会主张放松金融管制，实现金融自由化
1970年6月	美联储放松对10万美元以上、90天内大额存单的利率管制
1973年5月	美联储继续提高存款利率的上限，即取消1 000万美元以上、期限超过5年的定期存款利率上限
	允许非银行机构设立支票账户并允许对交易余额支付利息
	允许开发转让的活期存款账户及将储蓄余额自动转存的服务
	建立货币市场基金
1980年3月	美国国会通过了《存款机构放松管制和货币控制法》，决定自1980年3月31日起，分6年取消对定期存款利率的最高限制
1982年	颁布《加恩—圣杰曼储蓄机构法》，详细制定了废除Q条例的步骤
1983年10月	美国存款机构放松管制委员会取消了超过31天的定期存款以及最低余额为2 500美元的极短期存款利率上限
1986年	连续取消了所有存款形式对最低余额的要求、支付性存款的利率限制、存折储户的利率上限，除了少数住房贷款及汽车贷款外，对于贷款利率也不加限制
1986年4月	Q条例终结，美国的利率市场化完成

资料来源：盖笑婷.浅谈美国利率市场化改革的进程与经验[J].经济视角，2013。

利率完全市场化加快了美国金融体系的创新，使其进入高速发展阶段，为境内外投资者提供了更多成本低、安全性高、流动性强的美国金融工具。美国股票市场价值占GDP的比重也一直处于高位，为美元持有者提供了流动性和开放型的金融市场，巩固了美元的国际地位。

从汇率的角度看，相对于金本位制度下的固定汇率是天然的选择，在信用本位制度下浮动汇率是必然的选择。"三元悖论"

04 资本项目开放和货币国际化的国际经验教训

明确指出,固定汇率、资本自由流动和独立的货币政策三者不可能同时实现。货币国际化伴随资金的自由流动,要求汇率更加市场化。非市场化的汇率将导致失衡的累积,限制宏观经济的调整能力,只有由市场决定的灵活汇率才能够吸收外部冲击,促进实现经济内外部均衡,降低危机发生的可能性。实证研究表明,保持汇率充足的灵活性,对帮助经济体隔离在经济开放过程中可能面临的外部冲击具有重要意义。

布雷顿森林体系崩溃后,美国继续在世界信用货币体系中充当"领头羊"的角色。在此背景下,德国马克国际化可分成两大阶段:准备和起始阶段(1948—1985年)、开拓进展阶段(1985—1999年)。1973年德国马克开始实行浮动汇率制度,灵活的汇率有利于其及时调整各种国际收支失衡,应对资金跨境流动带来的冲击,对于巩固和提升货币的国际地位有着重要意义。1983年之后德国发行马克债券,为马克的国际化提供了基础。在这一阶段,欧洲货币体系的成员改成盯住马克,欧洲货币体系逐渐演变成"马克区"。德国的贸易结算份额与国际债券份额也呈现上升趋势。德国马克在1980年被纳入SDR,占比达到19%,仅次于美国的42%,从而成为SDR中的第二大货币。在开拓进展阶段,1986年德国成为世界上最大的出口国,经济快速发展,同时不断开放金融自由化,促进了马克的国际化发展。1990年德国统一,货币也实现了统一,之后随着德国经济的飞腾,国际话语权增加,尤其是在欧洲,马克成为主要的结算与支付货币,并成为继美元之后的第二大国际货币。

结合分析1975—1998年马克汇率变化与国际化（见图4-2），马克在国际上的地位迅速提升，尤其是国际储备份额增长迅速，1989年德国马克国际储备份额达到巅峰，同期马克的国际债券份额一直保持在很高的水平。在这个阶段，随着德国经济实力的变化，实现经济体内外部均衡的潜在均衡汇率水平也出现了调整。在灵活汇率制度下，德国马克汇率有升有贬，实现了市场化，因此德国能有效应对外部冲击，推动其货币国际化进程。

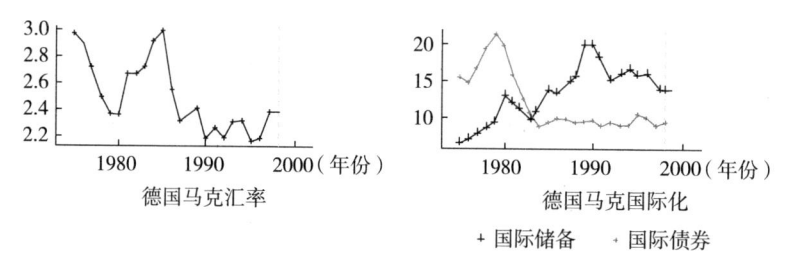

图4-2 马克汇率及国际化

资料来源：CEIC，廖明珠.货币国际化阶段性分析及网络外部性与汇率影响研究——基于BMA与PVAR方法，2020。

四、货币国际化要求建立发达和开放的金融市场

从供给的角度看，一个开放、成熟和具有相当深度的金融市场能够为投资者提供类型广泛的金融工具，投资者可以进行投资组合防范并化解风险，从而便利投资者投资以特定货币计价的资产，提高此货币的国际化程度（并且影响对该货币的需求）。同时，货币国际化需要金融基础设施作为支撑，深层次的金融市场拥有高度的流动性，外部网络优势的存在可以促进交易成本的降低。因此，发达的金融市场对于货币国际化而言是必不可少的。

04
资本项目开放和货币国际化的国际经验教训

如果一国对其金融市场发展予以限制,将会使该国的货币在国际资本市场上失去竞争力,影响其货币国际化的进程。

回顾美元崛起和发展的历程,完善的金融市场是其确立全球主导货币地位不可或缺的要素。

2012年,埃森格林和弗朗德罗,以及2014年基楚、埃森格林和梅尔均指出,有深度、稳定的金融市场在美元取代英镑成为国际货币体系主导货币的过程中发挥着至关重要的作用。

在美联储成立之前,纽约金融市场的发展受到诸多约束,美国的银行被禁止进行银行承兑汇票的交易,并且禁止其设立海外分支机构。国内市场缺乏流动性,市场上的商业票据流动性很差。因此,直到1914年,尽管美国已经是世界上最大的贸易国,美元在国际贸易和国际支付中所发挥的作用仍然不大,几乎没有以美元计价的证券和信贷。1913年美联储宣告成立,《联邦储备法》废除了某些禁止金融交易的条件,监管部门放宽了商业银行可以持有的汇票数量和种类,这些措施促进了美国与其他国家之间的贸易以及外汇交易往来。与此同时,美国加快了对金融市场的建设进程,建立了银行同业间以美元计价的贸易承兑汇票市场。美联储则通过成为该市场做市商的方式,提供再贴现,为市场注入大量美元。1924年,全球以美元结算的商业承兑汇票的规模超过了英镑的两倍,在各国中央银行和政府的外汇储备中,美元所占的比例已经超过英镑。美元迈出了成为国际货币体系主导货币的第一步。

1931年时美联储已经是市场上最大的投资者,由纽约发行并且以美元计价的国际债券和贸易借贷份额增长迅速。美国金融市场进一步深化，流动性和开放性进一步提高，美元的国际作用也日益提高。第二次世界大战的爆发加速了这个转型过程：美国给英国和其他欧洲国家大规模放贷，逆转了二者之间债权国和债务国的关系，战争的爆发使得黄金从英国等欧洲国家输出到美国，纽约成为全球最主要的金融中心，伦敦逐步丧失这一地位。

20世纪60年代，美国推进金融自由化和金融创新，美元债券市场不断壮大，投资者美元资产持有量大幅提高，美国国债也逐渐成为各国外汇储备的重要构成，美元地位迅速提升。在1973年布雷顿森林体系崩溃之后，正是高度发达的金融市场有力地支撑了美国的国际化和美元的霸权地位。在全球金融危机爆发后，人们对于美元能否继续保持其国际角色持疑虑态度，但美元的主导地位并未发生根本性改变。这一现象的根源在于美国仍然是世界上最大的经济体，仍然拥有世界上最大的金融市场。特别是对于中央银行的储备管理者而言，美国国债市场是世界上流动性最充裕的金融市场，外国投资者愿意在美国市场交易，这反过来又给美国市场带来了更大的流动性，这是一个自我强化的过程。因此，在竞争国际金融中心和储备货币地位时，"在位"货币占据优势，在相当长一段时间内美元仍是主导货币。

日本金融市场则备受管制、发展滞后，这是日元国际化失败的重要因素。

在日元国际化的早期，日本政府认为国际化会冲击本国经济、损害本国国内金融和资本市场，对日元国际化采取消极抵制的态度。拐点事件是1984年日美日元美元委员会的设立。1985年日本财务省发表《金融自由化与日元国际化的现状和展望》，解除了对欧洲日元可转向定期存款的禁令，并使日元兑换可自由化。但有文献指出，这一阶段金融和资本市场发展实行的是"双轨政策"，即为了缓解外部压力，开放日元在离岸市场的使用，同时考虑到国内既得利益者的顾虑，放慢日本国内金融市场的开放程度，导致其发展落后于其他发达经济体。

研究表明，日本金融市场存在一些根深蒂固的问题。一是金融市场基础设施发展缓慢，日本银行业仍采用传统方式支付结算，日本银行支付结算系统营业时间短、转账效率低的问题长期得不到解决。债券市场仍执行50年前的登记及交易体制，而同期欧美早已实现标准化、电子化。此外，日本证券统一集中结算系统建设缓慢，限制了股票市场的发展。

二是债券市场发展不成熟，特别是日本国债市场。在1995年之前，日元一直是美元、德国马克之后位列第三的国际货币，但与其他发达经济体相比，非居民持有的日本政府债券的占比仅有10%（见图4-3），这一比例与其国际货币地位不匹配。

第一，日本政府债券不能发挥基准定价的职能。美元各类债券的市场利率是以美国国债的利率作为基准的，在此基础上加点作为溢价补偿。但各期限的日元国债收益率长期高于离岸日元债券，出现收益率倒挂现象（见图4-4）。这表明日本政府债券无法发挥基准的作用。

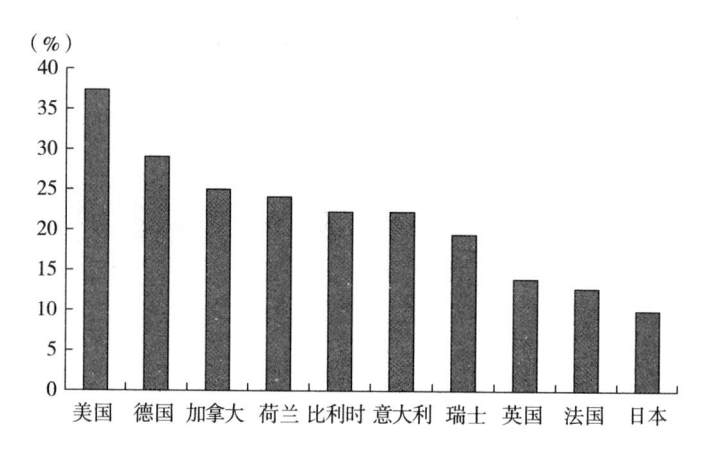

图 4-3　1997 年十国集团国家非居民持有的政府债券占比

数据来源：日本央行，1999。

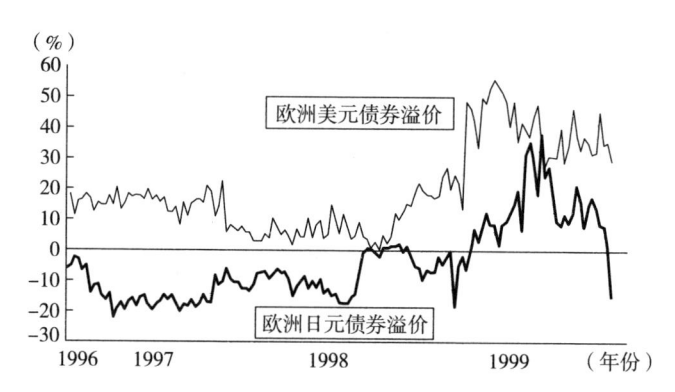

图 4-4　欧洲日元债券与美元债券溢价比较

注：欧洲美元债券溢价 = 欧洲美元债券（世界银行，1996.8.21）- 美国 10 年期国债（1996.7.15）；欧洲日元债券溢价 = 欧洲日元债券（世界银行，1994.12.20）- 第 174 序列日本政府债券（1994.9.20）。

数据来源：彭博数据库。

第二，缺乏流动性是日本债券市场的另一大弊端。日本金融市场发展存在一些制度性问题。一是税收制度。日本对某些市场主体（比如企业）的金融交易征收预提税，对另一些市场主体（比如金融机构和部分非居民部门）免征预提税，两类市场主体分别使用不同的交易体系，造成债券市场分割。二是日本金融体系中公共部门占比大，市场竞争力不足，其往往在一级市场大量买入国债并持有至到期，因此国债二级市场流动性差，价格发现能力弱。因此，通过债券买卖价差衡量流动性可以看出，日本的2年期和5年期债券的买卖价差是主要发达经济体中买卖价差最大的，即使是流动性最高的10年期债券，日本的买卖价差也仅次于法国（见图4-5）。因此，日本债券市场流动性低于其他发达经济体。

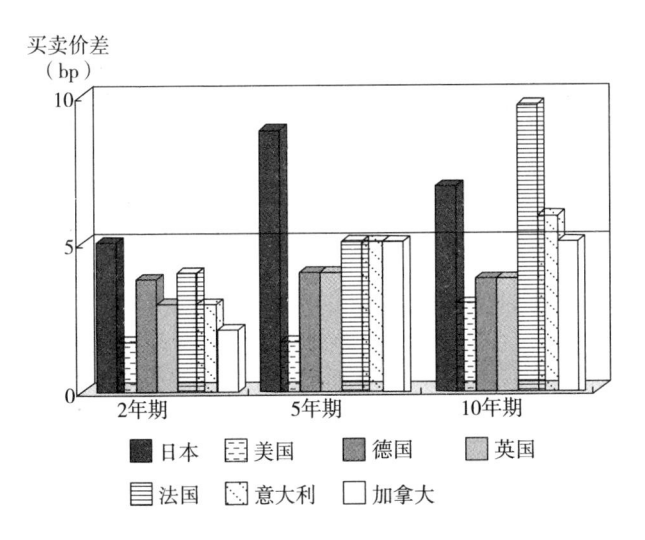

图4-5 日本与其他主要发达经济体债券买卖差价的比较

数据来源：日本央行，1999。

三是日本货币市场交易品种单一，票据市场不发达，回购市场的做法与国际不接轨，导致日本金融市场对国际投资者缺乏吸引力。发展滞后的金融市场无法为日元国际化提供有力支持。

随着日本经济20世纪90年代陷入滞胀，东京金融市场失去了其国际竞争力，许多投资者将其业务转入开放程度更高、交易成本更低的其他亚洲金融中心。1995年日本国际金融中心针对外国机构就日本金融市场发展展开问卷调查。调查发现，没有人对日本金融市场的发展状况表示满意，47%的被调查者认为日本金融市场与"开放和国际化标准"相去甚远（见表4-8）。此后，日本于1998年启动了"大爆炸式"的金融体制改革，努力推动提高金融市场开放程度，使其更为透明、可信，但遗憾的是，此时已经错过了日元国际化的最佳时机。

表4-8 东京金融市场开放程度和国际化的评估

单位：%

	1998	1995	1992
满意	10	0	9
改革方向受人欢迎，但与伦敦和纽约市场比仍不足	22	27	49
改革方向受人欢迎，但改革速度过慢	35	22	17
改革方向受人欢迎，但改革速度过快且竞争过于激烈	0	4	2
改革工作值得肯定，但在实际中离自由化和国际化仍有较大差距	33	47	23
其他	0	0	0

数据来源：JCIF，1995、1998。

五、在货币国际化过程中，离岸市场需要与在岸市场协调发展才能发挥其积极作用

离岸和在岸市场协调发展对推动货币国际化具有十分重要的意义。从国际经验来看，在货币国际化的初期，一国在岸金融市

04
资本项目开放和货币国际化的国际经验教训

场往往开放程度有限、对跨境资金交易的限制较多,而离岸市场在税收、监管和金融基础设施等方面一般具有优势。这些优势会使离岸市场的参与者更加多元化、交易更加活跃,更有利于形成市场化的价格信号,并为各种金融产品的创新提供试验田,可以对在岸金融市场的发展和开放起到引领作用。

同时,还应看到,仅依靠离岸市场的发展还无法有效支撑货币国际化。只有在岸金融市场也发展成熟,离岸金融市场才能充分发挥其推动货币国际化的作用。这主要是因为,无论离岸市场如何发达,在岸金融市场始终是一种货币流动性供给的源头,是与该货币相关金融交易的最终清算地,国际投资者对该货币的信心在根本上也取决于在岸市场的稳健和发展程度。缺少成熟的在岸市场,离岸市场的发展也将变成无本之木。美国的案例就很好地体现了发展在岸市场的重要性,日本则是此方面的反例。

美国离岸金融业务的发展推动在岸市场的发展,二者的有效融合促使美元国际化。离岸美元市场的产生有其特殊的政治和社会背景。二战后苏联为规避政治风险,将通过出口石油获得的大量美元资产转存在巴黎和伦敦的国际商业银行中,欧洲美元市场开始起步。20世纪70年代,沙特等石油输出国组织成员担心其在美国境内银行的存款被冻结,也将大量石油美元投入欧洲美元市场。随着1960年美国实施利息平衡税,离岸美元市场的便捷性和吸引力凸显,欧洲美元市场因大量资金流出美国而蓬勃发展。随后美国于1981年12月允许本国各类存款机构以及外国银行在美国的分行和代理机构建立IBF(美国国际银行便利设施),在美国本土从事在岸的离岸业务活动。由于 IBF 采取宽松的金融管制措施，包括利率自由浮动、不适用法定准备金制度和不参加存款保险等，这一制度使得美元资产总额急剧膨胀。1981—1983 年，IBF 总资产由 634 亿美元增至 1 740 亿美元，增长了近 3 倍。

值得注意的是，美国监管当局从未禁止离岸市场与在岸市场之间跨境贸易和投资的清算与结算。只要离岸金融机构有需要，随时都可以通过在岸金融体系进行清算，从而为离岸市场的健康发展提供保障。与此同时，离岸业务的发展也促使美国于 20 世纪 90 年代放松了金融管制，取消了存款准备金限制，大力发展新型金融工具，从而促使在岸金融市场蓬勃发展，在岸和离岸市场的融合度提高，IBF 原有功能逐渐淡化。1990 年之后，随着美国对银行监管制度逐步放松，IBF 总资产占美国对外总资产的比重从 20 世纪 90 年代之前的 50% 不断下降，并一路回落至 20% 以下。美国 IBF 设立数量降至 240 家左右，不足 1987 年的一半（见图 4-6，表 4-9）。

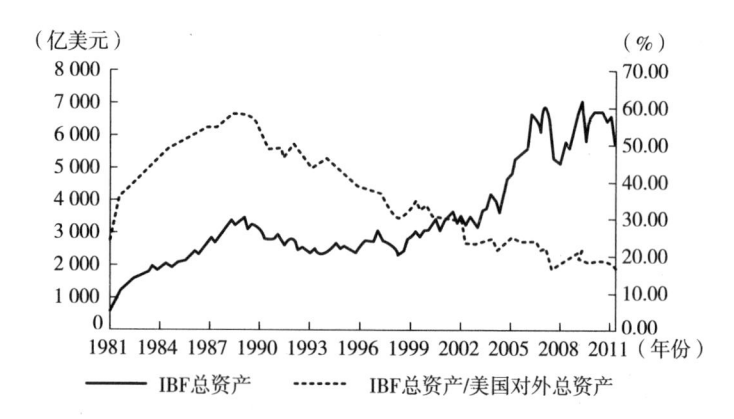

图 4-6 美国 IBF 资产规模及占美国对外总资产规模的比例
资料来源：国际清算银行季度报告。

04 资本项目开放和货币国际化的国际经验教训

表4-9 美国IBF资产规模情况

单位：十亿美元

	英国	总额	美国国际银行便利设施	其他	总额	日本日本离岸金融市场	其他	法国	卢森堡	离岸金融中心	总额
1980	336.3	176.8	—	176.8	65.7	—	65.7	143.2	88.6	141.0	1 321.9
1981	401.2	256.3	63.4	192.9	84.6	—	84.6	143.0	88.4	172.0	1 549.5
1982	431.4	361.4	143.6	217.8	90.9	—	90.9	148.1	90.5	172.9	1 686.7
1983	485.2	398.3	174.2	224.1	109.1	—	109.1	141.3	85.4	179.8	1 754.5
1984	489.7	411.4	189.7	221.7	126.9	—	126.9	141.5	85.6	518.9	2 163.6
1985	587.2	417.8	202.8	215.0	194.6	—	194.6	163.5	108.6	555.2	2 568.7
1986	714.5	468.7	234.3	234.4	345.3	88.7	256.6	188.0	141.1	677.3	3 221.1
1987	875.6	508.9	277.3	231.6	576.9	191.9	385.0	266.4	182.3	878.5	4 157.2

资料来源：国际清算银行。

总体来看，美国IBF较好地实现了政策意图：一是相对成功地吸引了境外美元业务回归本土。美元在IBF资产、负债计价中始终处于主导地位，占比维持在85%~90%；二是IBF将美国本土银行与外资银行及海外市场连接，将欧洲美元市场的一部分业务转移到了美国境内，扩大了本土银行的产品和业务，增强了国内金融机构的竞争力。美国审计总署的考察结果显示，IBF的建立加强了美国银行业在国际银行市场的竞争力。从1981年9月至1983年6月，位于美国的银行境外美元资产与位于其他国家银行境外美元资产的比值增加了67%。因此，IBF客观上实现了促使离岸市场和在岸市场融合的过渡功能。

日元离岸市场发展滞后，且难以与在岸市场协调发展，是日元国际化失败的原因之一。如前所述，由于日本发展金融市场采取的是"双轨政策"，这就导致了离岸市场和在岸市场从根源上难以协调发展。在离岸市场发展方面，日本政府的态度相对积极，但在具体实施过程中，监管当局对离岸市场交易品种仍有严格限制。1984年以前，日本政府对欧洲日元市场的交易品种限制较严，1984年才允许对居民发放欧洲日元短期贷款，1986年才允许非居民发行欧洲日元债券（必须达到一定评级），1989年才放开对居民的欧洲日元中长期贷款，1990年才取消非居民发行欧洲日元债券的评级要求。这些严格的管制在一定程度上限制了离岸市场的产品种类和交易活跃度，导致其错过了黄金发展期。

同时，由于日本金融机构和企业对外借贷过度依赖美元，日元难以在离岸市场上沉淀。日本的银行扩展海外业务时，往往发放的是美元贷款而非日元贷款，日本金融机构的对外投资也集中于外币计价的证券，而非本币证券。尽管20世纪80年代日本推出"黑字还流"计划，对外输出日元资本，在一定程度上为离岸市场提供了部分流动性，但其中相当一部分资金通过贸易渠道回流日本本土。同时，对外直接投资的日本企业在融资和经营中也较少使用日元，"黑字还流"时期日本使用美元对外直接投资的比例远高于使用日元的比例，日本企业金融交易中对外债权债务均以外币计价为主，日元很难在离岸市场上沉淀。由于离岸市场受到这些结构性因素的制约，也在很大程度上阻碍了日元国际化的步伐。

04
资本项目开放和货币国际化的国际经验教训

资本项目开放的国际经验和教训

布雷顿森林体系解体后,随着主要发达经济体开始实行浮动汇率制,各个国家对资本流动的管制逐渐放松。20世纪80年代发达国家资本项目开放已经成为普遍现象。国际资本市场巨额融资带来的红利吸引了新兴经济体的关注,自20世纪80年代末,尽管宏观经济基础状况参差不齐,亚洲、拉丁美洲和中东欧国家纷纷启动了资本项目开放进程,希望通过对本国资本市场的开放来拉动国内投资需求,提高资源配置效率,促进经济增长。

但资本项目开放犹如一把双刃剑,在促使大量资本流入一国经济体的同时,也增加了宏观经济受外部冲击的风险和宏观经济管理的难度。大规模的跨境资本流动在一定程度上放大了金融脆弱性,一些国家和地区甚至还爆发了大规模的金融危机。因此,如何最大限度地在获得资本项目开放收益的同时,有效防范资本流动的风险是学术界长期研究的重点问题。回顾各国资本项目开放的进程,我们可以得出如下经验教训。

(一)在宏观经济稳健的情况下开放资本项目较易成功,如果被迫因宏观经济状况恶化而开放,则需要付出惨重代价

资本项目开放使得国际金融市场波动会对一国国内金融市场和实体经济造成影响。资本项目开放要取得成功,首先应维持稳定的宏观经济环境。具体而言,宏观经济稳健包含以下要

素：一是灵活的汇率制度有利于吸收外部冲击；可信地盯住汇率制度加上财政及劳动力市场的弹性也可减少外部冲击对一国经济的影响；二是低水平且稳定的通货膨胀能减少由套利交易引起的资本流入激增风险和由贬值预期导致的资金外逃风险；三是建立有利于维护宏观经济和金融稳定的缓冲机制可减少资本项目开放的风险；四是财政状况可持续和外债规模可控能减少资本流动逆转带来的不利宏观经济影响，并为私人部门资本流出提供空间。

美国、英国、法国等均是在宏观经济状况稳健的情况下主动开放资本项目的。开放前，这些国家通胀水平低，财政状况良好，国际收支长期保持盈余。美国1963年宣布引入利息平衡税，到1974年1月废除所有资本管制措施。在此期间，美国经济一直保持5.6%~11.4%的高速增长，财政赤字余额占GDP的比重约为0~2.7%，经常账户保持小额盈余。英国在1979年"一步到位"完全开放资本项目之前，经济增长速度在相当长的一段时间内保持在4%的平均水平，财政赤字规模可控，经常账户赤字占GDP的比重不到0.6%。法国在1983—1989年耗时6年完成了资本项目开放的进程，GDP增速较为平稳，财政赤字占GDP的比重保持在3%左右，经常账户只是略有赤字。由于宏观经济基本面良好，资本项目开放条件较为成熟，发达经济体资本项目开放进程较为顺利，在开放过程中也得以有效防控风险。

美国、英国、法国资本项目开放过程中的宏观经济状况，见表4-10。

表 4-10 美国、英国、法国资本项目开放过程中的宏观经济状况

国家	年度	GDP 增速 /%	通胀率 /%	财政余额 /GDP	CA/GDP
美国	1963	5.6	1.3	−0.7	0.7
	1964	7.4	1.3	−0.9	1.0
	1965	8.4	1.6	−0.2	0.7
	1966	9.6	2.9	−0.5	0.4
	1967	5.7	3.1	−1.0	0.3
	1968	9.4	4.2	−2.7	0.1
	1969	8.2	5.5	0.3	0.0
	1970	5.5	5.7	−0.3	0.2
	1971	8.5	4.4	−2.0	−0.1
	1972	9.8	3.2	−1.8	−0.5
	1973	11.4	6.2	−1.0	0.5
	1974	8.4	11.0	−0.4	0.1
英国	1970	6.3	6.4	0.6	1.3
	1971	3.5	9.4	−1.0	1.6
	1972	4.3	7.1	−2.6	0.0
	1973	6.5	9.2	−4.1	−1.5
	1974	−2.5	16.0	−5.7	−3.8
	1975	−1.5	24.2	−6.3	−1.6
	1976	2.9	16.6	−4.9	−0.9
	1977	2.5	15.8	−3.5	−0.3
	1978	4.7	2.7	−2.6	−0.5
	1979	4.3	3.5	−1.8	−0.5
法国	1980	1.6	13.6	−0.4	−0.6
	1981	1.1	13.3	−2.4	−0.8
	1982	2.5	12.0	−2.8	−2.1
	1983	1.2	9.5	−2.5	−0.9
	1984	1.5	7.7	−2.7	−0.1
	1985	1.6	5.8	−3.0	−0.1
	1986	2.3	2.5	−3.2	0.3
	1987	2.6	3.3	−2.0	−0.5
	1988	4.7	2.7	−2.6	−0.5
	1989	4.3	3.5	−1.8	−0.5

数据来源：世界银行、Trading Economics。

相反，由于宏观经济不稳健，阿根廷资本项目开放尚不满足

基本条件，其20世纪70年代中期和20世纪90年代初期两次资本账户开放尝试均遭遇失败，呈现"资本项目开放—爆发危机—金融管制—走出危机—再次开放—再次危机—重启管制"这一螺旋式特征。

第一次开放进程：1950—1975年，阿根廷经济增长低迷，通货膨胀率居高不下，政府债务规模巨大，政府为偿还债务迫使央行滥发钞票，为财政赤字提供货币化融资，这又推动通胀加剧，形成了恶性循环。1975年，新政府为重振国民经济开始推动金融自由化进程：放弃固定汇率制度；取消所有利率管制，彻底实现利率全面自由化；宣布取消对资本项目的大部分限制，包括取消新金融机构进入国内金融市场的限制，内资和外资金融机构在开展金融业务时在法律上均享有同等待遇，允许全面扩大银行各类业务范围。资本项目开放之后，流入阿根廷的资本规模大幅增加，但GDP增长率剧烈波动（见图4-7），通货膨胀率甚至一度高达200%（见图4-8）。由于利率市场化后，国内融资成本上升，许多企业和金融机构倾向于在利率水平较低的国际金融市场融资，导致外债规模快速扩张（见图4-9）。许多企业倒闭，银行坏账规模激增，出现流动性危机。1982年，阿根廷最终爆发全面经济危机，开始实施资本管制。

第二次开放进程：1991年，阿根廷政府为加快经济复苏，根据IMF建议再次以激进的方式推进资本项目开放。同年4月政府颁布了《兑换法》，实施"货币局制度"，确立阿根廷奥斯特拉尔（后改为阿根廷比索）对美元的兑换比率为1∶1的固定汇率。同年，政府再次出台措施，取消证券交易税，取消金融机构和企业

04
资本项目开放和货币国际化的国际经验教训

发行外币债券的限制，全面开放资本项目。但阿根廷宏观经济基本面依然未有根本改善，经济增速大幅下滑，陷入衰退，外债规模与经常账户逆差不断扩大。1998年俄罗斯债务危机爆发后，国际投资者质疑阿根廷债务可持续性，大量资本撤离，引发金融

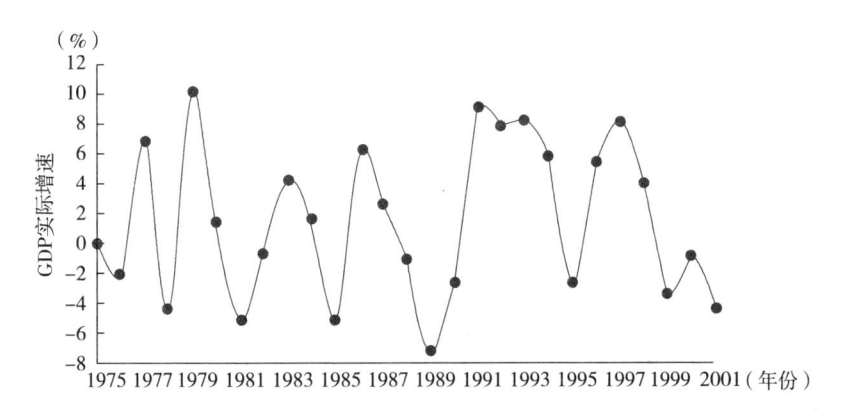

图 4-7　阿根廷资本项目开放过程中 GDP 增速情况

数据来源：世界银行。

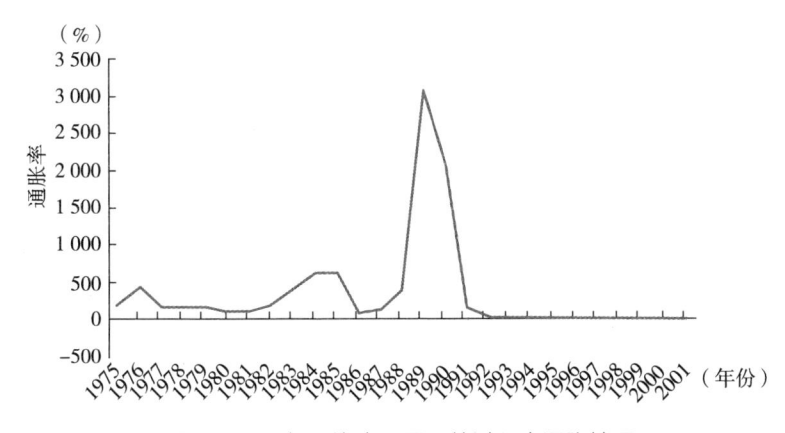

图 4-8　阿根廷资本项目开放过程中通胀情况

数据来源：世界银行。

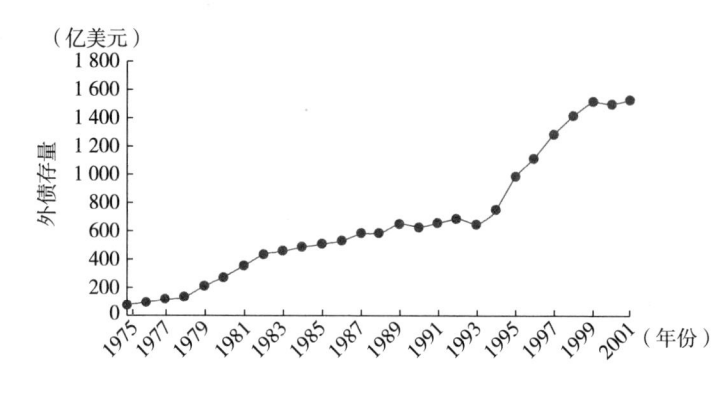

图 4-9　阿根廷资本项目开放过程中外债存量情况

数据来源：世界银行。

市场动荡。阿根廷政府于 2001 年底宣布延期偿付的债务总额达 1 320 亿美元（占 GDP 的 50%），债务危机全面爆发，政府不得不再次实施资本管制。

总结阿根廷两次资本项目开放失败的教训，我们可以看出，宏观经济基本面脆弱和宏观经济制度存在缺陷是失败的根源。一是阿根廷政局不稳影响其经济政策的连续性。阿根廷从 1950 年开始就长期处于国内政局混乱、军事政变频发、文人政府和军人政府交替上台的局面，导致经济政策延续性差，国民经济发展停滞不前。同时由于政局动荡，阿根廷政府的财政纪律约束更为短期化，为缓解社会矛盾与冲突，政府公共支出和债务规模一直居高不下，财政脆弱性堪忧。

二是在宏观经济条件不成熟的条件下，激进的开放方式容易使一国难以抵御外部冲击。两次资本项目开放均是在国内政治、经济环境极不稳定、经济增长停滞甚至倒退的情况下，政府将其作为"救

04
资本项目开放和货币国际化的国际经验教训

命良方"在短短几年内一步到位地实施。开放之前,阿根廷宏观经济状况堪忧,经济增长低迷,通货膨胀率居高不下,政府对外债务规模巨大。在宏观条件不成熟的背景下,激进式开放会造成外资大量快速涌入,在带来短暂繁荣的同时也带来较高的金融风险。一旦资本回报率出现下滑,投资者会因为宏观经济形势不稳而信心受挫,短期套利资金将迅速撤离,对国民经济造成致命打击(见图4-10)。

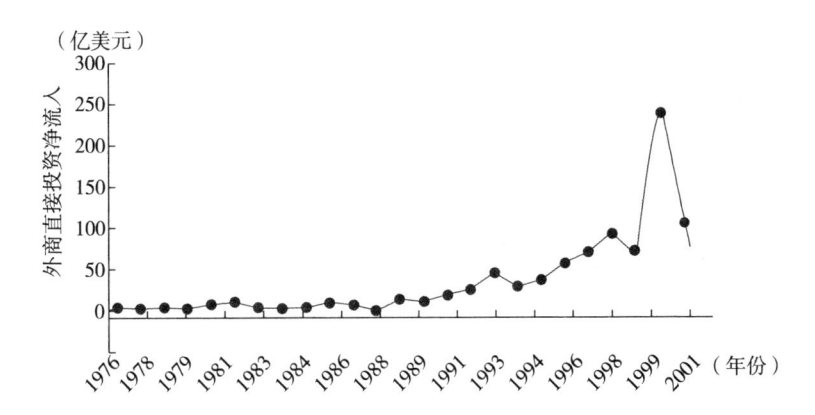

图4-10 阿根廷资本项目开放过程中外商直接投资净流入情况
数据来源:世界银行。

三是1991年实施的货币局制度在遏制恶性通货膨胀的同时,也使得当局丧失了货币政策的自主权和宏观调控能力。面对经济衰退,政府只能依赖财政政策来实现刺激国民经济复苏和国际收支平衡的双重目标。而扩张性财政政策会不断加剧财政赤字,使得政府不得不通过借新债还旧债的方式弥补赤字,最终导致债务危机的爆发。

（二）与货币国际化一样，成功开放资本项目要求一国的利率和汇率市场化改革基本到位，并具有发达完善的金融市场，更重要的是要建设一个稳健的金融体系

资本项目开放要取得成功，需要发达完善的金融体系。只有金融部门实现市场化，金融机构拥有良好的治理能力和完善的风险管理机制，金融体系才有能力应对资本流动逆转所带来的冲击。否则，资本项目开放后，国际金融市场价格的波动有可能通过汇率传导机制冲击银行和其他金融机构的资产负债表，直接损害银行及其客户的清偿能力。而且金融体系不稳健，还会动摇外国投资者信心，进一步加剧资本外流，引发危机。

20世纪80年代后期，土耳其开始推进资本项目自由化进程，并在随后遵循OECD资本账户自由化通则的要求（见表4-11）。资本项目开放后，土耳其宏观经济状况仍然严重失衡。财政状况岌岌可危，通货膨胀率平均高达60%（见图4-11）。通货膨胀率高企还导致了名义利率和实际利率攀升，波动性加剧，为投机和套利活动提供了空间，金融市场出现扭曲。土耳其里拉汇率升值也导致贸易赤字激增（见图4-12）。

表4-11　1988—1991年土耳其资本账户自由化

时间	资本账户自由化情况
1988年7月	外国投资者和投资基金获准进入土耳其资本市场，并允许购买和出售证券，可以成为公司的合作伙伴
1989年8月	居民在获得监管当局批准的条件下可以向海外投资总额不超过2 500万美元的资金或相当于此数额的资产
1990年2月	允许居民以现金的形式通过银行或其他特殊金融中介机构向海外投资总额不超过500万美元的资金（数额巨大的项目需要获得当局的审批），并且保证海外信用债权的安全性。允许非居民购买在国内挂牌交易的指定证券

04
资本项目开放和货币国际化的国际经验教训

续表

时间	资本账户自由化情况
1991年6月	允许非居民购买外汇并且可以在不受任何限制的条件下将外汇以及里拉汇出海外。允许居民自由地向海外出售土耳其公司发行的有价证券,允许居民发行证券并以外汇作为保证

资料来源:IMF,《汇兑安排和外汇管制年报》。

图 4-11　1980—2000 年土耳其消费物价

资料来源:IMF,《国际金融统计》。

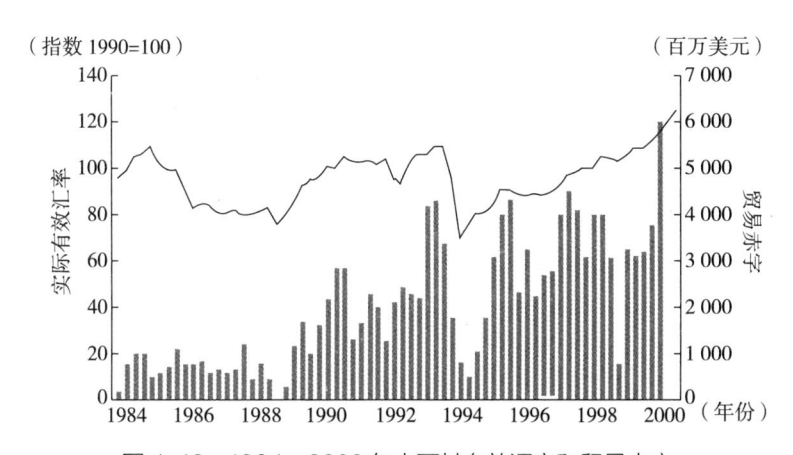

图 4-12　1984—2000 年土耳其有效汇率和贸易赤字

资料来源:IMF,《国际收支统计表》。

在此背景下，银行体系的脆弱性是导致土耳其1994年和2000年爆发金融危机的根源。

一是政府长期对银行部门进行干预。土耳其国有银行规模约占其银行体系总规模的40%，国有银行需要根据政府指令发放一些非商业化的贷款，且损失部分由银行自行承担。这种非市场化的指令影响了国有银行的整体稳健性。

二是期限和币种不匹配问题严重。1993—2002年，外资大量流入土耳其。为满足政府部门融资的需求，银行在国际金融市场上举借短期外币债务，用于购买本币计价的公共部门债券。同时，监管机构对银行外汇经营监管疲软，银行风险管理技术落后。在通货膨胀率居高不下、利率频繁波动的背景下，土耳其银行倾向于发放短期贷款并涉足套利交易，造成银行体系外汇风险敞口变大。在1994年危机爆发前夕，银行体系中的净外债规模呈稳步攀升态势。截至1993年11月，银行体系中的净外汇空头已经占到银行资本金的90%，而其他实施审慎监管的国家该指标仅为20%。

三是1994年银行危机之后土耳其实行全额的存款保险制度，这加剧了银行体系的道德风险，滋生了一些腐败和寻租行为，同时促使银行为追逐高额利润，将大量资金投入房地产等高风险行业，导致风险敞口过大。

1994年1月，穆迪和标准普尔将土耳其长期债务的信用等级降为垃圾级，导致私人资本流动发生急速逆转（见图4–13）。储户开始挤提外币存款，三家中等规模的银行因为挤提危机而被迫关闭，银行危机进一步蔓延。2000年，土耳其因为银行脆弱性问题重蹈危机覆辙。2000年11月，土耳其金融市场出现剧烈动荡，两家最大的商业银行出现流动性危机。投资者信心受挫，大规模资本外逃，土耳其政府不得不向IMF寻求救助。

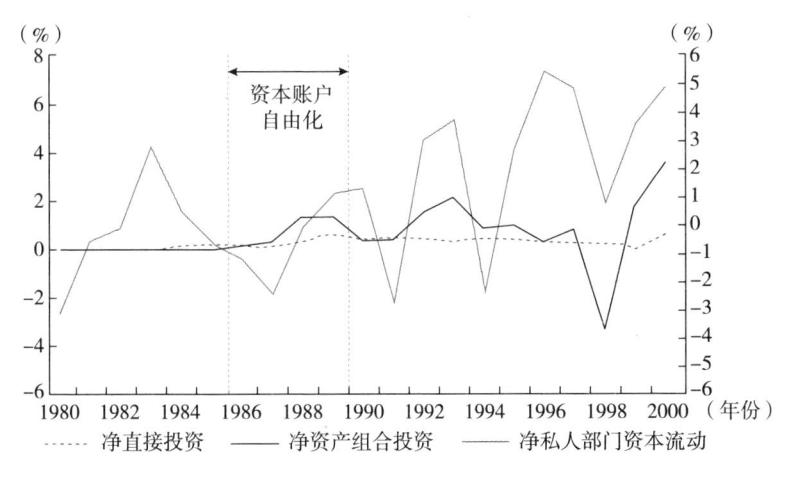

图4-13 1980—2000年土耳其私人资本流动（占GDP百分比）

资料来源：IMF，《世界经济展望》。

泰国是银行体系脆弱造成资本项目开放失败的另一个典型案例。在20世纪70年代中后期，泰国就已经部分开放了资本项目。在1990年5月，泰国宣布实现经常项目可兑换后，政府加快了资本项目自由化进程，放松对资本流入的管制、减少对金融机构经营业务范围的限制以及放宽外国金融机构进入本国金融市场的要求。1993年泰国还设立了曼谷国际银行便利，开放了离岸金融市场（见表4-12）。

表4-12 泰国：开放资本账户的进程

时间	内容
1972—1977年	颁布《对外业务法》和《投资促进法案》，放开了对流入的进口替代业的外国直接投资的限制
1985—1990年	为外国投资者投资于本国股票市场建立了12家基金公司；外国投资者持有上市公司的股份最多不能超过其总股份的49%，但不同的行业有不同的比例，银行业的股权限制为25%；集中放开了对出口业流入的外国直接投资的限制，以促进劳动密集型出口行业的发展
20世纪80和90年代	接受IMF协定第八条款
1991年6月	允许非居民购买外汇并且可以在不受任何限制的条件下将外汇以及里拉汇出海外。允许居民自由地向海外出售土耳其公司发行的有价证券，允许居民发行证券并以外汇作为保证
1990年	放开了对资本流出的限制
1991年	建立曼谷国际银行便利，即离岸金融市场，资本开放程度大大提高
1990—1994年	分三步放开了外汇管制，消除了对资本流出的限制；资本账户基本开放；但居民购买国外证券与房产仍需要泰国中央银行的批准
1997年	原则上取消对金融机构25%的外资所有权的限制，但需要由监管当局逐家审批。从当年10月起，允许非居民在10年内获得国内金融机构的全部所有权

资料来源：IMF。

资本项目开放后，大量短期私人资本流入泰国，1988—1996年私人资金流入增加的规模约占其GDP的55%。泰国银行体系的脆弱性不断累积，风险状况不断恶化，主要体现在以下几个方面：

一是信贷增速过快。存款的增长落后于贷款的增速，泰国商业银行的存贷款比重在1995年时已经高达112%，突破了100%的警戒值。这意味着投资者信心的变化和存款者挤提将对泰国金融体系造成严重冲击。

二是银行风险评估和管理能力不足。泰国大部分金融机构主要从事抵押贷款业务,金融体系评估高风险投资项目和监测贷款周期借款人行为的能力短缺,信贷增速过快,也造成金融机构审查和监测贷款发放与质量的能力难以跟上信贷增速。

三是银行部门资产负债表币种和期限严重不匹配。由于国内利率水平较高,银行部门倾向于在国际金融市场上举债。根据泰国央行统计,商业银行外债占总债务的比重不断攀升,从5.4%上升至17.4%(见图4-14)。同时,银行债务期限出现短期化趋势(见表4-13),而贷款又倾向于投放在长期项目之中。出现资产负债表比重与期限不匹配的风险。

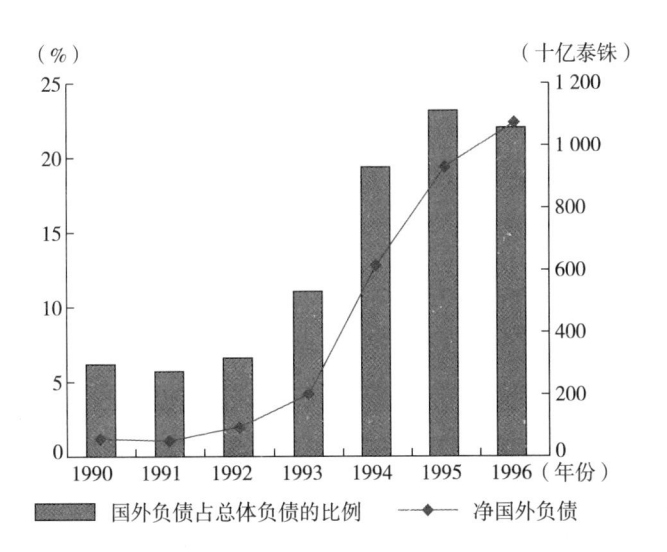

图4-14 商业银行外债占比和净外债规模

数据来源:泰国央行。

表 4-13 私人部门外债

单位：十亿美元

	1990 年	1993 年	1994 年	1995 年	1996 年
中期和长期外债	7.4	15.4	20.2	25.1	36.2
非银行部门	7.3	12.7	13.7	16.9	23.2
银行部门	0.1	2.7	6.5	8.2	13
曼谷国际银行便利	0.0	1.4	3	3.8	Na
其他	0.1	1.3	3.5	4.4	Na
短期外债	10.1	22.7	28.9	41	37.6
非银行部门	6.2	12.3	7.4	7.3	8.7
银行部门	3.9	10.4	21.5	33.7	28.9
曼谷国际银行便利	0.0	6.4	15.1	23.7	Na
其他	3.9	4	6.4	10	Na
私人部门外债总额	17.5	38.1	49.1	66.1	73.8
占 GDP 的比例	21%	30%	34%	39%	41%
银行部门外债占私人部门外债总额的比例	23%	34%	57%	63%	57%
短期外债占 GDP 的比例	12%	18%	20%	24%	21%
短期外债占私人部门外债总额的比例	58%	60%	59%	62%	51%

数据来源：泰国央行。

四是不少逐利资本涌入风险高、期限长的房地产行业，造成金融机构高风险敞口过大、资产质量大幅下降。官方数据显示，1996 年金融体系在房地产行业的贷款占比约为 24%，但考虑到泰国贷款分类标准有漏洞，市场估计泰国金融机构在房地产领域的风险敞口在 30%~40%。尽管 20 世纪 90 年代早期泰国金融机构的盈利水平尚佳，但累计利率的应收账款（不良贷款的先行指标）表明，1995 年 27% 的银行贷款有问题，泰国整体金融体系脆弱。

由于银行体系整体脆弱，在对冲基金发现泰铢币值被高估而对泰铢进行投机之后，货币很快转化成银行危机，并不断蔓延，最终发展成亚洲金融危机。

（三）完善的金融监管是开放资本项目的重要前提条件

资本项目开放要取得成功离不开强有力的金融监管。在增强银行部门应对国际资本流动风险方面，监管当局应着眼于以下三个方面：一是加强对国际资本流动中相互关联风险的监管，主要包括流动性风险、货币错配风险、市场风险和信用风险；二是制定合理的资本充足率标准，从而增强银行抗风险能力；三是确保现场监督和非现场监督规范符合国际标准。此外，监管当局还应设立完善的存款保险框架、合理的危机应对和处置框架来增强金融体系应对资本流动逆转的能力。

墨西哥就是金融审慎监管不到位造成危机爆发的典型案例。墨西哥在1989年开始推进资本项目开放，大幅取消对外国投资的限制，允许非居民购买在其股票交易所上市交易的公司股票，允许企业在海外发行股票。1994年5月，墨西哥加入了OECD，保留了部分资本管制措施，包括面向国内的外国直接投资、资金在银行间的跨国流动以及资本和货币市场的证券交易。1989—1994年墨西哥资本账户自由化情况见表4-14。

表4-14　1989—1994年墨西哥资本账户自由化

时间	资本账户自由化情况
1989年5月	对外国资本参与新的外国直接投资的限制大幅度放开。另外，非居民可以购买在墨西哥股票交易所上市交易的绝大多数公司的股票（不含投票权），居民企业在国家股票登记处注册后可以在海外市场发行股票

续表

时间	资本账户自由化情况
1990年12月	非居民可以持有墨西哥政府债券
1993年7月	墨西哥通过《股票市场法案》，以使本国的股票市场能够向现代化、国际化的方向发展。该法案允许外国发行者进入国内股票市场，并允许外国证券通过特殊的登记系统进行二级市场交易
1993年12月	墨西哥通过了一项新的外国投资法案，该法案废除了包括净外汇收入在内的所有经营性要求。该法案削减了对外国资本投资房地产的限制，取消或放松了对自然资源、运输和交通部门投资要求的限制。对外国直接投资收购本国资产少于2 500万美元企业的事先授权要求被废除

资料来源：IMF，《汇兑安排和外汇管制年报》，OECD。

在此过程中，由于金融监管未能跟上，因此埋下了危机隐患：一是在1991—1992年银行私有化过程中，政府只关注如何高价卖出国有银行，对投标者是否具备经营银行业务的能力并不关注。大多数中标的金融集团只有从事股票业务的经验。新成立的银行急于获得股权的高回报率，倾向于从事高风险活动。同时，墨西哥政府推迟引入国际银行业监管标准，允许银行在未就贷款损失挤提拨备的情况下贷款用于购买有价证券。

二是政府为新成立的银行提供了全面的存款保险，增加了银行体系的道德风险。

三是监管存在漏洞，包括银行可以通过持有短期表外头寸以及修改一些金融合同当中的偿付公式来掩盖短期头寸，从而绕过当局对净外汇头寸的限制。另外，墨西哥贷款逾期后，只有欠款的利息才被视为不良贷款，这造成银行不良贷款被严重低估。

由于监管不到位，资本项目开放后，墨西哥银行信贷快速扩张，严重依赖非居民的短期融资，资产质量严重恶化。1994年，

04
资本项目开放和货币国际化的国际经验教训

随着国内政局动荡、经常账户赤字扩大，流入墨西哥的资本出现逆转，汇率贬值，继而又对银行部门造成冲击，两者相互强化，最终导致墨西哥1995年1月向IMF求援（见图4-15，4-16）。

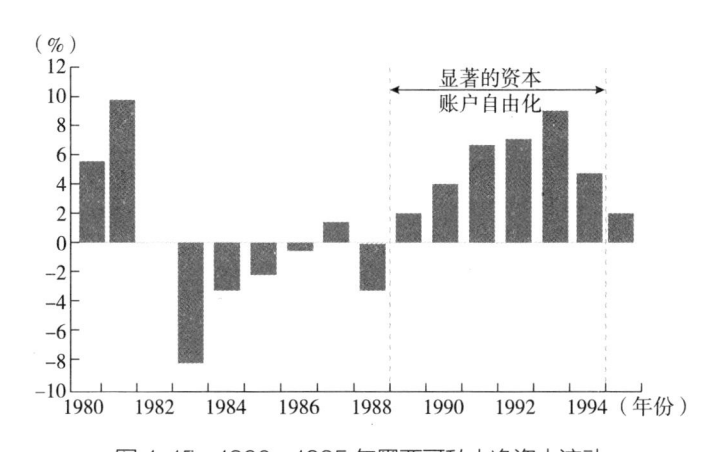

图4-15　1980—1995年墨西哥私人净资本流动

资料来源：IMF，《世界经济展望》。

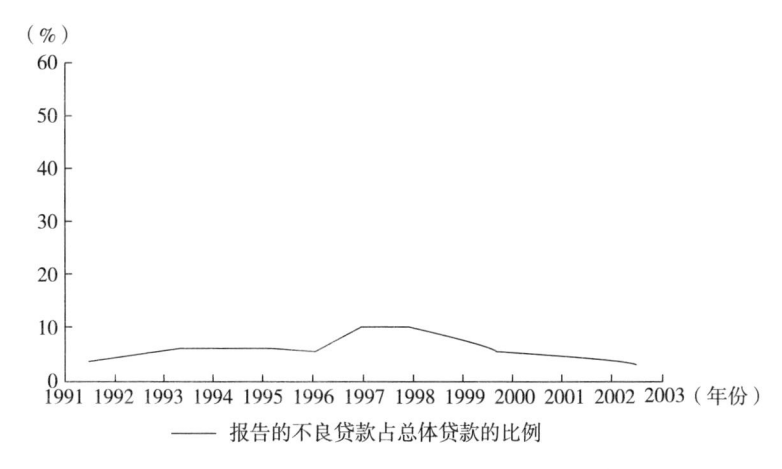

图4-16　1991—2003年墨西哥银行体系不良资产率

资料来源：Aldo Musacchio，墨西哥1994—1995年金融危机，2012。

（四）资本流动管理措施效力递减，治标不治本

从历史经验看，发达经济体（如美国、德国等）在开放了资本账户之后也有采取临时性管制措施维护市场稳定的情况（见表4-15）。随着新兴市场经济体加快资本账户开放步伐后，不少实行固定汇率制度、资本持续大量流入的新兴市场为了维持汇率和金融市场的稳定，往往倾向于对资本流入，尤其是短期资本流入进行管制。而突然遭受金融危机或外部冲击、出现大量资本外逃、危及市场稳定的国家则会采取短期的资本管制措施，限制资本流入。此时的管制主要针对非居民，尤其是投资者的业务活动。主要手段是限制居民和非居民获得本币资金进行投机的渠道，但不限制经常账户下的国际交易、外国直接投资和某些证券投资。

表4-15 部分发达经济体开放资本账户过程中的资本管制

国家	管制时间	管制对象	管制目的
美国	1964—1973年	对海外直接投资实行自愿性限制，征收利率平准税	限制当时的巨额经常账户赤字，控制资本外逃
德国	1971—1975年 1977—1981年	对银行和非银行金融中介的对外负债实施存款准备金制度	控制短期资本的流入，以防止国内货币的过度升值和货币总量的过度扩张
瑞士	1972—1980年	禁止向该国的非居民存款支付利息，对非居民存款的增长实施罚息制度	控制短期资本的流入，以防止国内货币的过度升值和货币总量的过度扩张
西班牙	1992年9—12月	对某些短期资本账户征交易征税	应付当时欧洲汇率机制危机给本币比塞塔带来的严重贬值压力

资料来源：Peter J. Quirk 等，IMF，1995。

04 资本项目开放和货币国际化的国际经验教训

不少文献分析回顾了20世纪90年代智利和马来西亚实行资本管制的经验。以下侧重分析21世纪新兴市场经济体实施资本管制的效果。总体来看,资本管制属于临时性措施,有成本高、"治标不治本"和效应递减的特点。

一是,资本管制的政策成本很高,若其实施时机与方式不当,非但不能促进维护金融稳定,反而会降低经济效率并强化市场负面预期,动摇投资者信心,甚至增加资本外流和危机爆发的风险。2006年泰国"控流入"的教训就是一个很好的例子。为应对短期资本流入激增带来的经济过热和泰铢升值等问题,泰国央行2006年12月18日宣布,外国投资者必须将其带入泰国资金的30%作为无息准备金存放在泰国央行,为期一年。如需提前取出准备金,泰国政府将征收10%的税金。该措施推出后次日,泰国股市大跌15个百分点,创31年来最大单日跌幅;泰铢对美元汇率创3年来最大单日跌幅,引发金融市场动荡,许多投资者和媒体都认为泰当局的决策是"一个重大错误"。2016年12月19日,在征求经纪商、投资者和外国银行的意见后,泰国政府宣布投资股票市场的外资不受该制度限制,并承诺尽快解除对债券市场和商业票据资本流入的管制。

二是,资本管制有"治标不治本"的特点,其效果随着时间推移递减,应该作为暂时性的措施使用。资本流动管理属于临时性措施,无法从根源上应对跨境资本的无序波动,只能在政策空间有限或调整时滞较长的情况下,为国内宏观经济政策调整和结构性改革提供缓冲空间。为解决导致资本外流的根本问题,当局必须在进行资本管制的同时采取必要的配套政策与结构性改革。

阿塞拜疆在2016年采取的资本管制措施属于不太成功的案例。阿塞拜疆是石油输出国，油气产品出口占到其总出口的90%，相关收入占到政府财政75%，油气行业在GDP中的比重高达40%。2014—2015年，受国际油价持续下跌的影响，阿塞拜疆经济增速下滑，在平衡国际收支与维持固定汇率制度上面临的压力持续增大。由于外汇储备基本耗尽，2015年12月，阿塞拜疆央行宣布退出固定汇率并开始实施有管理的浮动汇率制度。消息一出，阿塞拜疆马纳特兑美元汇率即降至1.55的历史低位，当日贬值近47%。尽管退出了固定汇率制度，但在国际油价持续下滑的背景下，阿塞拜疆的资本外流压力并没有得到缓解，2016年1月，阿塞拜疆央行宣布对投资海外的资本征收20%的税，并出台其他相关措施来控制资本外流。但由于阿塞拜疆经济严重依赖油价走势，实施资本管制后，其外汇储备仍在降低，2016年底已降至不足40亿美元。此后，随着国际油价开始上行，阿塞拜疆经济增速逐渐提升，截至2018年7月底，阿塞拜疆外汇储备升至55.5亿美元，但目前仍未退出资本管制。

乌克兰在2015年采取的临时性外汇管制措施则是比较成功的案例。2015年2月23日，乌克兰央行在本币格里夫纳汇率急跌50%、外汇储备几乎耗尽后决定严格管制资本外流，对外汇业务提出了几项新的管制要求。一是对银行外汇敞口设置上限，银行必须在敞口头寸额度内购买外汇现汇，且1日内的购汇总额不得超过银行法定资本的0.5%。二是强化购汇的事前审核和专户管理，购汇超过等值5万美元时必须存入购汇专户;央行对购汇专户的审核由3个工作日延长至4个工作日,且审核后企业才能办理购/付汇业务。三是严防进口项下逃汇。进口预付且金额超过50万美元的合同,必须在银行办理信用证支付,以限制进口项下通过虚假贸易的逃汇行为。尽管采取了上述措施,由于外汇管制对投资者信心造成了打击并影响了资本流入,当月乌克兰外汇储备仍降低了约13.5%。此后在IMF贷款项目的支持下,乌克兰的外汇储备得到充实,加之乌克兰当局也采取了一系列结构性改革措施,其经济增长于2016年开始得以恢复,乌克兰当局也于2015年末开始逐渐退出资本管制,得到了IMF的肯定。

(五)应重视衍生品市场分散和防范风险的作用

衍生品市场是现代金融市场的重要组成部分,可用于对冲价格、汇率、利率和信贷风险。一般认为,衍生品市场对促进金融市场整体发展、推动资本流动和支持经济增长都有积极的作用,从而能为资本项目开放创造更有利的条件。

在促进金融市场发展方面,通过帮助投资者分离和转移风险,衍生品市场可以促进价格发现、提高资本配置效率和便利投资多样化。同时,衍生品市场还能提升市场流动性,扩大投资者基础,从而推动现货市场的发展。在促进资本流动方面,1998年加贝尔和2001年多德等人的研究都表明,衍生品市场的发展可扩大跨境资本流动的规模,从而有助于促进资本项目开放。在促进经济发展方面,衍生品市场有助于扩大银行信贷规模、提高公司部门现金流的稳定性、帮助市场主体规避风险,从而推动经济增长。

因此，全球主要发达国家一般都建立了较为成熟的衍生品市场。自20世纪70年代开始，美国的衍生品市场就处于全球领先地位。此外，伦敦于1982年就建立了金融期货交易所，日本也于1985年建立了债券期货市场。发达经济体高度认可衍生品在推动金融市场和防范化解金融风险方面的作用。以外汇期货市场为例，浮动汇率的波动性催生了外汇风险的对冲需求。米尔顿·弗里德曼于1971年总结了发展外汇期货市场对美国的重要性：促进对外贸易和投资，加强美国金融行业发展，降低跨境资本流动波动性，以及辅助货币政策的有效实施。

但是，一些新兴市场经济体在衍生品市场发展过程中，由于市场深度不够、宏观审慎管理不到位，反而引发了市场投机，导致金融市场风险加剧，最后甚至演变为危机。如，1997年的亚洲金融危机、1998年的俄罗斯金融危机、2001年的阿根廷金融危机的背后，都不乏金融衍生品过度投机的问题。因此，新兴市场经济对发展衍生品市场有所顾虑。但近年来，越来越多的实证研究表明，衍生品市场的发展，特别是外汇期货市场的发展有助于降低一国外汇风险，而不会增加其本国汇率的波动性。

巴西是新兴市场经济体中衍生品市场分散和防范风险的成功案例。巴西的外汇衍生品市场尤为发达，流动性高，巴西的企业主要使用外汇衍生品来对冲外汇风险，央行也通过衍生品市场实施外汇干预。1998年俄罗斯爆发债务危机，外国投资者风险厌恶情绪上升，巴西因为汇率高估、经常账户逆差大以及财政状况恶化，于1998年底遭遇了资本外流，外汇储备大幅缩水。尽管巴

04 资本项目开放和货币国际化的国际经验教训

西大幅提升利率,且 IMF 向巴西提供了 410 亿美元的贷款,巴西汇率仍持续承压。1999 年 1 月,巴西宣布实行浮动汇率制度。有文献指出,1999 年的危机之所以没有对巴西的经济造成破坏性的冲击,一个重要的原因在于私人部门,特别是非金融企业通过购买与美元挂钩的有价证券或者是在期货市场上卖空雷亚尔头寸对其美元负债进行了套期保值。在危机之前,巴西的财政部和央行发行了与美元挂钩的有价证券并进行了类似的衍生品交易,推动了企业进行套期保值。由于私人部门进行大量的对冲交易,因此,尽管 1998 年 12 月至 1999 年 3 月雷亚尔贬值幅度高达 30%,对私人部门资产负债表的影响也非常有限,没有企业破产。同样,对冲交易也使得贬值对银行贷款质量、外债融资成本产生的影响有限,因此,衍生品市场有助于金融机构防范外部冲击的风险,避免出现信贷紧缩,减少对实体经济的支持。

总体来看,金融衍生品市场的高效性和灵活性使其对国际资本有天然的吸引力,一国不太可能在金融衍生品市场发展缺位的情况下成为真正的金融强国,我国资本项目开放的推进也必然伴随着衍生品市场的进一步发展。在此,关键的一点是要建立起有效的监管机制,避免过度投机,确保市场真正发挥分散防范风险的功能。

综上可以看出,各国资本项目开放的模式是多样化的,既有一步到位的,也有渐进发展的。在一步到位的模式中,英国和澳大利亚等发达国家属于成功的案例。两国在 20 世纪七八十年代宣布一次性取消对资本流入和流出设置的所有限制,同时经济快速增长，通胀水平下降。其成功经验在于，在资本项目开放之前宏观经济稳定、金融市场高度发达、拥有稳健的金融体系和有效的金融监管，开放的前提条件已经成熟。

在渐进模式中，美国和德国的资本项目开放伴随着一系列金融改革，主要是放松利率管制、完善金融监管体系，以及大力发展金融市场。而智利在汲取自身前期开放教训的基础上，也采取了渐进的开放措施。逐步允许居民从非官方外汇市场购买外汇到海外投资，不断放宽外国投资者的汇出利润年限，人寿保险公司、银行和共同基金投资于海外资产的比例，这些渐进的开放措施使智利成功抵御了1994年的拉美金融危机。

需要指出的是，稳健的宏观经济、健康的金融体系、发达的金融市场、完善的金融监管等是资本项目开放取得成功的重要因素，但并非绝对的前提条件，不等同于"条件论"和"顺序论"，机械等待所有条件具备是不现实的。从各种开放模式都既有成功又有失败的案例可见，资本项目开放并无固定的模式和次序，取得成功的关键是要综合考虑国内外经济条件、国家经济特点和发展程度等多方面因素，并制定相应的开放策略。只有适合自身国情的开放模式，才是最佳的开放模式。

04
资本项目开放和货币国际化的国际经验教训

人民币国际化和中国资本项目开放的进展及问题

一、人民币国际化和资本项目开放的进展

人民币国际化自 2009 年起步以来已实现了从无到有的跨越，大多数 SDR 篮子货币评估指标均有明显改进。

一是人民币在全球外汇储备中的占比不断提升。IMF 官方外汇储备构成统计显示，截至 2021 年四季度末全球各国持有的人民币储备资产规模已达到 3 361 亿美元，是 2016 年人民币加入 SDR 篮子时的 3.3 倍，在全球官方外汇储备中的占比也从入篮时的 1.07% 升至 2.78%。据不完全统计，目前全球有 70 多个央行或货币当局将人民币纳入外汇储备，包括欧央行和英格兰银行等全球主要央行。

二是人民币在全球支付和外汇交易中的占比稳步提升。根据环球同业银行金融电信协会公布的数据，自 2011 年起人民币在全球支付中的份额比例开始逐渐上升。截至 2022 年 1 月，人民币在全球支付中的份额比例已升至 3.2%，较入篮时上升了 2.1 个百分点，位于美元、欧元和英镑之后，位列全球第四位。同时，据国际清算银行在 2019 年发布的调查报告显示，人民币外汇交易在全球市场的份额从 2016 年的 4% 上升至 4.3%。

三是人民币作为金融产品的计价单位也取得了明显发展。从

国际债务证券发行货币看,国际清算银行的数据显示,2009年人民币国际化启动时,人民币计价国际债券规模仅有91亿美元,占国际债务证券发行货币的比重仅为0.05%。而截至2021年三季度末,人民币计价国际债券规模已攀升至1 201亿美元,全球占比已经上升至0.46%,较2009年增长了超过9倍。

四是人民币互换合作取得显著进展。截至2021年末,人民银行共与40个国家和地区中央银行或货币当局签署了双边本币互换协议,互换总金额超过4万亿元人民币。货币互换合作进一步拓展了人民币贸易融资、危机救助等方面的功能,对推动人民币国际化发挥了重要的积极作用。

此外,人民币跨境清算的基础设施也不断完善。目前已经形成了代理行、清算行和人民币跨境支付系统三种模式相互补充的局面,促进了人民币跨境结算效率和便利度的提升。2018年,国际清算银行等的研究指出,人民币在亚洲区域锚货币的作用正在不断增强。

近年来,中国资本项目的开放程度也明显提升,主要进展包括:第一,资本和货币市场开放程度不断加大。股票市场以合格机构投资者与交易所联通为主要机制,先后建立了沪港通、深港通、沪伦通、QFII(合格境外机构投资者)和RQFII(人民币合格境外机构投资者)等投资渠道,并不断扩大各渠道的投资额度。2018年以来股票交易所从科创板到创业板先后实行了注册制,近年来,北京证券交易所的成立,为创新型中小企业提供了重要的筹资平台,同时也为境外机构投资者通过QFII和RQFII渠道投资提供了重要的资产类别。债券市场开放的步伐更大，境外投资者可以通过QFII、RQFII、CIBM（备案直接进入银行间债券市场）和债券通等多种渠道，投资内地债券市场。境外机构在境内发债融资也取得了长足发展。自2005年国际金融公司和亚洲开发银行率先在中国银行间债券市场发行"熊猫债"以来，发行熊猫债的境外机构数量不断增多，机构类型从国际金融机构扩展到其他国家央行和一般商业性机构，发债规模也不断增长。2020年和2021年在中国银行间债券市场发行的熊猫债就分别达到43只和70只，融资规模分别达到586.5亿元人民币和1 028.2亿元人民币。

第二，衍生品交易开放力度不断加大。2015年开始允许境外央行、国际金融组织、主权财富基金开展外汇远期、掉期和期权交易，且无额度限制。2016年开始允许人民币业务境外参加行参与外汇即期、远期、掉期，货币掉期及期权交易。在QFII、RQFII和CIBM渠道下，境外央行类机构、人民币清算行、参加行可以开展债券回购业务。在商品期货方面，2015年开始允许境外交易者和境外经纪机构从事境内原油期货等特定品种商品的期货交易。

第三，其他资本项目开放也稳步推进。外商直接投资的负面清单不断缩减，外汇管理手续不断简化。2013年取消了对外债账户开立、还本付息等逐笔审批的要求。2016年取消外债额度审批，开始实施本外币一体化的全口径跨境融资宏观审慎管理。

二、人民币国际化和资本项目开放存在的问题

目前人民币距离真正的主要储备货币还有相当的距离，即使

是在亚洲区域内人民币在贸易和投融资中的使用程度也普遍低于美元，非居民之间的经济活动使用人民币更是极为有限。在资本项目开放方面，虽然根据外汇管理部门的评估，我国已有92.5%的资本项目实现可兑换或基本可兑换，但市场主体认为我国对资本项目的限制措施仍较多，对资本项目交易便利的获得感还不强，与我国官方评估情况存在较大反差。从IMF 2020年《年报》来看，相较于发达国家，我国对资本项目的限制明显更多（见表4-16）。

表4-16 IMF成员方资本项目限制情况

	2019年	占成员方总数（189）的比重	美国	英国	日本	德国	中国
资本市场证券	153	81%	√	√	√	√	√
货币市场工具	123	65%	√	√		√	√
集体投资证券	126	67%	√	√		√	√
衍生工具和其他工具	99	52%	√			√	√
商业信贷	84	44%					√
金融信贷	114	60%				√	√
保证、担保和金融备付安排	74	39%	√				√
直接投资	151	80%	√	√	√	√	√
直接投资的清盘	35	19%					√
不动产交易	147	78%	√	√		√	√
个人资本流动	97	51%					√
无任何管制	11	6%					√
对商业银行和信贷机构的管理	174	92%		√		√	√
对机构投资者的管理	154	81%	√	√		√	√

资料来源：IMF，《汇兑安排和汇兑限制年报》，2020。

资本项目的七大类、40个小项目构成了一个庞大的体系，涉及经济运转的诸多方面。从打造双循环经济体系、推动中国经济高质量发展和促进人民币国际化的角度来看,其中部分关键项目在开放上存在的问题尤其值得关注。

第一,我国主要采取通道式的模式向境外投资者开放资本市场。如上文所述,近年来在债券市场方面,我国先后开放了CIBM、QFII、RQFII和债券通等投资通道,在股票市场方面开放了QFII、RQFII、沪港通和深港通等通道,此外还开放了境内居民投资境外资本市场的QDII、RQDII通道。在开放初期,采取通道式的开放模式的确有利于风险管控,但随着开放的深入,通道式开放导致的问题就会越发明显。特别是当前各投资通道在汇兑、资金汇入汇出、交易对手方等一些重要方面都存在差异,导致境外投资者不得不开通多个投资通道,提高了投资者的学习成本,降低了投资便利性和效率。

第二,境外主体在资本市场发行债券、股票的体系尚不完善。在债券市场方面,经过10多年的发展,非居民在境内发行熊猫债的政策框架已相对清晰,但发债资金运用的相关政策仍不明确。现行规定允许非居民将境内发行债券筹集的人民币资金汇出境使用,但对非居民境内发债筹集外币资金出境使用和发行人民币债券后换汇出境尚无明确规定。在股票市场方面,我国目前尚未开放境外企业直接在境内上市。

第三,衍生品市场开放对不同投资者存在差异,限制了境外投资者对冲风险的能力。随着资本市场发行和交易开放的推进,境外主体持有的人民币资产会越来越多,相应产生的风险管理需求也会越来越强烈。在此情况下，若不同步推动衍生品市场的开放，则开放效果将会大打折扣。当前，我国衍生品市场开放的主要问题是，不同类型的投资者待遇存在差别，不同投资渠道在衍生品开放政策上也存在差异。例如，在债券市场方面，境外官方部门投资者（央行、主权财富基金）和人民币清算行、参加行可以开展债券回购交易，而一般性的境外投资者则尚不允许开展回购交易。目前，对所有境外投资者都尚未开放国债期货交易。在股票市场方面，使用 QFII、RQFII 通道的投资者可以开展股指期货交易，而使用沪港通、深港通通道的投资者则不能。

第四，个人跨境资产配置受到严格管控。相对于机构投资者，我国对个人跨境资产配置的管控更加严格。目前，除沪港通、深港通和粤港澳大湾区的理财通等渠道外，境内居民尚无其他直接对国际资本市场进行投资的渠道。值得注意的是，随着中国居民个人财富的积累，其全球资产配置需求的增长是客观趋势，严格管控导致了有关需求通过地下渠道来满足。例如，不少国内居民假借其他渠道将资金转移出境，在外进行投资和购买保险金。

第五，直接投资交易和汇兑环节的联动性需要加强，法律法规体系需要进一步完善。目前，无论是对外还是对内直接投资，在资金汇兑方面都基本不存在限制，但其前置的审批核准环节却通常涉及多个政府管理部门，流程冗长、成本较高且不确定性较大，拉长了直接投资的周期，影响了投资效率。

第六，我国营商环境仍有待进一步完善，政策稳定性和可预期性需要进一步提高。不少市场人士反映，现阶段我国营商环境在多个方面还有进一步改善的空间。

一是会计方面，由于我国在这方面的制度与国际准则尚不完全接轨，提高了境外机构在境内展业的成本，并给其造成诸多不便。例如，根据现行规定，境外机构在境内发行债券所披露的财务报告，应按照中国会计准则或者财政部认可等效的准则编制。若国际开发机构发行债券未使用中国的会计准则或等效的会计准则，需要披露所使用的会计准则与中国会计准则的重要差异说明。对一般境外机构而言，如果未使用中国会计准则或等效会计准则，则需要提供所有重要项目的差异调节信息，基本相当于按照中国企业会计准则重新制作会计报表。

二是信用评级方面，不少国际投资者表示，目前我国评级业公信力不足，无法满足其需求。很多国际投资者指出，我国评级行业总体存在信用评级等级虚高、等级区分度不足的问题。由于获得高评级的企业数量增多，导致同一级别里的企业具有不同的风险水平，评级区分度低。很多国际投资者基于全球标准建立的风控体系难以与国内评级机构所使用的中国体系相匹配，对其投资造成了障碍。另外，我国目前要求已获得国际评级的来华发债机构再聘请国内评级机构重新评级，增加了发行成本。

三是税收制度方面，我国于2018年出台了境外机构投资债券市场的3年免税措施，并于2021年决定将该措施延长到2025年，但境外投资者普遍希望参考国际惯例将有关的免税措施长期化，避免每几年讨论一次延期问题。同时，目前免税政策在免税范围（例如，回购利息收入是否可免税）、税率、税收计算方法等方面都还存在不明确之处，给免税措施的落实造成困难。此外，按照国际惯例，国际组织投资其他国家债券市场、股票市场可享受免税待遇，而在实践中却由于一些技术性问题难以落实。

四是法律制度方面，一些国际机构和市场人士指出，我国一些法律制度有待进一步完善，并与国际标准接轨。例如，IMF在多次与我国的第四条款磋商中，建议我国进一步完善《破产法》等法律法规，构建与国际接轨的企业、金融机构破产处置机制，防范市场风险，推动经营能力欠佳的企业和金融机构有序退出市场。很多境外投资者希望我国尽快明确"终止净额结算"原则的合法性和有效性。国际掉期与衍生品工具协会将终止净额结算列为衍生品、回购和其他市场最重要的一项风险缓解工具，这一机制可以使交易对手按净额而非总额管理信用风险，显著降低了投资者的交易成本。我国法律尚未正式明确终止净额结算原则的有效性，限制了境外投资者的交易能力。

需要指出的是，人民币国际化和资本项目开放存在的问题虽表现不同，但当前推动人民币国际化和资本项目开放实际上是一体两面的同一过程，继续稳妥推进高质量的资本项目开放就是现阶段促进人民币国际化的最有力抓手。这主要是因为，资本项目开放不足正是当前抑制人民币国际化水平提升的主要因素。2014年，黄益平等学者研究指出，在实现高质量资本项目开放等的假设下，人民币占全球官方外汇储备的比例应可提升至10%左右，而非目前的2.66%。我国资本市场中境外投资者持有的资产规模偏低，也佐证了资本项目开放不足影响到国际投资者投资、持

04
资本项目开放和货币国际化的国际经验教训

有人民币资产,进而限制了人民币国际化水平的观点。例如,我国债券市场规模已位列全球次席,然而境外投资者持有的中国债券仅占我国债券总量的3%左右,不仅显著低于欧、美、日等发达经济体,也低于泰国、马来西亚等新兴市场经济体的水平(10%~30%)。

总体来看,我国当前具备加快推进资本项目开放和提升人民币国际化程度的条件。我国已是世界第二大经济体、第一大贸易国,债券市场和股票市场规模均位列全球第二位。经过长期改革,我国利率、汇率的市场化水平已大幅提升,并且已初步建立了宏观审慎加微观监管的风险监控和防范体系。当前,我国也有必要加快推进资本项目开放和人民币国际化,这是打造双循环的新发展格局、促进我国经济高质量发展的需要,也是助力落实"一带一路"倡议的需要。

下一阶段,我国应抓紧推动关键领域的资本项目开放。具体来看,主要的工作方向包括:一是实现从通道型开放向制度型开放的转变,形成全市场统一的开放制度;二是完善境外机构来我国资本市场发债的制度,提高募集资金使用的便利性和规范性,并适时建立境外优质企业境内上市制度;三是扩大衍生品投资者范围和可投资产品种类;四是逐步满足境内个人投资国际资本市场的需求;五是建立高效、便利的直接投资制度,完善直接投资的法规体系;六是解决我国营商环境中存在的问题,打造良好的、具有吸引力的营商环境。

需要强调的是,资本项目开放并不是放任资本完全自由流动的过程,而是以市场化的宏微观审慎管理政策替代行政管制手段的过程。因此,在推动资本项目开放的同时,我国应同步完善跨境资本宏观审慎管理框架,提高逆周期措施效率,实现对资本流动波动风险的市场化调控。应着力提升微观监管的能力,并为必要时采取资本流动管理措施做好准备。最后,还要进一步发挥金融稳定委员会的领导作用,加强监管部门的协调能力,避免监管交叉、真空或监管套利。我国应坚持做好相关风险防范工作,确保推动资本项目开放的过程平稳、顺利。

05
构建房地产新模式

05
构建房地产新模式

我国房地产行业的高增长正面临趋势性拐点,大量房地产企业面临着前所未有的经营困境,房地产市场给宏观经济稳定带来了挑战。中央明确提出要"建立房地产发展新模式",而建立新模式的前提是找出、辨析当前和未来房地产市场发展存在的主要矛盾,并在此基础上提出解决方案。

房地产问题主要是"三高"现象:高房价、高负债、高度金融化。第一,高房价主要表现为我国的房价收入比较高,特别是大城市和大城市都市圈的房价收入比突出。第二,高负债主要表现为我国房地产行业的债务水平极高,从行业比较和国别比较来看,我国上市房企的资产负债率都很高。然而,房地产开发企业的"高周转"模式并不必然导致高负债,因为房地产部门的资产周转率持续下降。导致房地产企业债务水平居高不下、周转率下降的根本原因是房地产行业形成了规模较大的、难以通过销售收入和运营收益覆盖的"沉淀资产",我们测算2010—2020年房地产行业的沉淀负债为19.08万亿元。第三,房地产高度金融化的主要表现是房产成为中国居民资产的最主要组成成分,以及房地产相关融资在全社会贷款中的占比较高。

通过对"三高"现象的梳理及其背后原因的分析,辨析出房地产市场当前和未来所面临的突出矛盾。一是都市圈过高的房价制约了大量中低收入群体在工作所在地的大城市定居。这将遏制流动人口在大城市的消费,并通过流动人口的返乡置业造成部分浪费，阻碍资源优化配置，甚至强化人口流入地与人口流出地之间的发展不均衡。二是房地产行业资产负债表收缩威胁到当前和未来的宏观经济稳定。房地产企业受困于沉淀债务和现金流紧张难以正常运营，将通过影响政府、工业企业信用基础和居民风险偏好，制约全社会的信用扩张，引发需求收缩和宏观经济不稳定。此外，随着政策环境变化，高房价不再是房地产行业存在的突出问题，资金过度流入房地产行业并挤占其他行业发展信贷资源的结论在当前和未来环境下也不再成立。

针对房地产行业资产负债表收缩威胁宏观经济稳定的问题，本章总结了日本化解房地产债务的经验教训。一是化解房地产债务不是一蹴而就、一次到位的过程，或许要经过几轮去杠杆。二是财政政策支持很关键，至少不能成为复苏阻力。三是货币政策应给予适度的流动性支持，并与其他宏观经济政策相协调。我们发现，与日本房地产债务形成过程不同，中国当前面临的房地产债务问题并非来自资产端的估值压力，而是房地产企业的现金流出现了问题。因此，还应在认清两者差异的基础上，因地制宜地吸取日本化解债务风险的经验和教训。

基于对当前房地产市场面临的主要矛盾的分析，本章提出了房地产发展新模式下的解决方案。一是面向新市民的都市圈建设方案，主要包括面向新市民的住房或租赁房供给，以及面向新市民的住房购买力支持。前者不仅包括房屋供给，也包括相应的教育、医疗配套资源供给，尤其是中小学教育供给。应注意的是，无论是建房还是提供教育和医疗服务，都要尽可能地利用新市民

05
构建房地产新模式

和企业的市场自发力量,政府发挥的作用是对开发住宅所需的土地交易、设立学校和医院开绿灯,对低收入群体给予一定的税收优惠政策支持。考虑到新市民定居对经济增长和税收方面的贡献,都市圈建设并不会增加额外的财政负担。

二是稳定房地产行业发展的债务重组方案。其一是推动住房抵押贷款利率市场化,缓解居民部门的偿债负担,稳定居民部门的购房需求。参照发达国家1.5%的平均利差水平,房贷利率有1.3%~1.6%的下降空间,对应的居民房贷利息支出每年可减少5 000亿~6 000亿元。其二是采取"贴息+REITs"模式盘活沉淀资产,在化解房企债务风险的同时增加面向中低收入群体的住房供给。

房地产行业在快速成长的同时，不可避免地遇到了很多问题。有些问题来自情绪，对问题本身并没有很好的定义和认知；有些问题是特定发展阶段难以避免的成长烦恼；还有些问题一直得不到解决并威胁到国民福利提升和行业健康成长。本章通过对"三高"现象的认识及其背后原因的分析，辨析房地产市场发展中存在的问题，并回应一些人们普遍关切但存在争议的问题。

房地产行业的高增长正在面临趋势性拐点，大量房地产企业面临前所未有的经营困境，房地产市场对宏观经济稳定带来了挑战。中央明确提出要"建立房地产发展新模式"，建立新模式的前提是找出、辨析当前和未来房地产市场发展存在的主要矛盾，在此基础上提出解决方案。随着住房市场发展迈过高峰期，炒房、资金过度流入房地产部门不再是房地产市场的主要矛盾，未来房地产市场会由"易热难冷"转向"易冷难热"。房地产市场当前和未来面临的最突出矛盾：一是都市圈过高的房价制约了大量中低收入群体在工作所在地的大城市定居；二是房地产行业资产负债表收缩威胁到当前和未来的宏观经济稳定。针对这两个矛盾，本章提出了面临新市民的都市圈建设方案，以及针对房地产行业的债务重组方案，这两个方案都是尽可能地利用市场自发力量解决问题，需要政府在土地、教育和医疗服务、住房金融政策方面做出一些调整，不给政府增加过多的财政负担。

05
构建房地产新模式

我国房地产业的"高房价"问题

一、基本事实：中国的房价收入比较高，大城市的都市圈尤甚

中国的房价收入比保持在高位，大城市尤其突出。2020年中国前五十大城市房价收入比达到12.3倍，其中一线城市20.3倍，二三线城市分别为11.4倍和11.3倍。如图5-1所示，房价收入比排序前五位的城市分别是深圳（33.94）、上海（26.65）、三亚（24.63）、北京（23.40）和厦门（19.21）。尽管中国的人均收入刚刚跨过1万美元，但中国一线城市的房价已经比肩那些人均收入4万美元以上经济体的大城市房价。在2019年全球核心城市中心城区的房价对比中，中国内地一线城市北京、上海、深圳的房价位居前十，与纽约、旧金山、巴黎等全球知名城市相当（见图5-2）。

都市圈房价过高。相比大城市房价收入比，更值得关注的是都市圈的房价收入比，这更紧密关系到中低收入群体在大城市的居住成本。以美国纽约和英国伦敦为例，根据Zillow（提供免费房地产估价服务的网站）和Zoopla（英国综合性地产服务公司）App上的挂牌交易价格计算，纽约曼哈顿的上西区与上东区的二手房均价为1.6万~2.3万美元/平方米，约合人民币10万~15万

金融促进高质量发展之路

房价收入比2020年

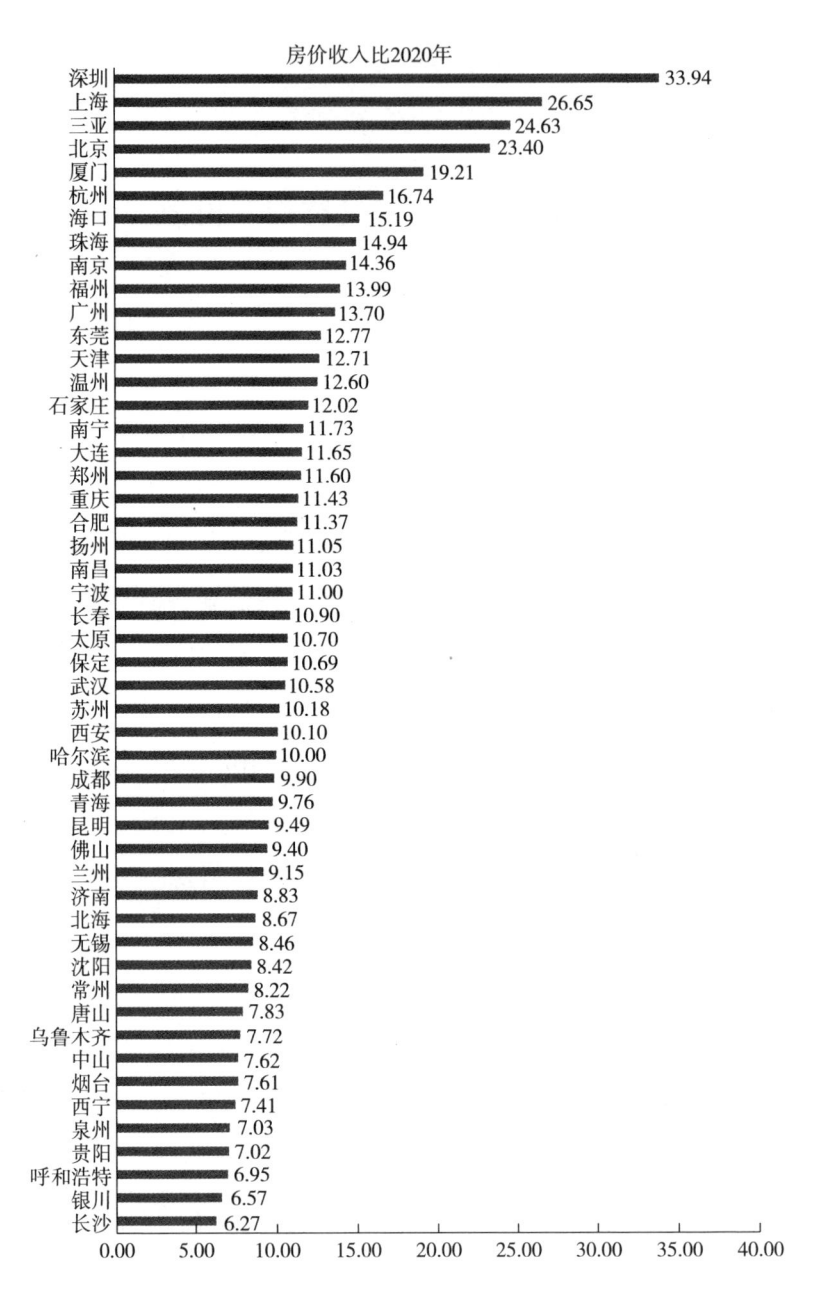

城市	房价收入比
深圳	33.94
上海	26.65
三亚	24.63
北京	23.40
厦门	19.21
杭州	16.74
海口	15.19
珠海	14.94
南京	14.36
福州	13.99
广州	13.70
东莞	12.77
天津	12.71
温州	12.60
石家庄	12.02
南宁	11.73
大连	11.65
郑州	11.60
重庆	11.43
合肥	11.37
扬州	11.05
南昌	11.03
宁波	11.00
长春	10.90
太原	10.70
保定	10.69
武汉	10.58
苏州	10.18
西安	10.10
哈尔滨	10.00
成都	9.90
青海	9.76
昆明	9.49
佛山	9.40
兰州	9.15
济南	8.83
北海	8.67
无锡	8.46
沈阳	8.42
常州	8.22
唐山	7.83
乌鲁木齐	7.72
中山	7.62
烟台	7.61
西宁	7.41
泉州	7.03
贵阳	7.02
呼和浩特	6.95
银川	6.57
长沙	6.27

图5-1 2020年中国前五十大城市房价收入比

05
构建房地产新模式

（美元/平方米）

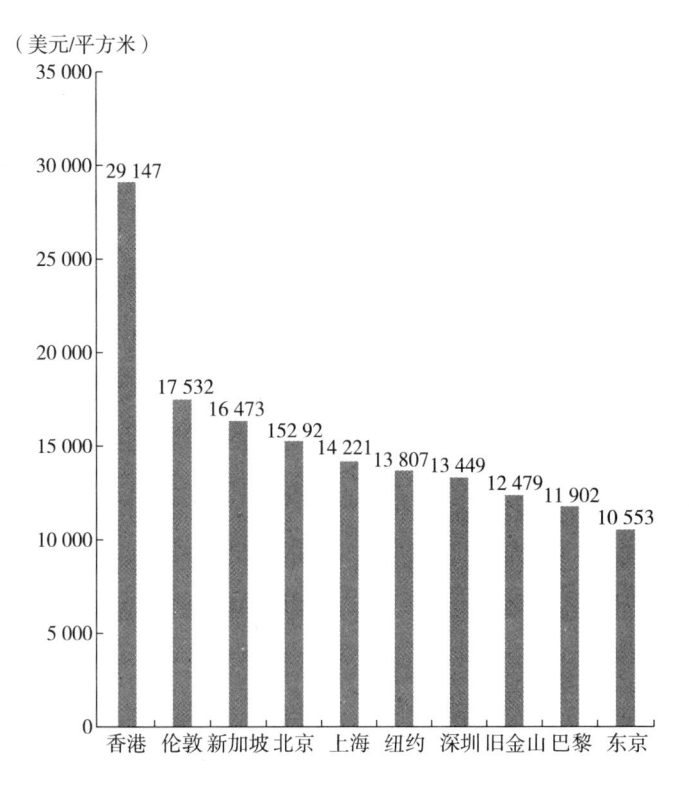

图 5-2　2019 年全球十大核心城市中心城区房价

元/平方米[①]，伦敦西区的威斯敏斯特、肯辛顿和切尔西的二手房均价为 1.8 万~2.1 万英镑/平方米，约合人民币 15 万~17 万元/平方米。这些区域地处城市中心，拥有知名景点与商圈，并且配套完善、交通便利，相当于北京的东城区、西城区。按美国与英国的国民人均收入计算，纽约曼哈顿核心区域的房价收入比最高时接近 30，伦敦核心区域的房价收入比最高时也接近 20。而到

---

① 根据 2022 年 4 月 12 日的汇率估算。

了纽约都市圈边缘的斯塔滕岛与布朗克斯，部分区域的二手房均价约为 3 800~5 700 美元/平方米，约合人民币 2.5 万~3.6 万元/平方米，房价收入比迅速降至 5 以下；同样地，伦敦郊区贝克斯利和哈弗林的二手房均价约为 4 200~4 900 英镑/平方米，约合人民币 3.5 万~4.1 万元/平方米，房价收入比也降至 3 以下（见图 5-3）。综合来看，这意味着如果不去追逐纽约、伦敦核心区域的住房，普通家庭用 3~5 年的收入即可在覆盖都市圈的位置购置一套房产。

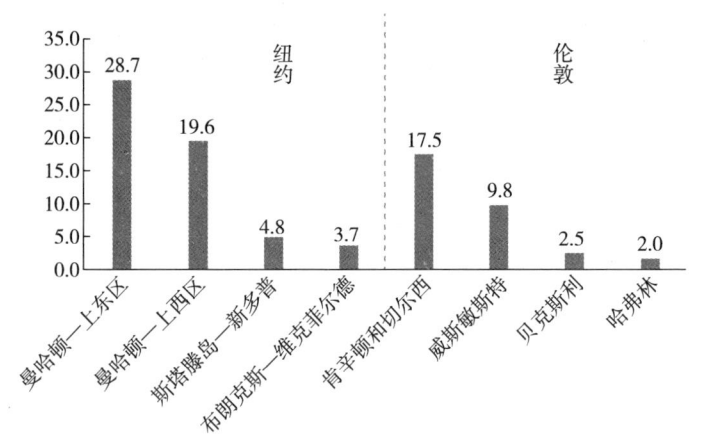

注：纽约房价数据来自 Zillow 平台，伦敦房价数据来自 Zoopla 平台。

图 5-3　美国纽约和英国伦敦核心区域与较偏远郊区的房价收入比

在中国，北京、上海、广州、深圳核心区域的房价收入比超过 30，这些城市较偏远郊区的房价收入比也均超过 15，有的区域接近 30（见图 5-4）。不仅大大高于美国纽约、英国伦敦的郊区，也大幅高出我国三四线城市 10 左右的房价收入比。都市圈过高的房价收入比，超出了中低收入群体的负担能力，把大部分新进入者挡在了都市圈外面。

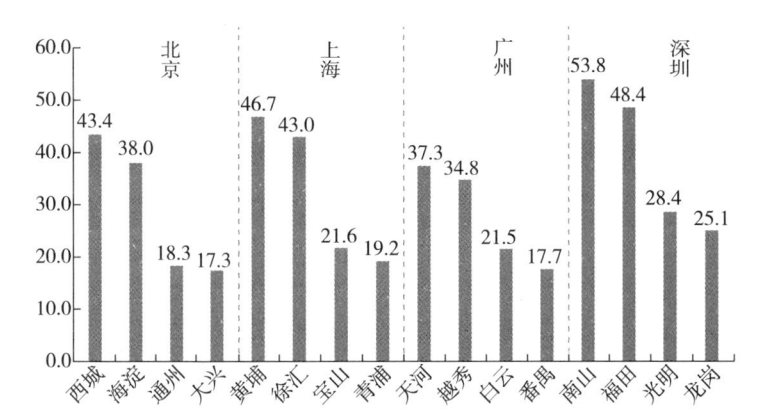

北京				上海				广州				深圳			
西城	海淀	通州	大兴	黄埔	徐汇	宝山	青浦	天河	越秀	白云	番禺	南山	福田	光明	龙岗
43.4	38.0	18.3	17.3	46.7	43.0	21.6	19.2	37.3	34.8	21.5	17.7	53.8	48.4	28.4	25.1

注：中国各区域房价数据为截至 2022 年 3 月 27 日的二手住宅挂牌均价，来自诸葛找房平台。

图 5-4 中国一线城市核心区域与较偏远郊区的房价收入比

都市圈的高房价遏制了大都市的成长，为大都市发展竖起了过高的围墙。与发达经济体的都市圈相比，我国大城市都市圈所容纳的人口比例较低。东京、大阪、纽约都市圈人口占全市人口的比重都超过 70%，伦敦的这一比重也达到 63%，北京市城六区以外的都市圈占北京人口的近 50%。都市圈的高房价遏制了都市圈扩张，在大都市工作的普通工薪阶层难以在这里安家（见表 5-1）。

表 5-1 全球代表性大城市核心区域人口占全市人口的比重

城市	都市圈人口占全市人口的比重（%）	核心区域定义	统计时间（年）
北京	49.8	城六区	2020
东京	73.7	20 千米都市圈	2015

续表

城市	都市圈人口占全市人口的比重（%）	核心区域定义	统计时间（年）
大阪	79.6	10千米都市圈	2015
纽约	81.8	曼哈顿区	2020
伦敦	63.0	内伦敦地区	2020

二、多重原因推动房价过快上涨

房价上涨的背后，既有合理成分也有不合理成分。房价上涨背后的不合理成分有些来自市场发育滞后，有些来自政策扭曲。

一是土地供给弹性不足，尤其是大都市住宅类用地供给缺乏弹性。给定收入增长和买房的需求增长，住房供给富有弹性意味着房价上涨会带来住房供给的显著改善，这会带来人口流入和城市扩张，房价增速由于住房供给的改善也相对温和；缺乏供给弹性的城市则难以带来住宅数量的增加，人口流入和城市扩张受阻，收入提高带来更多的是房价和生活成本的上升。哈佛大学城市问题教授葛雷瑟基于美国的研究得出上述结论，这个结论放在中国同样适用。从全国100个大中城市的数据看，房地产用地（住宅、商业服务）的供应力度并未随着房价攀升而提高（见图5-5）。相反，由于房地产用地供给弹性不足，房地产用地出让单价连年走高，成为推动房价攀升的重要因素，这在住宅类用地上体现得更为明显（见图5-6）。2008—2021年，100个大中城市建设用地出让中的住宅类用地占比从38.5%降至33.1%，住宅类用地的出让单价则从2 254元/平方米升至12 998元/平方米，13年间提高了近6倍，年均涨幅14.4%。商业

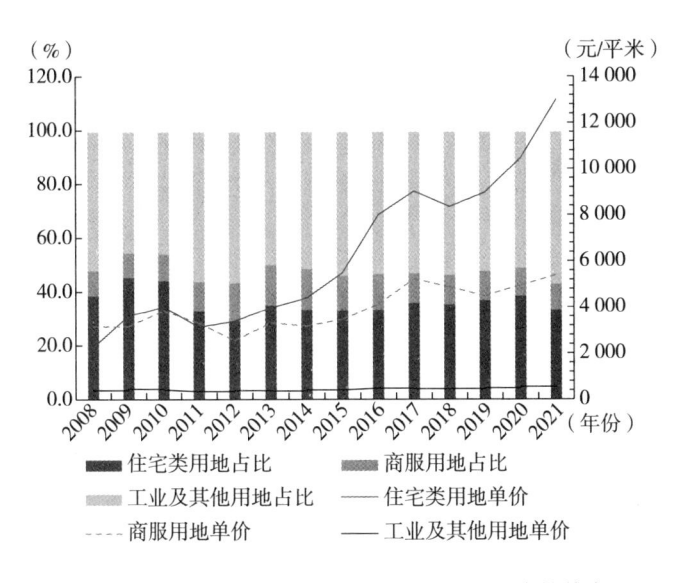

05
构建房地产新模式

图 5-5 100 个大中城市国有建设用地出让中的住宅、商服用地占比及出让单价

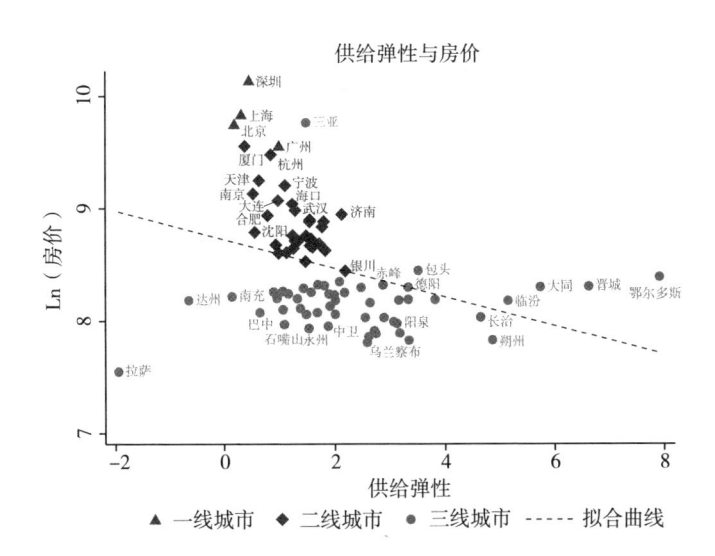

图 5-6 中国主要城市住房供给弹性与房价

注：原图涉及城市较多，本书只保留部分城市以示意。

服务用地（以下简称"商服用地"）历年的出让比例维持在10%左右，出让单价13年间上涨了1.7倍。除住宅、商服用地以外的工业及其他用地出让规模较大，单价很低，2021年100个大中城市工业及其他用地出让单价为553元/平方米，住宅类用地出让单价是其23.5倍。考虑到还有很大比例的工业、基建和公共管理用地由无偿划拨方式供应，住宅类用地的相对高价程度在实际中会更加显著。

　　大城市的住宅土地供应则更为紧张。用2009—2018年平均新增住宅土地面积除以常住人口数可以反映出该城市的新增住宅供地强度。北上广深等大都市住宅供地强度最低，人均新增住宅供地面积不足10平方米。二线城市新增住宅供地强度有非常大的差异，从人均新增住宅供地面积不足10平方米的福州、西宁，到接近30平方米的武汉、沈阳和乌鲁木齐。三线城市新增住宅供地强度也有显著差异，从不足5平方米到超过30平方米不等。总体而言，二三线城市的住房供给弹性要显著高于大都市。

　　二是基础教育、医疗服务和基础设施供给不足，制约了都市圈的住房供应提升。购买住房也是购买其所在位置带来的交通、教育、医疗、商业配套等各种服务。住房供应的重点不是住房本身，而是住房附着的各种服务和交通基础设施。通过完善都市圈基础设施和公共服务，可以增加高品质住宅的供给，这是缓解中心城市房价压力的主要手段。纽约、东京等大都市圈的发展，都借助于大力发展郊区的公共服务和公共基础设施，缩短到中心城区的通行时间，完善教育医疗配套措施，进而实现郊区住房对中心城区住房的替代。这不仅让大都市圈容纳了更多人口,也降低了大都市的住房和生活成本。中国在特大城市周边的交通基础设施方面做了很多工作。但是无论是基础设施还是公共服务的完善程度都还不够,制约了郊区对中心城区住宅的替代,成为拉低大城市房价的重要掣肘。

三是保障性住房供给不足,与人口流动脱节。保障性住房的分布与新建商品住房分布和人口流动分布有明显区别。在市场竞争力量的驱动下,新建商品住房基本还是紧跟人口流动,在人口流入地区多盖房。保障房建设则不然,根据能获得数据的2010—2011年保障房建设情况来看,主要集中在新疆、黑龙江、安徽、江苏、浙江等几个省份;中南部地区,尤其是人口大量流入的珠三角地区,保障房建设很少。保障房不能跟着人口流动走,尤其是人口希望流入的大都市保障房供给滞后,没能遏制房价上涨或者缓解房价上涨对低收入群体的过重负担。

四是我国金融服务供给不足,提升了房地产的投资属性。一方面,债务主导型金融体系助长了房地产投资需求,加剧了房价上涨。债务主导型金融体系增加了房地产的投资属性。支撑债务主导型金融体系的重要元素是抵押品,而房地产是天然的抵押品。哈佛大学教授葛雷瑟指出,在债务主导型的经济体当中,以银行为代表的金融机构普遍使用房地产作为抵押品,并因此提升了全社会对于房地产的投资偏好。中国是典型的债务主导型金融体系,金融机构也普遍使用土地和房地产作为抵押品,这大幅提升了房地产的投资属性,增加了对房地产的需求。另一方面,养老和保险金融服务滞后,房地产成为家庭养老和保险的替代金融投资工具。

五是融资成本过高并传递到房价。与其他行业相比,房地产企业融资面临较多限制,融资成本偏高,这从两个方面推升了房价。一方面,对房地产企业的贷款限制遏制了住宅供应,推升了房价。我们所设计的对分城市的房价回归模型显示,为开发商提供的开发贷款与住房价格是显著的负相关关系,开发贷款下降直接带来新增住宅供给下降,加剧了房价上涨。另一方面,在住房需求较为旺盛的环境下,房地产的高融资成本都转化成了更高的房价。

三、高房价给居民带来沉重的购房负担,阻碍都市圈发展

高房价给本地和新进入居民带来了过于沉重的购房负担,给城市发展竖起了看不见的围墙。2015年,宾夕法尼亚大学的方汉明等学者[①]分析某大型商业银行在120座城市的住房抵押贷款数据,探究高房价对购房人群,特别是对低收入群体的经济压力。其中也有对房价收入比的估算。他们对比分析了各类型城市中的两类购房群体:一类是家庭收入在贷款购房人群中占比低于10%的低收入群体(P10),另一类是家庭收入在贷款购房人群中占比45%~55%的中等收入群体(P50)。研究发现,对于低收入群体,房价收入比在8以上,住房开支成为非常大的负担;对于中等收入群体,房价收入比在6~8,住房开支负担也很沉重。在两类群体中,一线城市的住房收入比明显高于二三线城市。

---

① Fang, H., Gu, Q., Xiong, W. and Zhou, L. Demystifying the Chinese Housing Boom, 2015. *NBER Working Paper*.

05
构建房地产新模式

都市圈过高的房价收入比使得那些希望迁居一线城市的家庭望而却步，也大大超出了众多在一线城市打工群体的支付能力，众多一线城市打工者不能在长期工作的城市安家。2020年我国常住人口城镇化率为61%，户籍人口城镇化率仅为45.4%，二者之间存在着近16个百分点的差距，全国常住和户籍城镇人口差约为2.3亿。这说明以进城务工人员为主的流动人口仍未实现市民化。仅北、上、广、深四座城市的常住人口和户籍人口差就达到3 950万。流动人口的定义虽然源于户籍分割，但即使户籍制度大幅放开，在都市圈的高房价面前，大量流动人口也难以在核心都市圈定居。都市圈的高房价是制约流动人口在都市圈定居的最直接因素，这将对我国经济社会结构产生诸多负面影响。

一是遏制了流动人口的消费。由于不能在大城市定居，大部分流动人口在长期预期上并不把工作所在的"常居地"当成"定居地"。在消费选择上，流动人口往往在城市工作期间节衣缩食，不愿消费。从统计数据观察，根据王美艳在2017年进行的研究①，进城务工人员的消费水平远低于城市居民。2016年，在新生代进城务工人员家庭（1980年及以后出生的进城务工人员）的消费支出中，食品支出为9 527元，服饰支出为1 589元，生活用品及服务支出为680元，老一代进城务工人员家庭的消费支出水平则更低；从绝对数来看，均远低于城镇居民家庭在食品（23 643元）、服饰（4 935元）、生活用品及服务（4 920元）上

---

① 王美艳. 新生代农民工的消费水平与消费结构：与上一代农民工的比较 [J]. 劳动经济研究，2017，5（6）：107–126.

的支出。进城务工人员消费水平低于城市居民,不仅因为收入水平低,也源自储蓄率更高。2014年,张勋等[①]基于中国居民收入调查数据库计算了2007年不同类别居民的储蓄率,发现进城务工人员群体的储蓄率显著高于城镇户籍居民和在农村就业的农村户籍居民。2020年,崔菲菲等[②]使用全国农村固定观察点山西农户跟踪观察样本的数据,测算得到:2003—2017年,山西省进城务工人员到村外县内就业、到县外省内就业、到省外城市就业的家庭储蓄率分别为39.9%、41.3%和43.3%,进城务工人员储蓄率高于全国平均家庭储蓄率,且劳动力转移地点与家庭储蓄率正相关。主要原因就在于,相对于在省内工作,进城务工人员在省外大城市就业、定居的可能性更小,所以更倾向于减少消费、增加储蓄。

二是在流动人口的返乡置业中,有相当一部分造成了浪费,阻碍了资源配置优化。在大部分的人口流出地,流动人口在大城市工作获得收入、抑制消费积攒储蓄后,出于婚姻、养老甚至是社会评价等原因在本地购置房产。人在外地打工,出于婚姻、社会评价等目的的房产购置大多空置。考虑到人口流出地的现实情况,空置的房产也较难获得租金收入。在此过程中形成的房产需求会抬高当地房价,增加了实际留守当地定居的居民的购房负担。

三是流动人口在大城市工作、创造税收,但要求户籍地为其

---

① 张勋,刘晓,樊纲.农业劳动力转移与家户储蓄率上升[J].经济研究,2014,49(4):130-142.
② 崔菲菲,卢卓.城乡"二元"结构下劳动力暂时性转移与家庭储蓄行为[J].统计与信息论坛,2020,35(11):103-111.

提供社会保障，加剧了人口流出地政府的收支矛盾，强化了地区间发展的不均衡态势。流动人口的长居工作地在大城市，他们的工作通过为企业创造增加值等各种途径为其常居地的政府提供了较为充足的财政收入。同时，常居地政府并不需要全额负担流动人口的公共服务支出。以社会保障为例，体现工作地政府社保支出的主要是由企业代扣代缴的城镇职工养老、医疗保险以及工伤和失业保险，2017年进城务工人员在上述四类保险中的参保比例仅分别为21.6%、21.7%、27.2%和17.1%[①]，远远低于全体职工的参保比例。而反观人口流出地，由于人口流出、产业能力不足，政府财力有限，但基本上全部的流动人口都会在户籍所在地参保城乡居民养老、医疗保险，这两类保险的政府支出负担虽然要低于城镇职工养老、医疗保险，但依然对财力受限的人口流出地政府形成压力。更要考虑到，在如此的财政收支压力下，人口流出地政府难以提供更多的公共服务、发展基建，进一步制约了当地经济发展。如果流动人口在大城市定居的房价门槛能够降低，再配套户籍社保制度改革，人口流出地政府的收支压力将会降低，区域发展也会更加均衡。

四、围绕高房价的两点争议

（一）争议一：高房价对应了泡沫化，并影响到金融稳定

中国大城市的房产价格很高，这是事实。然而，高房价是否

---

① 根据《2017年人力资源和社会保障统计公报》中的数据计算，2017年后，统计公报不再披露相关数字。

意味着房价存在泡沫，泡沫是否很快会破灭呢？房价高不等于房价泡沫，高房价带来的痛苦未必会像泡沫那样很快破灭，而是可能长期持续。

房价收入比反映了房价痛苦指数，这个比率越高，购房者的压力越大，然而，用这个指标来预测房价泡沫并不合适。很多房价收入比高的大城市未必比那些房价收入比低的小城市房价泡沫更大。我们用居民可支配收入减去居民消费支出作为居民储蓄，用居民储蓄除以居民债务利息，以此得到居民部门的利息保障倍数。

万科公司谭华杰等人基于大量国际经验的研究表明，居民部门利息保障倍数反映了居民偿付住房抵押贷款的能力，是预测房价是否大跌最有效的指标，预测能力远胜于房价收入比、居民部门债务杠杆率等其他诸多指标。他们的研究发现，当居民部门利息保障倍数高于 1.5 时，基本没有国家 / 地区发生过房价大跌的情况。美国 2007 年房价大跌前夜，居民部门的利息保障倍数是 1.46；日本 1989 年是 1.49；中国香港 1997 年是 1.23；芬兰 1989 年是 0.73，2007 年是 1.55；西班牙 1989 年仅为 0.99。以国际经验来看，这个指标低于 1.5 的临界值容易导致房价大跌和居民部门陷入债务困境。中国目前的家庭部门可支配收入大约为 61 万亿元，消费约为 38 万亿元，储蓄接近 23 万亿元；家庭部门各种贷款 55 万亿元，按照加权平均贷款利率为 5.5% 计算，需要支付的利息大概为 3 万亿元，利息保障倍数在 8 左右，远高于国际警戒线。这说明中国居民偿还住房抵押贷款的能力有较高的保障，至少从国际经验来看，房地产价格短期内大幅下跌并引发系统性金融风险的可能性很低。

（二）争议二：高房价挤压制造业利润和居民消费

在房价上涨的过程中，企业经营面临更高的要素成本，不仅是更高的房租，还有更高的工资。有一种广泛的忧虑是，房价上涨带来的成本上升会侵蚀企业，尤其是制造业的利润，恶化制造业生存环境，甚至成为众多企业破产的主要原因。

无论是短期数据还是长期数据，房价增速和企业利润增长都呈现出正相关关系。仅从这种相关关系不能得出什么强有力的结论，不能由此认为房价上涨有利于改善企业经营情况，但至少提示我们，房价上涨与企业经营之间的关系可能并非提高成本那么简单。房价上涨对企业经营的影响，至少要考虑以下两个方面的机制。

房价上涨增加了企业经营活动中的要素成本，但是，对于不同类型企业经营的影响有显著差异。对于市场定价能力较强的企业，房租或者劳工成本上升的结果往往是产品或者服务的价格上升，房价上涨对企业盈利的影响有限。对于市场定价能力较弱的企业来说至少有三种方式可以应对。

一是改变产品/服务的要素投入密集度，比如用土地节约型技术代替现有技术，典型的例子是高房价地区的快递行业更发达，因为这节省了城市中心地带的用地；再比如中心城区的商场转化为郊区的大型购物中心。二是加大研发力度，用其他方面的成本下降抵补房价上涨带来的成本上升。三是退出本地市场，选择退出本地市场的企业还面临着另外两种选择，转移到其他地区或其他部门继续经营，或者在彻底退出之后资源闲置。只有在最后这种情况下，资源闲置才会带来真正意义上的产出损失。

房价上涨会给企业经营造成普遍的压力，并迫使企业做出调整，但是，考虑到企业的应对措施后，房价上涨只是在非常特定的环境下才会带来真正的产出损失。资源闲置和产出损失的大小取决于要素市场流动性，如果因受房价上涨冲击而失业的人能够很快在其他地方找到工作，则损失更小，反之，则损失更大。

房价上涨刺激了房地产供给上升，并由此带来了基础设施改善、城市扩张和规模经济效应。这正是我们从过去几十年中国城市化进程中看到的普遍现象。规模经济效益可以从降低成本、提高专业化和生产率水平等多个角度改善企业的生产率和生存环境。一个与此相关的证据是，随着人口密度的不断提高，企业的数量也随之增多。比如，在每平方千米人口密度为 0~2 500 的区域，企业数量为 0~87 家；人口密度为 2 500~5 000 的区域，企业数量为 88~238 家；人口密度在 5 000 以上的区域，企业数量达到 340 家。可以看出，人口越是密集的地区，对企业的吸引力越大。

房价上涨，既给企业带来了经营成本上升的负面影响，也给企业带来了源自规模经济的发展机遇。综合两方面的情况来看，房价对企业经营的影响，关键取决于房地产的供给弹性。供给弹性过低，房价上涨而房屋供给没有提高，难以带来城市扩张和规模经济收益，房价上涨的负面影响更突出；保持适当的供给弹性，房价上涨伴随着房屋供给显著提高，不仅接下来的房价上涨会得到遏制，而且城市化进程也有明显推进，能为企业创造更多发展

05
构建房地产新模式

机会，正面影响更突出。我们通过回归分析的方法看到，房价增速与企业利润呈现负相关关系，与住房供给弹性则是呈显著的正相关关系（见图5-7）。

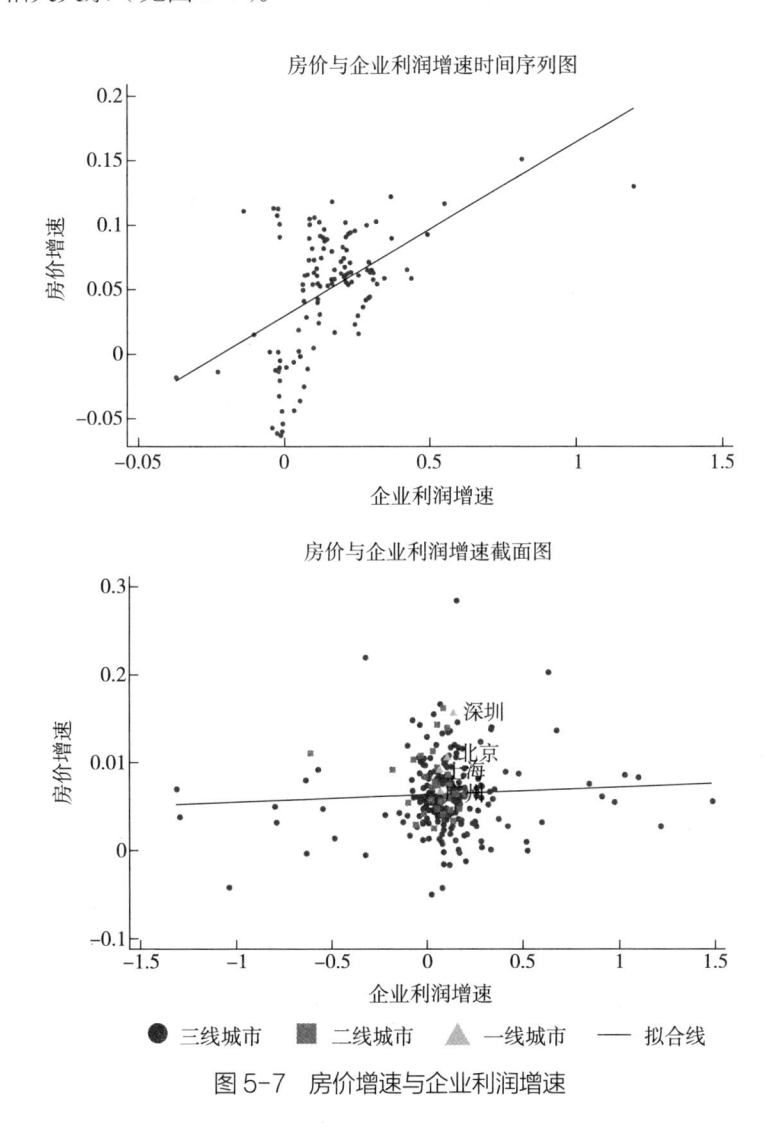

房价与企业利润增速时间序列图

房价与企业利润增速截面图

● 三线城市　■ 二线城市　▲ 一线城市　—— 拟合线

图5-7　房价增速与企业利润增速

房价上涨增加了购房和租房家庭的负担。特别是对于中低收入群体，住房支出相对收入而言过高。一种普遍的担心是，高房价挤出了其他方面的购买力。这种现象在很多家庭中存在，但是要想从加总意义上看高房价是否挤出了消费，则需要更进一步的研究。

房价上涨改变了居民生活中各种支出的相对价格，对不同家庭消费支出的影响有显著差异。家庭部门面临着是选择住房支出还是其他消费支出的问题。住房作为生活中的必需品，在不同家庭面临着差异显著的需求替代弹性，已经有稳定居住地的家庭需求替代弹性相对较高，没有稳定居住地的家庭则缺乏需求替代弹性。对于缺乏需求替代弹性的家庭，房价上涨将迫使家庭不得不增加与住房相关的开支，并因此挤压其他消费。对其他消费的挤出程度取决于该城市的住房供给弹性，在较高的住房供给弹性下房价上涨带来的住房供给情况显著改善，住房开支增长有限，对其他消费的挤出也有限；在较低的住房供给弹性下，住房开支增长更多，对其他消费的挤出也更显著（见图 5-8）。

除了房价上涨对消费的挤出效应，还应该考虑在房价上涨过程中，房地产供给改善、城市化水平提高以及由此带来的规模效应和收入水平提升，会对消费形成正面的影响。综合两方面因素考虑，房价上涨与消费之间的关系并不明晰。

05
构建房地产新模式

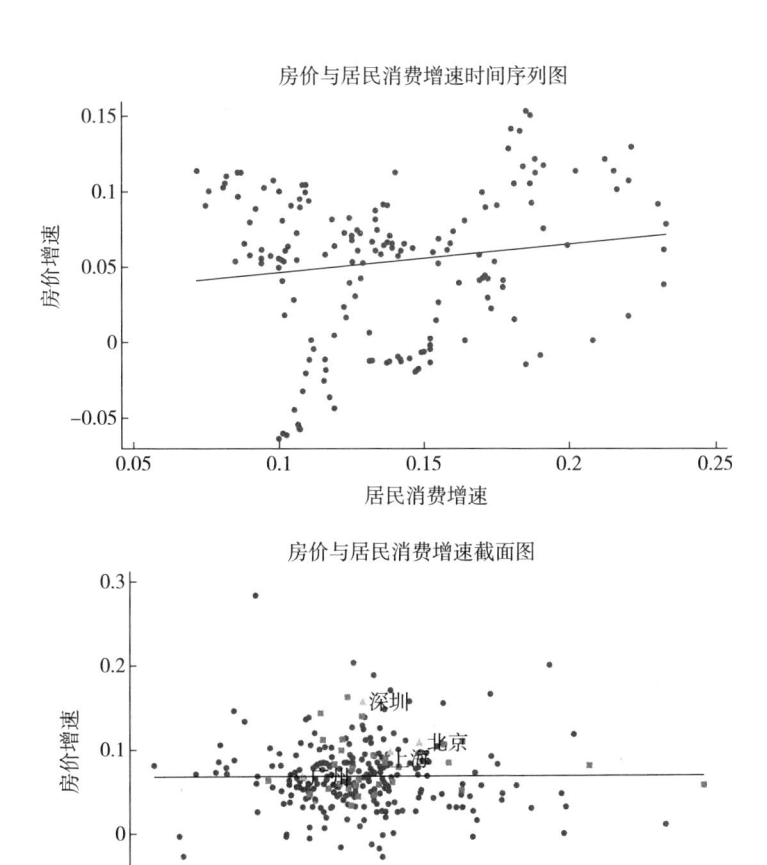

房价与居民消费增速时间序列图

房价与居民消费增速截面图

● 三线城市　■ 二线城市　▲ 一线城市　── 拟合线

图 5-8　房价增速与居民消费增速

我国房地产业的"高负债"问题

一、基本事实：中国房地产行业的债务水平极高

房地产开发建设周期长，拿地和建设等环节均占用大量资金，是资金密集型行业。然而从行业比较和国际比较来看，中国房地产行业的债务水平极高，并非依靠行业属性就能解释。从行业比较来看，统计全部非金融行业的A股及H股上市、主营业务在内地的公司资产负债情况，可见房地产行业的资产负债率在所有非金融行业中最高，2020年达到79.3%，高于排名第二的资本货物业6.2个百分点，高于其他行业的幅度则在17.0~40.0个百分点不等（见图5-9）。从国际比较来看，中国上市房地产企业的资产负债率也大幅高于主要发达国家，2020年分别高于日本、美国、德国、法国和英国10.6、22.7、24.9、41.0和42.0个百分点（见图5-10）。从上市公司的有息债务存量看，主营业务在内地的H股上市房地产企业和A股上市房地产企业的有息债务合计占主营业务在内地的全部H股上市企业和全部A股上市企业合计的比例从2010年的12.3%升至2020年的21.5%（见图5-11）。拉长时间看中国房地产企业的资产负债率，以2010年前后为分界点，房地产企业的债务水平不再像以前那样大幅度波动，而是一路迅速走高。2000—2010年，房地产企业负债率在波动中整体下降了1.1个百分点；2010—2020年，资产负债率整体提高了6.2个百分点（见图5-12）。

05
构建房地产新模式

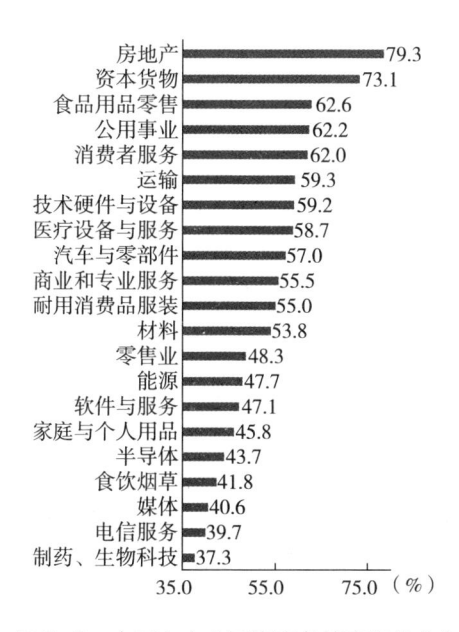

行业	资产负债率(%)
房地产	79.3
资本货物	73.1
食品用品零售	62.6
公用事业	62.2
消费者服务	62.0
运输	59.3
技术硬件与设备	59.2
医疗设备与服务	58.7
汽车与零部件	57.0
商业和专业服务	55.5
耐用消费品服装	55.0
材料	53.8
零售业	48.3
能源	47.7
软件与服务	47.1
家庭与个人用品	45.8
半导体	43.7
食饮烟草	41.8
媒体	40.6
电信服务	39.7
制药、生物科技	37.3

图 5-9　中国上市公司资产负债率行业分布

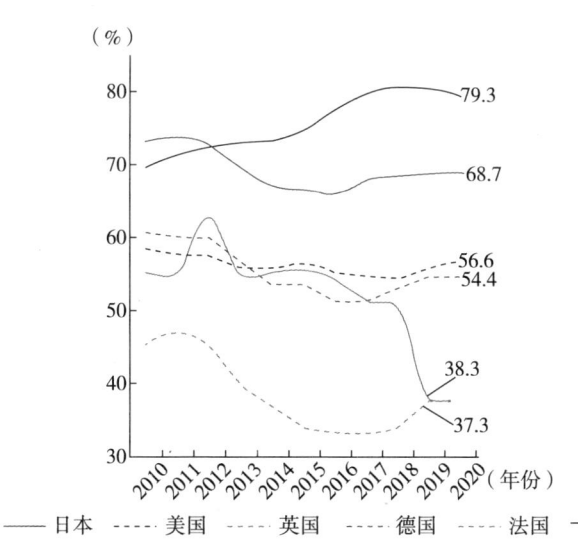

图中数据（2020年）：日本 79.3，中国 68.7，美国 56.6，英国 54.4，德国 38.3，法国 37.3

注：A 股上市公司及 H 股上市主营业务在内地的公司合计。

图 5-10　主要国家上市房地产企业资产负债率

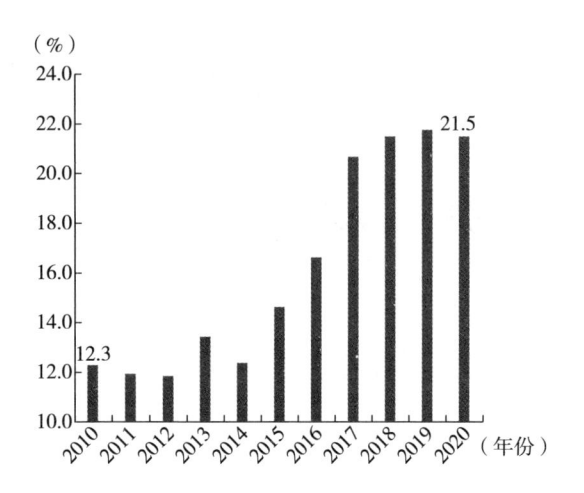

图 5-11 上市房地产企业有息债务存量占比

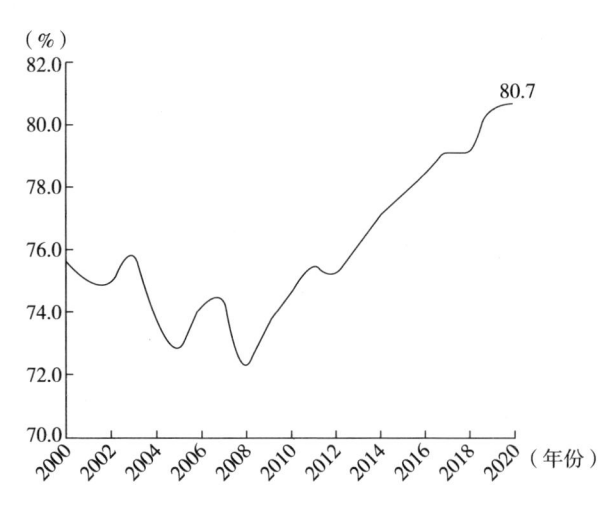

图 5-12 中国全部房地产企业资产负债率

二、高周转模式并不必然导致高负债,房地产企业大规模持有沉淀资产才是高负债的根本原因

2010年后房地产企业债务水平持续攀升,与这一现象同时存

05
构建房地产新模式

在的是房地产企业的高周转模式。高周转模式指的是房地产企业通过加快前期的开工进度,快速获取预售资格,然后用购房者提供的预付款支撑下一阶段的购地支出和新开工。高周转模式可以追溯到2010年,万科等房地产企业率先运用高周转模式创造了前所未有的销售额,这一年也被称为高业绩和高周转的元年。高周转模式在业内并没有立刻流行起来。直到2016年,房地产行业重新开启高周转模式,碧桂园将这种模式发挥到了极致。随后,全国范围内的各类房地产企业逐步接受这种房地产经营模式。至此,速度成为房地产企业之间相互竞争的关键,即拿地的速度、从新开工到拿预售证的速度、卖房回款的速度。

房地产企业转向高周转的背景是在土地价格已涨至较高水平的同时,房价上涨的空间也已经有限,行业毛利率随之降低,房地产企业开始通过高周转来扩大收入和利润。其实现的条件是房地产企业可以通过大量预售房屋,即销售"期房"来获取资金。现有的统计数据也可以证明高周转是现实存在的:2008—2021年,商品房销售中的期房比例大幅提升,从64.4%升至87.0%;同时,房地产开发资金中来自预收款的比例也从24.6%升至36.8%(见图5-13)。

高周转的核心是资金的高周转,追求现金流尽快为正,其结果应该是房地产企业的资产周转和收入实现速度加快,理应对应着资产周转率的提高、对债务的依赖程度下降。但是事实却恰恰相反,在高周转模式高歌猛进的同时,房地产行业的资产负债率不降反增,资产周转率也在显著下降。我们整理了在沪深两市及香港上市的全部内地房地产企业的年报数据,计算得到全部房地产企业的资产周转率从 2010 年的 26.4% 降至了 2020 年的 22.0%,降幅为 4.4 个百分点(见图 5-14)。这说明房地产行业整体的资产运营效率是在下降的,与普遍的高周转模式并不相符。

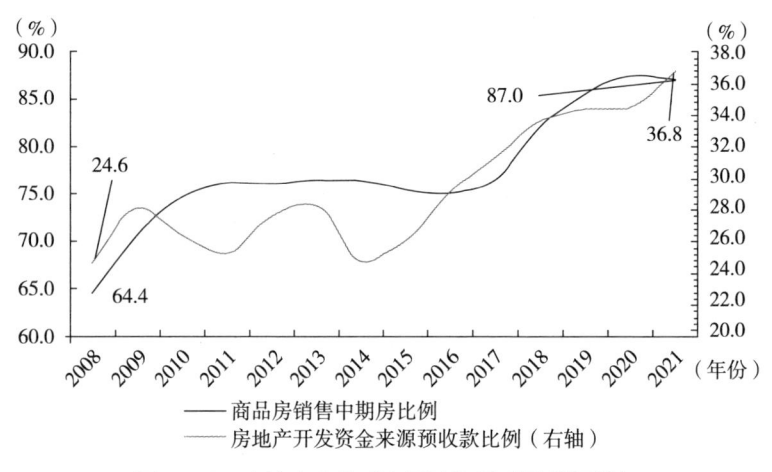

图 5-13 房地产企业"高周转"模式的数据特征

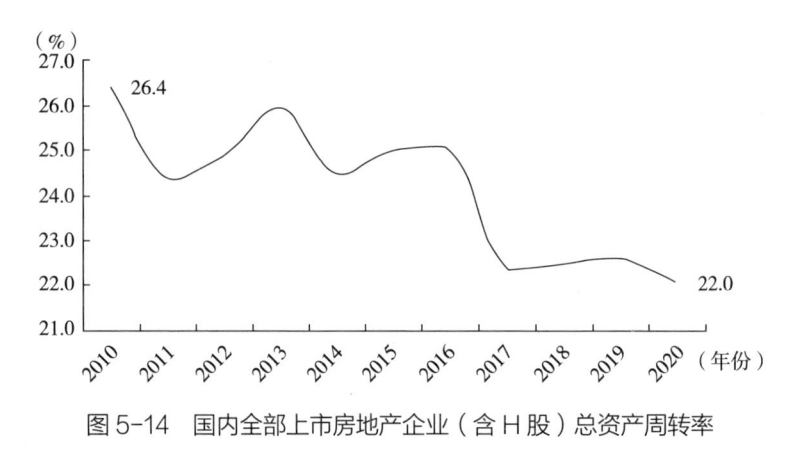

图 5-14 国内全部上市房地产企业(含 H 股)总资产周转率

其中需要特别解释的是 2017 年上市房地产企业资产周转率

05
构建房地产新模式

的骤降（较 2016 年下降 2.6 个百分点）。2017 年上市房地产企业资产增速为 36.0%，基本稳定在前两年的水平；但 2017 年的营收增速却较上一年度显著下滑 11.8 个百分点至 20.6%，使得资产营收的增速差达到 15.4 个百分点，为 10 年来最高。这也直接拉低了上市房地产企业的资产周转率，此后基本维持在 22% 左右的水平（见图 5-15）。

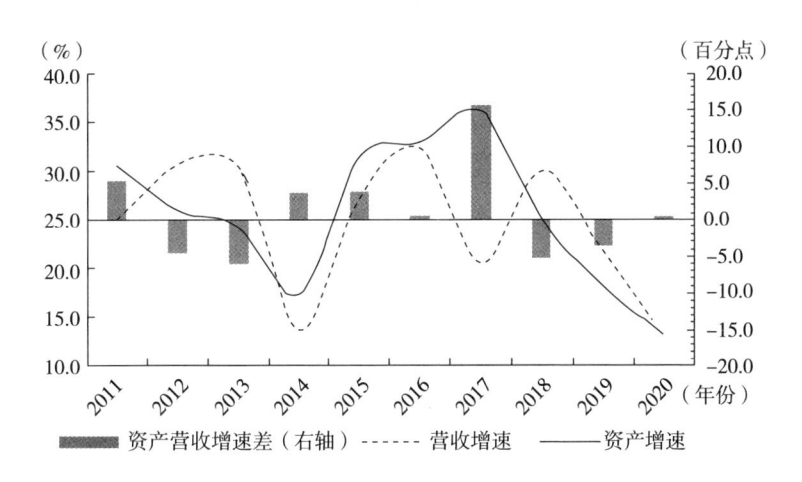

图 5-15　上市房地产企业（含 H 股）历年资产和营收的增速差

这与商品房销售的数据吻合，2017 年，全国商品房销售面积增速为 13.7%，较上一年下降 21.1 个百分点。其中一二线城市销售更显疲态，销售额合计分别近乎零增长，商品房销售主要依靠三线及其他城市，2017 年以后，三线及其他城市的销售情况也开始有所下滑。但在销售情况走低的同时，2017 年房地产企业拿地规模却显著增长，全国住宅类土地成交面积较上一年增长 25.8%，其中三线及其他城市增长更为显著，增速达到 29.4%

（见图 5-16）。

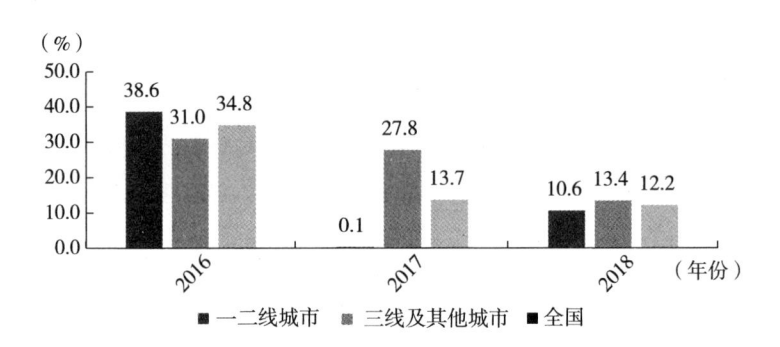

图 5-16　全国及各线城市商品房销售额增速

2017 年的土地成交量大增也是自 2013 年房地产企业大规模拿地后的第二个高峰。但 2017 年的房地产企业拿地扩张与 2013 年存在显著不同。2013 年，房地产企业在各类城市全线扩张，全国住宅类土地成交规模增加了 42.7%，其中一二线城市增加了 28.0%，三线及其他城市增加了 41.7%，均在较高水平（见图 5-17）。而 2017 年的拿地扩张则主要依靠三线及其他城市。

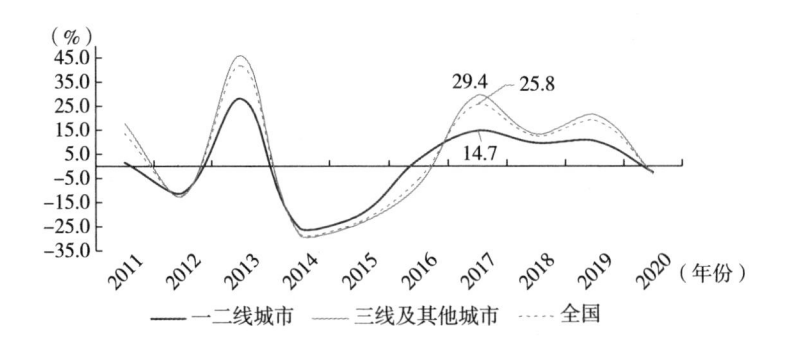

图 5-17　全国及各线城市住宅类用地成交面积增速

05
构建房地产新模式

这佐证了在一二线城市地价持续高企时,房地产企业经营模式的一个特点:通过在三线及其他城市下沉市场扩大规模,并希望通过扩大销售快速回款维持资产周转率的稳定。但在资产存量逐步累积的同时,房地产企业的高周转却不能提高资产周转率、降低资产负债率。基于此,我们可以推断在积累资产存量时,房地产行业形成了规模较大的、难以通过销售收入和运营收益覆盖的"沉淀资产"。

通过基本事实梳理,可知中国房地产企业的高负债并非由高周转模式导致。基于高周转和高负债的并存,可以推断房地产行业在积累资产存量时,形成了规模较大的、难以通过销售收入和运营收益覆盖的"沉淀资产"。因为如果高周转模式可以覆盖房地产企业的所有资产,其资产周转效率高、收入实现能力好,房地产企业的高债务也能被正常业务收益所覆盖,不至于让债务持续积累。

房地产企业之所以积累了规模巨大的、缺乏现金流覆盖的"沉淀资产",主要有两方面原因:一方面是因为在房价快速上涨期,房地产企业希望囤积较多土地和建成建筑库存;另一方面是因为这些囤积的土地和建筑相当一部分未能在持有、开发后获得预期现金流。房地产企业拿地并不容易,它们需要从地方政府获取土地,地方政府则希望通过房地产开发完善地方基础设施建设、改善人居环境、吸引人口聚集、产生规模效应促进经济发展。地方政府在推进城镇化和产业升级的过程中,在出售土地的同时往往会要求房地产开发企业配套建设养老院等准公益性物业或者自持部分住宅用于发展租赁市场,也会鼓励房地产企业涉足产业园区开发并持有部分物业。房地产企业在土地价格不断上涨、拿地难度不断提升的背景下,也主动或被动地对接地方政府的需求。由于诸多不可预期的原因(如准公益物业经营收益不如预期、自持住宅所在地人口流出以及产业园区的闲置等),上述部分配建或自持的物业就成为房地产企业的"沉淀资产",其对应的房地产企业债务由于缺乏现金流覆盖,也存在更大的债务风险。从公开资料观察,这些"沉淀资产"的来源主要有三个方向。

一是在土地"限地价、竞配建"模式中房地产企业的配建建筑。2010年前后,国土部门为了管控房价以及地价上涨速度,同时为了支持建设保障房、养老机构等公益性建筑,结合房地产行业特点,提出了"限地价、竞配建"这一土地出让模式。所谓"限地价、竞配建",即指在土地拍卖中,当报价达到最高限制地价后,竞买方式转为在居住用地中竞配建公共租赁住房的建筑面积,凡接受最高限制地价的竞买人即可参与竞配建,报出配建公共租赁住房建筑面积最大者竞得地块。

例如,2011年广州就以"限地价、竞配建"的方式推出位于番禺区的三宗住宅用地。[①]有两宗地块的竞买阶梯达1 000平方米,也就是每次拍地举牌,就要多建1 000平方米的公租房。又如,2015年,在北京顺义区的某宗土地出让中,招标文件规定建筑出

---

① 郑佳欣,谢潇.限地价、竞配建能拯救高房价吗[N].南方日报,2011-8-19.

05
构建房地产新模式

让地块的建筑总面积为12.8万平方米,房地产企业拿地后需要建设机构养老设施和限价保障房的面积最低分别为3.5万平方米和3.8万平方米。最后,经过多轮竞拍,某开发商以多配建2.6万平方米限价房的条件竞得该地块,而开发商仅有2.9万平方米可用于建设一般商品房。类似的举措是从侧面鼓励开发商参与保障性住房以及经营性养老机构的建设、经营。[①] 开发商对这些要求的积极对接也成为顺利拿地的条件之一。这些配建项目的收益并没有十分稳定的预期,且投资回报期限也较长。

二是房地产企业拿地中被要求自持的住宅。2016年9月30日,北京出台房地产市场调控新政,要求强化"控地价、限房价"交易方式,试点采取限定销售价格并将其作为土地招拍挂条件的措施,并鼓励房地产开发企业自持部分住宅作为租赁房源。随后,北京市推出了海淀区、大兴区等多块住宅用地,竞拍规则要求土地报价达到竞价上限后,进入竞自持商品住宅比例阶段,部分地块自持比例达到100%。此后,全国多地效仿这一规定,鼓励房地产开发企业通过自持住宅开展住房租赁业务。通过出台相关管理办法,规定下辖各级政府可根据房地产市场情况及住房租赁市场需求情况,在房地产开发项目建设条件意见书中要求房地产开发企业在新建商品房住宅项目中自持一定比例的住房用于租赁。

---

① 卖地新招瞄准养老投资困局 [N]. 北京商报,2015-2-4.

这一模式给房地产企业带来两类经营压力。一是当房地产企业拿地成本较高时，自持住宅难以通过合适的租赁运营方式收回成本。例如，2016年，万科曾高价获得位于北京市海淀区的两宗100%自持地块，其中一宗地块由北京万科以50亿元单独获得，另一宗地块由北京万科与北京住总组成的联合体获得，拿地资金同样高达59亿元。为平衡资金成本，该项目三居室月租金为1.5万~1.8万元，四居室月租金为3万~4万元。若项目全部建成且100%出租，每年租金收入大约为2.73亿~3.28亿元，10年租金收入为27.3亿~32.8亿元。这意味着乐观情况下万科在该项目上的投资回报周期至少为10年。[①] 二是某些资金实力弱的房地产企业自持三四线人口流出城市的住宅后，难以获得预期收益。在一二线城市地价居高不下时，中小房地产企业往往希望扩展地价较低的三四线城市业务，房地产企业在这些城市通过自持住宅项目获得可售住宅用地后，若城市居民购房需求不振，自持住宅亦难获收益。

三是配套政府要求的产业地产。通过前文的叙述可以发现，由于土地供给的政策性较强，房地产企业拿地难度较大。对一些资金实力稍弱的房地产企业尤其是区域性房地产企业而言，由于并无实力获得较多的高价住宅用地，面临着出局的威胁，而通过各种间接手段获取相对廉价的土地成为其持续经营的可选路径。有房地产业内人士称，部分房地产企业有意愿通过产业园区建设、

---

① 陶婷.上山容易下山难 自持租赁房遭遇困境[N].界面新闻，2018-4-18

产城融合等业务间接获取自身所需的土地。

通常情况下,产业地产回报周期至少需要 5~8 年甚至更长的时间,对于开发商而言,不仅需要在开发过程中投入大量资金,在建成运营过程中,仍需要不断投入资金,多数企业难以承受这种投入大、回报周期长的模式。为了解决这一难题,一些房地产企业以降低自持比例、增加销售比例来回笼资金;也有一些企业通过与政府谈判获得一定可供销售的住宅用地。基于这一现状,部分开发商转而囤积一些相对容易获取土地且较为便宜的产业地产。但是,这一模式的风险在于,如果缺乏足够的产业入驻,或城市规划和政策变动,房地产企业将不能获得预期的可销售比例,产业地产也将成为缺乏现金流的资产。

专栏一 房地产行业沉淀资产与负债测算

我们可以根据公开数据测算房地产行业沉淀资产和负债的规模。

房地产行业沉淀资产 = 已为待开发土地支付的价款 + 利用已开发土地建成建筑中未售出面积的成本

其中:

已为待开发土地支付的价款 = 房地产开发企业待开发土地面

积 × 房地产用地出让单价[①]

已开发土地建成建筑中未售出面积的成本 = 为已开发土地支付的价款 + 未售出建筑的安装成本 = （房地产用地出让面积[②] − 开发土地面积）× 房地产用地出让单价 + （已开发土地面积 × 建筑扩展系数 − 商品房销售面积[③]）× 平均建筑安装成本[④]

[①] 本处测算中的房地产用地为住宅和商业服务用地合计。
2013—2017 年的房地产用地出让单价通过《中国国土资源统计年鉴》中公布的数据计算得到。由于 2010—2012 年以及 2018—2020 年的数据不可得，只能通过间接办法估算：
指标 C："100 个大中城市住宅用地出让单价/全国住宅用地出让单价"稳定在 59% 左右；
指标 D："100 个大中城市商业服务用地出让单价/全国商业服务用地出让单价"稳定在 63% 左右。
2010—2012 年、2018—2020 年全国住宅用地出让单价 = 当年 100 个大中城市住宅用地出让单价 × 2013—2017 年指标 C 平均值；商业服务用地单价同理可得。二者加权平均合计得到房地产用地出让单价。

[②] 2013—2017 年的房地产用地出让面积通过《中国国土资源统计年鉴》中公布的数据计算得到。2010—2012 年以及 2018—2020 年数据同样不可得，通过间接办法估算：
指标 A："全国住宅用地出让面积/100 个大中城市住宅用地出让面积"稳定在 2.1 左右；
指标 B："全国商业服务用地出让面积/100 个大中城市商业服务用地出让面积"稳定在 3.1 左右。
2010—2012 年、2018—2020 年全国住宅用地出让面积 = 当年 100 个大中城市住宅用地出让面积 × 2013—2017 年指标 A 平均值；商业服务用地同理可得。二者合计得到房地产用地面积。

[③] 商品房销售面积为国家统计局公布的"房地产开发投资"项下的数据，商品房包括住宅、办公楼、商业营业用房和其他商品房。

[④] 建安成本采用 Wind 收录的住宅建安工程造价数据，用全国多层住宅数据代替所有商品房建安成本。

05
构建房地产新模式

其中：

建筑扩展系数 =100 个大中城市成交土地建筑规划面积 /100 个大中城市土地成交面积

根据可得数据测算，2010—2020 年，房地产行业通过"招拍挂"形式获得的住宅及商业服务用地合计 130.9 亿平方米，其中 86.8 亿平方米的土地经开发后形成 202.3 亿平方米的住宅及商业服务建筑面积。扣除历年已销售的商品房（含住宅与商业服务）面积 155.1 亿平方米后，共计有 47.2 亿的沉淀建筑面积。其中，2010—2013 年，房地产行业沉淀建筑面积逐年大幅上升，2013 年高达 18.9 亿平方米。2014—2018 年，房地产行业经历了较为明显的去库存，沉淀建筑面积下降，2016—2018 年商品房销售面积均高于建成面积，沉淀面积为负。2019 年后，销售面积再次落后于建成面积，沉淀面积又开始增加（见图 5-18）。

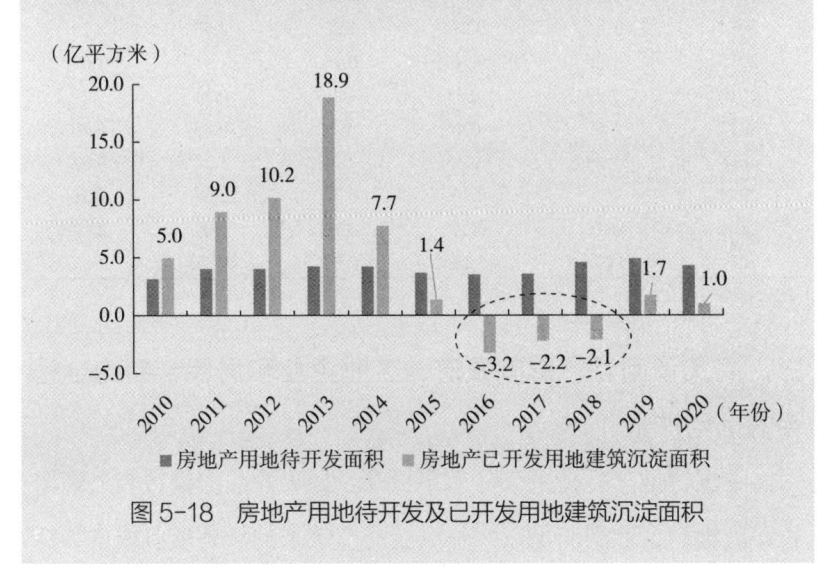

图 5-18　房地产用地待开发及已开发用地建筑沉淀面积

加上房地产企业历年为未开发土地已支付的土地价款，2010—2020年，房地产行业共形成沉淀资产总额为24.7万亿元。若以国家统计局公布的历年房地产行业资产负债率计算，可得2010—2020年房地产行业沉淀负债为19.08万亿元（见表5-2）。这些缺乏现金流的资产不断累积，纵使房地产企业可以通过高周转不断加快可售资产的周转进度，也难以提高整体的资产周转率，降低资产负债率。

表5-2 房地产行业沉淀资产与负债测算

单位：万亿元

时间（年）	待开发土地沉淀土地价款	已开发未售出建筑沉淀土地价款	已开发未售出建筑沉淀建安成本	沉淀资产合计	沉淀负债合计
2010	0.75	0.52	0.54	1.81	1.35
2011	0.77	0.74	1.11	2.62	1.98
2012	0.74	0.77	1.31	2.82	2.12
2013	0.96	1.73	2.53	5.21	3.96
2014	1.01	0.78	1.05	2.85	2.20
2015	1.06	0.16	0.19	1.41	1.09
2016	1.29	−0.51	−0.46	0.31	0.25
2017	1.69	−0.46	−0.35	0.88	0.70
2018	1.99	−0.42	−0.35	1.22	0.97
2019	2.22	0.36	0.30	2.87	2.31
2020	2.28	0.24	0.18	2.69	2.17
合计	14.76	3.90	6.04	24.70	19.08

三、高负债问题将影响政府、工业企业和居民，制约全社会的信用扩张

中国房地产行业的债务水平极高。如果商品房销售收入高增长，房地产企业利润足以弥补沉淀资产带来的额外债务成本，房

05
构建房地产新模式

地产企业还能保持正常运行。一旦高销售和高利润不能持续，巨额的沉淀资产会给地产企业带来巨大的现金流压力，房地产企业和房地产市场难以正常运行，又会给宏观经济稳定带来巨大冲击。

房地产企业的债务及付息压力，会持续损耗其现金流，使其丧失自救的空间。沉淀债务基本由难以出售、出租的沉淀资产带来，在现有的市场条件下，这部分资产难以产生足够的现金流。但债务和付息支出仍会持续存在，房地产企业的现金流将会被持续损耗。假设房地产企业的沉淀资产和债务从2010年开始累计，这部分资产负债不能产生现金流，其所对应的应付利息几乎相当于房地产企业的一项固定成本，每年增长。按8%的平均融资成本计算，从2013年开始，每年应付沉淀负债的利息就占到全部房地产开发企业营业总收入的10%以上，2015年达到14.5%。到了2020年，房地产企业沉淀债务累积到19.08万亿元，需要为其支付1.5万亿元的利息，相当于当年营业总收入的12.9%（见图5-19）。

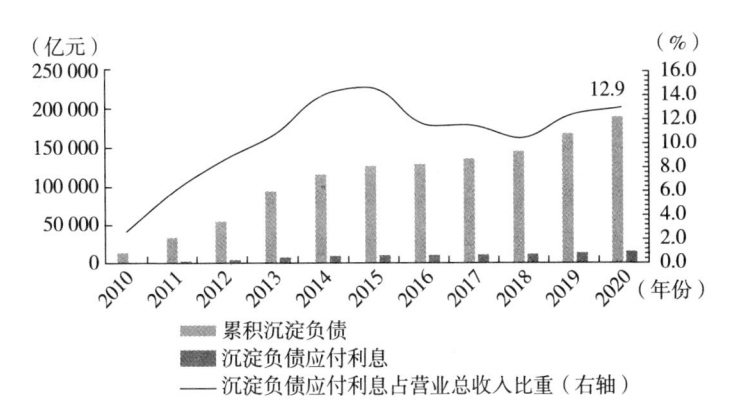

图5-19 房地产行业累积沉淀负债及当年应付利息占营业总收入的比重

房地产企业受困于沉淀债务和现金流紧张而难以正常运营，将通过影响政府、工业企业信用基础和居民风险偏好，制约全社会的信用扩张。首先，当房地产企业不再大规模开工拿地后，政府土地出让收入将会锐减，考虑到以往的显性专项债和城投隐性债扩张都或多或少地以土地收入加持的政府信用作为支撑，土地出让收入不再增加，政府信用扩张将受到制约。其次，房地产开发连通了上下游包括建筑、建材、家居等 10 余个制造业行业，其停滞将会显著影响工业体系的营收实现，影响工业企业的信用基础。最后，房地产企业正常交房遇到困难，部分企业为了回收现金流打折出售，这些都会抑制住房抵押贷款增长。

05
构建房地产新模式

我国房地产业的高度金融化问题

一、基本事实：房产是中国居民资产的主要组成部分，房地产相关融资占比较高

房地产高度金融化的表现之一是房产在中国居民资产配置中的投资属性较高，房产是中国居民资产的最主要组成部分。根据中国人民银行调查统计司发布的《2019年中国城镇居民家庭资产负债情况调查》，中国城镇居民家庭资产中有近六成是房产，这一比例大幅高于其他国家。广发银行与西南财经大学共同发布的《2018年中国城市家庭财富健康报告》显示，中国居民有接近80%的财富投资于房地产。作为对比，美国、日本居民部门资产中总住房资产的占比分别仅为25.1%（2021年）和18.3%（2020年），分别较中国2019年的水平低34.0和40.8个百分点。住房资产在我国居民家庭资产配置中的投资属性较强，根据中国人民银行的调查数据，我国城镇居民家庭的住房拥有率为96.0%，有一套住房的家庭占比为58.4%，有两套住房的占比为31.0%，有三套及以上住房的占比为10.5%。超过四成的家庭拥有两套及以上住房，中国居民家庭在满足了基本居住需求后，倾向于继续多持有房产达到增值目的。中、美、日居民部门资产中的住房和金融资产占比，如图5-20所示。

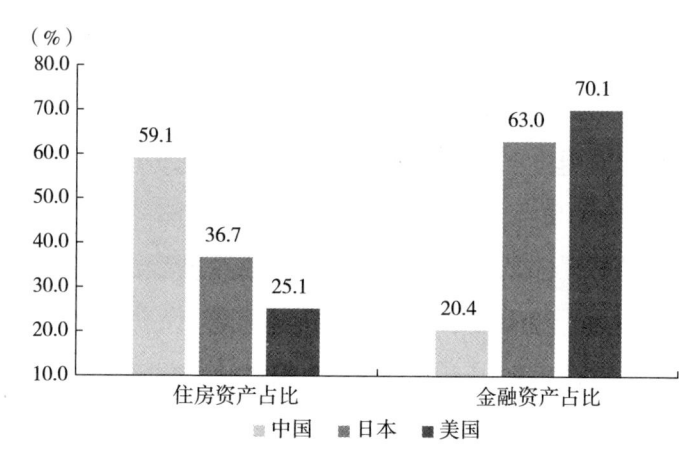

```
(%)
80.0
70.0                                              70.1
         59.1                              63.0
60.0
50.0
40.0          36.7
30.0                 25.1
                              20.4
20.0
10.0
         住房资产占比              金融资产占比
              中国    日本    美国
```

注：中国数据来源于中国人民银行发布的《2019年中国城镇居民家庭资产负债情况调查》，为2019年的数据；美国数据来源于美国经济分析局，为2021年的数据；日本数据来源于日本内阁府，为2020年的数据。

图 5-20 中、美、日居民部门资产中的住房和金融资产占比

支撑居民部门持有房产的资金来源主要为储蓄资金，而非高杠杆率举债。中国对居民购买住房有较高的首付比要求，限制了通过高杠杆举债买房。中国住房抵押贷款在全社会广义信贷中的占比也不高。2021年，德国、日本、美国住房抵押贷款占商业银行贷款的比例分别为31.8%、25.0%和21.0%，均高于中国的19.9%。2016年之前英国的相应比例也高于中国，2016年以后中国略微超过英国（见图5-21）。

房地产高度金融化的表现之二是房地产相关贷款在全社会贷款中的占比较高。从房地产全口径融资看，2012年房地产全口径融资（包括房地产相关贷款、债券、非标存量）增量1.4万亿元，占当年新增社融总量的比例为8%；此后占比连续四年上升，在

05
构建房地产新模式

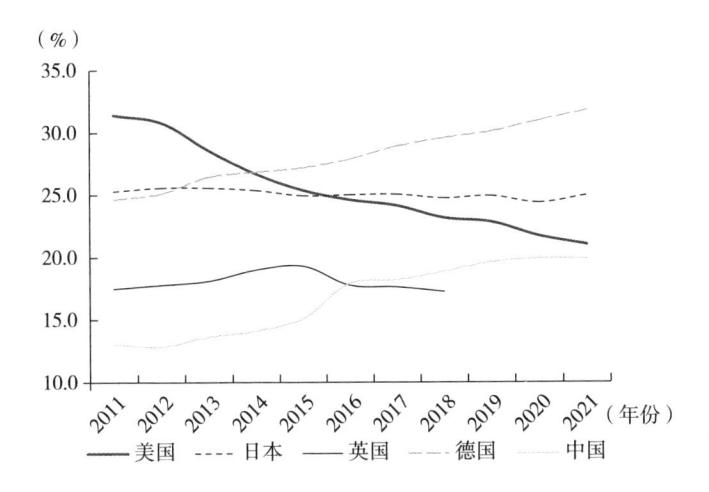

图 5-21 各国住房抵押贷款占商业银行贷款的比例

2016 年时达到 32%，2017 年虽因政策收紧降至 23%，但随后在 2018 年回升，此后又连续两年下降（见图 5-22）。其中只包括了房地产开发贷款和住房抵押贷款，没有包括房地产行业中通过卖地收入支撑的地方融资平台贷款。

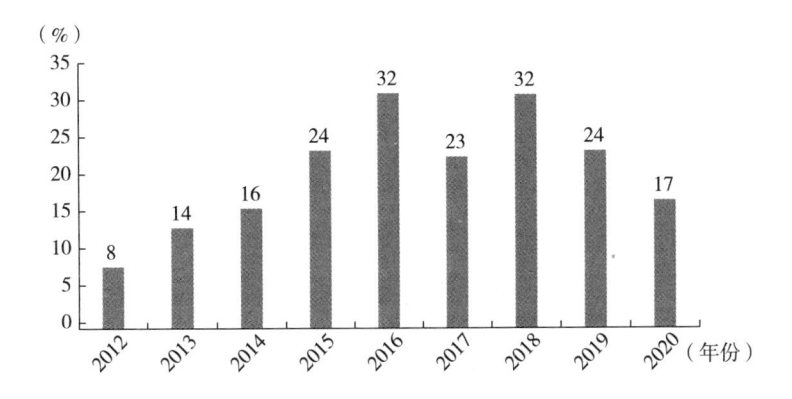

图 5-22 房地产相关融资增量占当年社融增量的比例

因此，当前看到的房地产与金融部门的广泛联系不宜简单地理解为"房地产绑架了金融系统"，解决问题的关键也不是让房地产与金融部门脱钩，而是要重新建立起基于商业规则的、透明可监管的融资渠道，来满足房地产的融资需求。

二、多重原因导致房地产高度金融化

家庭资产过度集中于房地产，主要原因有三。一是对房价持续上涨的预期，给投资者带来了较好的回报。房价上涨背后包含了合理因素和不合理因素，前文已有分析，这里不再赘述。二是金融资产的投资回报率较低，投资工具匮乏。我国家庭部门的金融资产包括了以现金和银行存款为主的货币类金融资金，还包括了私人借债、股票、债券、基金、衍生品和其他金融资产的非货币类金融资产。在货币类金融资产当中，银行存款的名义利率较低，很多年份低于通货膨胀率。在非货币类金融资产当中，私人借债占据较高比重，但难言回报，证券类金融资产对绝大部分家庭而言是负回报。根据中国家庭追踪调查数据，2010—2018年只有前10%的最高收入组家庭平均获得了证券类投资的正回报，其他收入组的证券类投资都是负回报。与其他国家相比，我国家庭金融资产构成中严重缺乏收益率稳定的养老保险类金融资产，这类资产只占到全部金融资产的11%，远低于30%的世界平均水平。这在一定程度上也强化了居民部门买房保值的动机。三是持有房产的成本较低，我国对持有存量房产还没有广泛征税。

房地产企业大量举债，原因也有多个方面。一是在房地产长期高速发展的背景下，部分房地产开发企业通过大量运用债务杠杆扩张规模，以此实现业务超常规发展。二是房地产企业在地方政府的要求下，为了配合拿地和开发持有了大量缺乏现金流回报的沉淀资产，并由此形成了债务的滚动积累。三是对房地产融资的正规金融渠道较窄，房地产企业不得不大量借助高成本的非正规融资渠道，这也加剧了房地产企业的被动高额负债。

三、围绕房地产高度金融化的问题与争议

针对居民部门举债购房、金融机构将大量资金给予住房抵押贷款或者房地产企业的问题，一种看法是信贷资源过度涌入房地产部门，挤压了其他部门的发展。与此相对立的一种看法是房地产住房抵押贷款和开发商贷款的增长创造了全社会的购买力，支撑了对其他部门的产品和服务需求，不是挤压了其他部门发展，而是支撑了其他部门发展。

这两种看法哪个能站得住脚，要看当时的宏观经济环境。如果市场自发的信贷需求旺盛，金融部门普遍采用信贷配给的方式分配信贷，信贷资源过度流入房地产行业会挤占其他部门的发展机会。如果市场自发的信贷需求不旺盛，金融部门缺乏优质信贷客户，房地产行业相关的贷款则不会挤占其他部门发展。不仅如此，房地产行业创造的贷款，无论是抵押贷款还是开发贷款，都会形成企业、政府和居民的收入增长，支撑全社会购买力的增长，支撑了其他部门的发展。

2012年以后，我国资本密集型行业跨过了发展高峰期，市场

内生的企业部门信贷需求大幅下降。企业发展最短缺的不是信贷，而是收入和利润，有了这些，企业就不难拿到信贷；没有这些，信贷多数就会成为坏账。这种环境下，房地产行业的相关贷款支撑了全社会的信贷增长，支撑了对企业商品和服务的购买力，对其他行业发展起到的作用是支持而不是挤压。

05
构建房地产新模式

日本化解房地产债务的经验教训

一、20世纪80年代日本房地产债务扩张的经济背景

20世纪八九十年代，日本经济实现高速发展，实际GDP从1980年的284.38万亿日元上涨至1990年的462.24万亿日元，10年平均GDP增速达到4.68%。2018年，野口悠纪雄[①]把这一时期日本经济发展的驱动因素概括为三重优势。

第一重优势是油价下跌缓解通胀压力。石油危机后，原油价格下调缓和了日本国内的通货膨胀压力，再加上日元升值等因素，稳定物价不再是最重要的经济政策目标，日本央行开始降低基准利率并推行金融缓和政策，刺激国内需求。日本的核心CPI同比增速如图5-23所示。

图5-23 日本的核心CPI同比增速

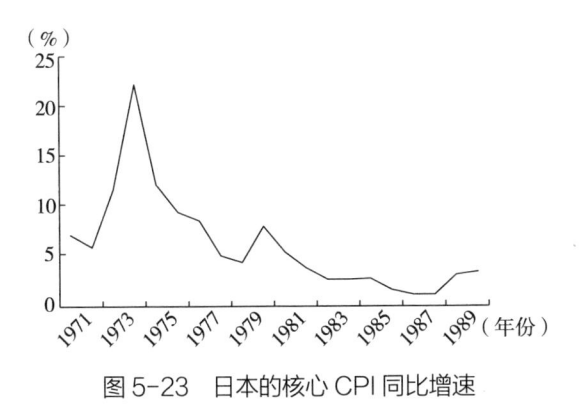

① 野口悠纪雄.战后日本经济史：从喧嚣到沉寂的70年[M].北京：民主与建设出版社，2018.

第二重优势是日元升值刺激日本海外投资增加。日元升值提升日本国际影响力,有利于日本海外投资。自实行浮动汇率制以来,日元始终面临着升值压力。特别是在1985年《广场协议》后,日元对美元汇率大幅升值,从1985年5月的1美元兑251.57日元持续升值到1988年11月的1美元兑123.16日元(见图5-24)。这虽然不利于日本的出口企业,但促进了日本的海外投资,使得日本的国际影响力相应得到提升。

图5-24 美元兑日元汇率

第三重优势是持续宽松的金融环境。自1980年8月降低基准利率以来,日本央行一直实行金融缓和政策。央行基准利率从1980年8月的9%,经过连续5次下调,到1983年降至5%。后来,为了补贴因为日元升值受到影响的出口产业,缓解日元急剧升值带来的萧条效应,日本央行在1986—1987年进一步下调基准利率,到1987年2月,央行基准利率降至2.5%,同期的货币供给也实现超过10%的增长(见图5-25、图5-26)。

05
构建房地产新模式

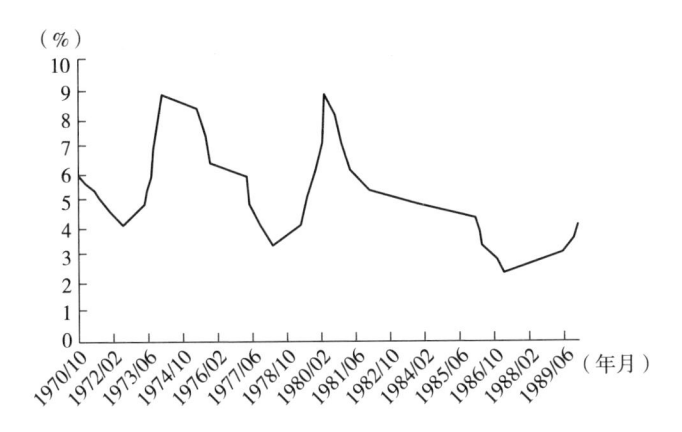

图 5-25 日本央行基准利率

图 5-26 日本货币供应量 M2 同比增速

良好的经济前景和宽松的金融环境共同促成了这一时期日本股票市场和房地产市场的高度繁荣。出于稳定经济增长和对美国要求的"金融自由化"的回应,日本央行从 1980 年开始不断降低官方利率,从 1980 年初的 6.25% 持续下降至 1987 年 2 月的 2.5%,低利率保持了 27 个月。利率下降使得市场流动性充裕,叠加同时期日本经济发展仍保持接近 5% 的经济增速,股票市场和土地市场的价格经历了爆炸式增长。1986 年日经平均股价约为 13 000 日元，到 1989 年底涨至 39 000 日元，涨幅约为 3 倍。1990 年东京股票价格指数（均值）是 1980 年的 4.83 倍。1986 年日本六大主要城市的平均土地价格指数约为 130，到 1991 年底该价格指数涨至 400 以上，同期的主要城市地价也涨了近 3 倍。

二、20 世纪 80 年代日本房地产债务的形成过程和分布特征

20 世纪 80 年代日本在房地产市场繁荣和房价上涨的同时还伴随了快速的债务扩张。一般而言，加杠杆带来的资产价格上涨往往蕴含着较大的金融风险，在资产价格出现显著下跌时，这些投资者承受的冲击程度与其杠杆强度（债务规模）显著相关。我们将根据企业部门、银行部门的行为特征与这两个部门资产负债表的变化情况来总结这一时期房地产债务的分布，主要有以下三个发现。

一是企业资产负债表急速扩张，大企业资本运营十分普遍。二是中小企业普遍存在以借款来进行土地投机的行为。三是商业银行迫于利润空间压缩、资金来源减少的双重困境，贷款对象转向房地产业及中小企业。

可以发现，这一时期制造业和房地产企业与银行普遍地、深度地参与房地产市场与股票市场，并由此承担了巨额的房地产债务。这直接导致两个部门的资产负债表对房地产市场和股票市场十分敏感。与中国存在很大区别的是，20 世纪 80 年代的日本居

民部门主要承担了土地供给方的角色，而非加杠杆的主体。因此，房地产繁荣和房价上涨给居民部门带来的更多是直接的资本利得，而非资产升值带来的纸面财富。一个间接的证据是日本居民部门未偿还房贷占国民可支配收入的比重虽然有所增加，但只是从10%上升到13%（见图5-27）。

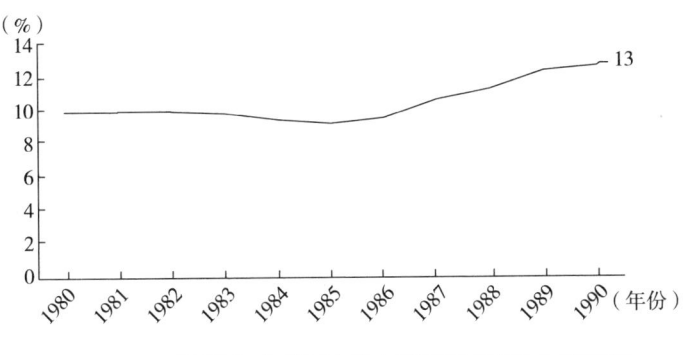

图5-27 居民部门未偿还房贷占国民可支配收入的比重

（一）日本大企业资产负债表急速扩张，资本运营十分普遍

在金融自由化的背景下，日本的大型企业热衷于参与资本运营，涉足主营业务之外的金融资产投资，甚至以此为目的进行融资，大企业的资产规模得以迅速扩张。1987—1990年，企业部门的资产增加了1 224.4万亿日元，年均增速超过10%。毋庸置疑，这一时期日本经济呈现了强劲的增长态势，改善了企业的经营状况与现金流，但金融自由化也是支撑企业资产规模扩张的重要原因。一方面，活跃的资本市场降低了企业的融资成本，鼓励大型企业通过发行债券、股票进行直接筹资；另一方面，利率自由化下金融投资收益增加，新型金融工具应运而生，企业从资本市场

上筹集到的大量资金，不仅投资于生产经营所需的厂房设备，还投资于种类繁多的金融工具，以获得快速、稳定的回报。所以，大型企业参与资本运营的积极性逐渐提高。

资产端，大型企业的资产规模主要受金融投资驱动而扩张。我们分别计算了大型企业的流动资产投资、金融资产投资、土地投资与其他固定资产投资对其总资产增加值的贡献度，发现大型企业的土地和其他固定资产投资规模增加有限，而对金融资产的投资规模迅速上升。1980年，金融资产增加值占总资产增加值的比重仅为11%，1985年之后，金融资产投资的贡献度一度高达46%，在1990年之前也保持在25%左右的水平（见图5-28，5-29）。

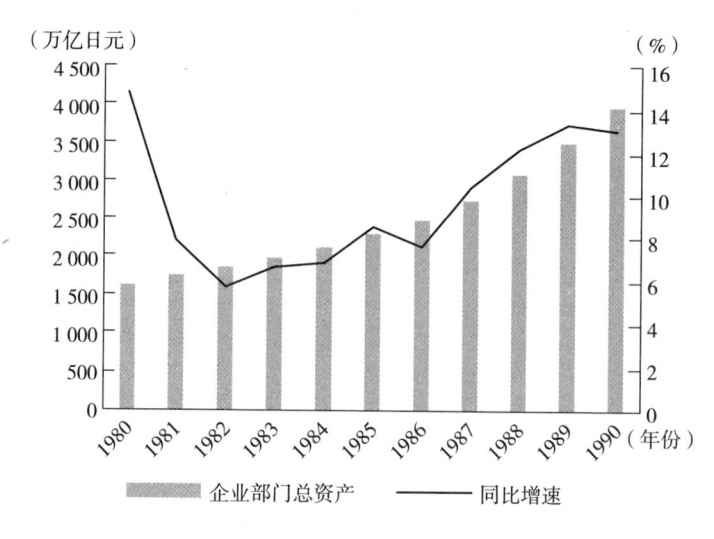

图5-28 企业部门资产规模

05
构建房地产新模式

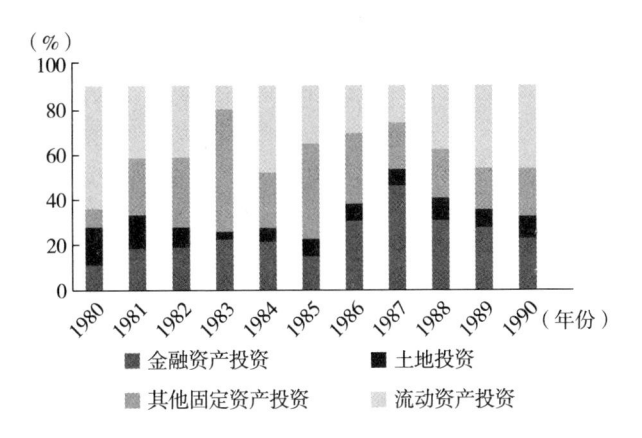

图 5-29 大型企业金融资产投资规模上升

负债端,资本市场的持续繁荣为企业获得直接融资提供了便利,信用较好的大型企业开始从资本市场上筹措大量资金。如图 5-30 所示,1985 年之后,大型企业的有价证券占全部负债的

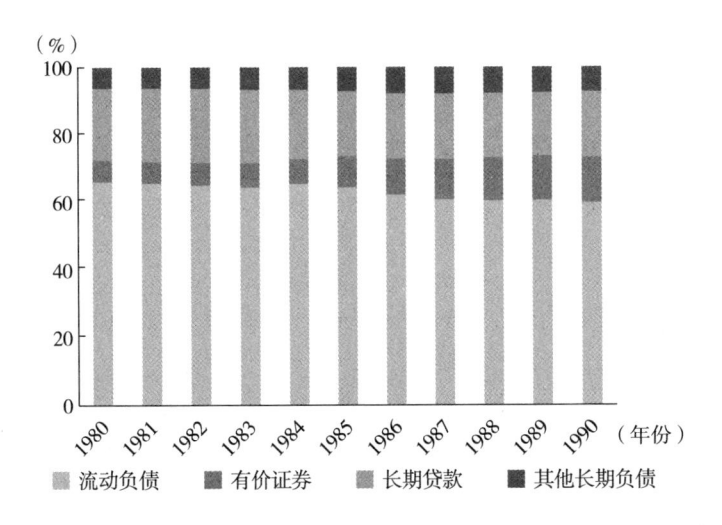

图 5-30 大型企业有价证券占比上升

比重明显上升，从 7% 升至 13%。1985—1990 年，企业仅通过发行公司债的方式就从资本市场上累计筹措资金 108 万亿日元，平均融资增速高达 18%（见图 5-31）。

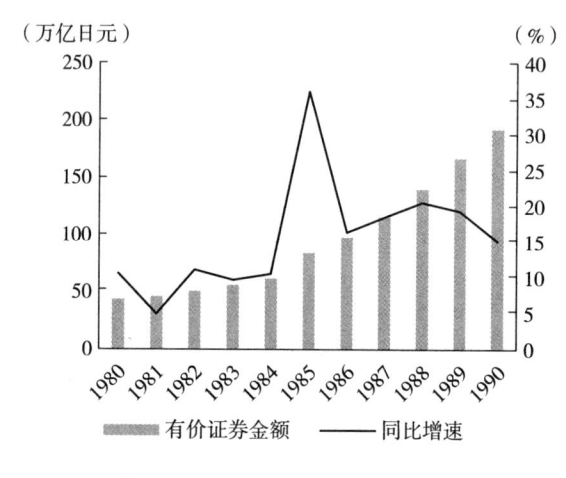

图 5-31 大型企业有价证券金额

（二）房地产企业和中小企业通过借款，以投机为目的大量购入土地

随着企业整体借款门槛的降低，特别是房地产行业和中小企业从银行获得的借款增加，企业开始以投机为目的大量购入土地。图 5-32 展示了不同部门的土地净购入额，可以看到居民是土地的净销售者，而企业与政府则是主要的净购买者。尽管图中无法反映企业内部的土地交易明细，但我们发现，1980—1984 年，企业部门的净购地额稳定在 1 万亿日元以内，1985 年之后，企业的净购地额急剧增长，1990 年企业的净购地额接近 17 万亿日元。一个合理的推测是，1985 年之后企业部门持有土地资产具有浓厚

的投机色彩。

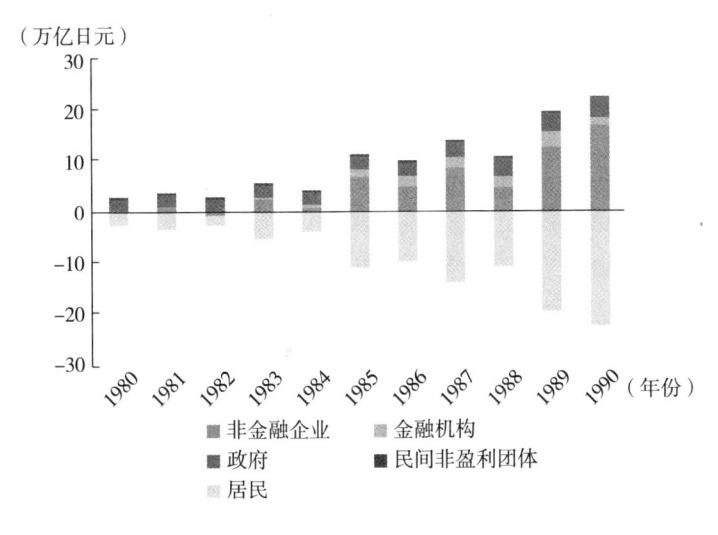

图 5-32　分部门土地净购入额

进一步通过分析企业的资产负债表观察企业的购地行为。1984—1990 年，企业的土地净购入额为 280 万亿日元。分规模看，中小企业购入土地更多，占 68%；分产业看，非制造业的土地净购入额更多，占 83%，且超过半数由中小企业购入（见表 5-3）。而从融资端看，中小企业的投资大部分都是通过借款实现的。如表 5-4 所示，中小企业从银行或其他金融机构获得新的借款，投资于土地、其他固定资产以及金融资产。我们使用上述三类资产的增加值和长期借款的增加值，计算中小企业的长期资产负债率，发现这一比重明显上升。这表明这一时期日本许多中小企业越来越多地利用借款投资土地和金融资产。

表5-3 1984—1990年企业持有土地的增加额

行业/企业	增加额（万亿日元）	比重（%）
全部企业	280	100
大企业	90	32
中小企业	190	68
制造业	49	17
大企业	22	8
中小企业	26	9
非制造业	231	83
大企业	68	24
中小企业	164	58

表5-4 日本中小企业的资金运用与资金借入情况

单位：万亿日元

年份	资金运用				资金借入	资产负债率（%）
	土地	其他固定资产	金融资产	合计	长期借款	
1984	10	10	7	27	5	16
1985	11	28	8	47	22	48
1986	18	34	11	63	38	60
1987	23	38	16	77	54	70
1988	28	42	15	85	80	95
1989	10	47	19	76	52	69
1990	38	54	20	112	104	94

（三）商业银行资产结构转向更高风险的行业与中小企业

在金融自由化背景下，日本的金融机构普遍面临利润空间压缩、资金来源减少的双重困境。随着资本市场不断发展，企业越来越多地从资本市场融资，直接融资占比增加进一步加剧了"金融脱媒"的倾向。如图 5-33 所示，大型制造业企业的银行贷款占全部借款的比率虽然始终保持在 90% 以上，但该比例在 20 世纪 80 年代有逐年下降的趋势。更关键的是，企业的贷款余额绝对值也在减少。

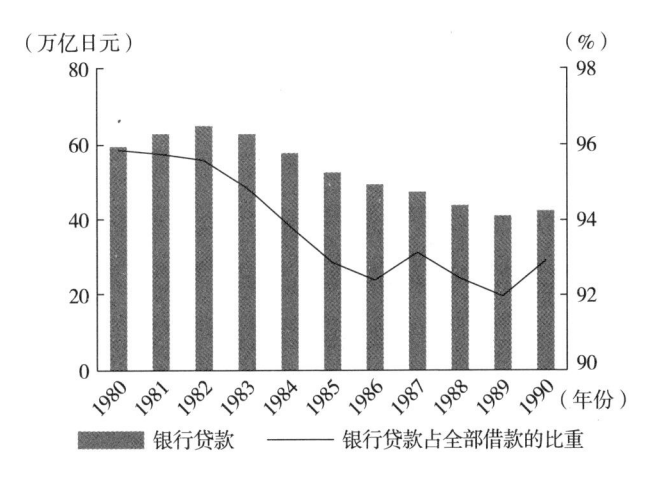

图 5-33 大型制造业企业银行贷款

银行贷款对象逐渐从制造业、大企业转向收益率较高的房地产业与中小企业，而这一转变伴随着实际上投向房地产业的贷款迅速增加。2012 年，正广和川干[①]认为，这一时期日本银行信贷在高风险区域过度扩张，主要包括三个方面：一是银行信贷扩展到了消费贷款、房地产贷款以及中小企业贷款等高风险领域；二是资本市场放松管制使得大型公司资金筹措从商业银行转向国内或者欧洲市场，商业银行的主要客户从制造类企业转向非制造类

---

① Fujii M, Kawai M. Lessons from Japan's banking crisis–1991 to 2005. InResearch handbook on international financial regulation 2012 Jul 30. Edward Elgar Publishing.

企业，这些企业缺乏效率、风险较高；三是银行和借款人采用低利率且缺乏审慎监管的担保贷款。

1980—1989 年，银行对所有企业的固定投资贷款余额增加了 74.7 万亿日元，增加约 2.4 倍，年均增速约为 10%。然而，同一期间银行对房地产业的固定投资贷款余额增加约 6.2 倍，年均增速为 23%，这意味着房地产占银行固定投资贷款投资的比重不断增加，1989 年房地产企业固定投资贷款的比重增加至 15%（见图 5-34）。房地产企业的新增固定资产贷款也迅速增加，其间的年均增速高达 29%，甚至仅在 1989 年就增加了 10.4 万亿日元（见图 5-35），占同期银行新增固定资产贷款的比重为 18%（见图 5-36）。此外，当时的日本还存在大量的银行通过非银金融机构贷款给房地产业的"迂回融资"的情况。[1]

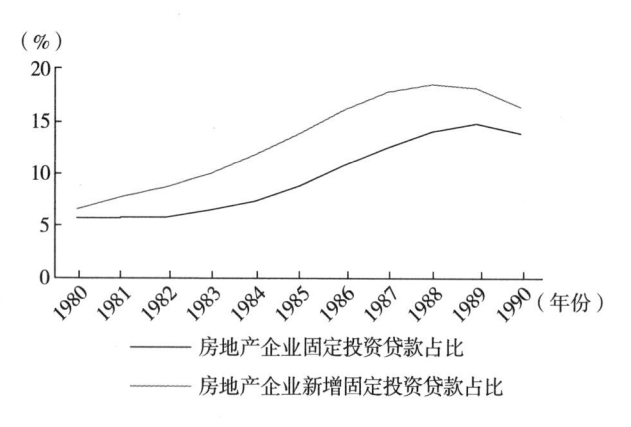

图 5-34　房地产企业贷款占银行贷款比重

---

[1] 野口悠纪雄. 泡沫经济学 [M]. 北京：生活·读书·新知三联书店，2005：96-98.

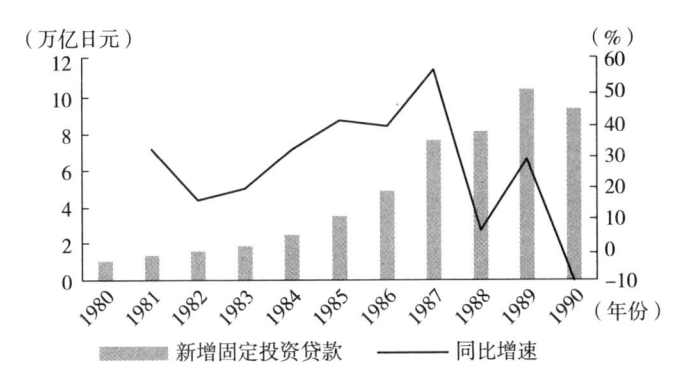

图 5-35　房地产行业新增固定投资贷款

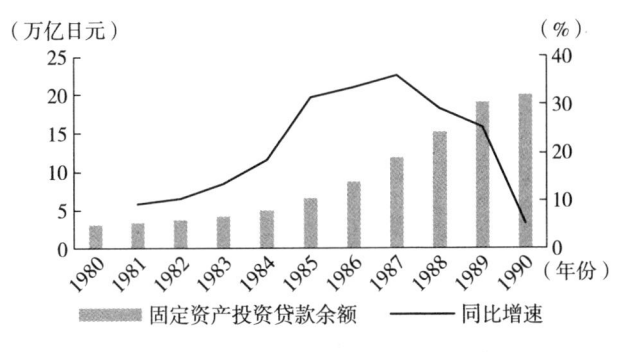

图 5-36　房地产行业固定资产贷款余额

三、日本房地产和股市泡沫破灭后的负面冲击和化解过程

1989年，随着日本CPI同比增速从1988年的0.7%快速上升至1989年的2.3%，经济过热成为日本当局关注的重点。1989年5月31日，日本央行开始收紧货币政策，将官方贴现率从2.5%上调至3.25%，结束了从1987年2月开始保持了27个月2.5%的低利率。从1989年5月至1990年8月，日本银行连续5次上调官方贴现率至6%（见图5-37）。此外，1990年日本央行还通过"窗口指导"要求商业银行将四季度新增贷款同比降低30%。

与此同时，1990年3月，大藏省对房地产信贷进行了总量控制，要求商业银行对房地产公司贷款的增速不得超过总贷款额的增速。

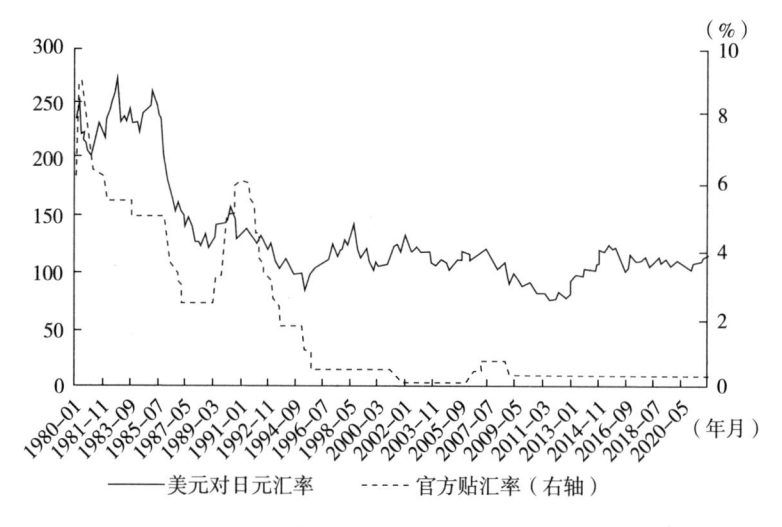

图 5-37　美元对日元汇率及官方贴现率

在多重紧缩性政策压力下，缺乏实业支撑的资产价格泡沫破灭。股票价格和土地价格分别从1990年下半年和1991年下半年开始急剧下跌（见图5-38，图5-39）。其中，东京股票价格指数在1990年从最高的2 867.70点下降至年末的1 733.83点，降幅约为40%，后持续降低至1992年8月的1 102.50点。城市土地价格指数（1980=100）从1991年最高位的209.05点持续下跌，直至2014年才稳定在71点左右。住宅物业价格指数（1980=100）从1991年的197.56点持续下跌，至2009年的107.02点后，回升至2020年的123.68点。

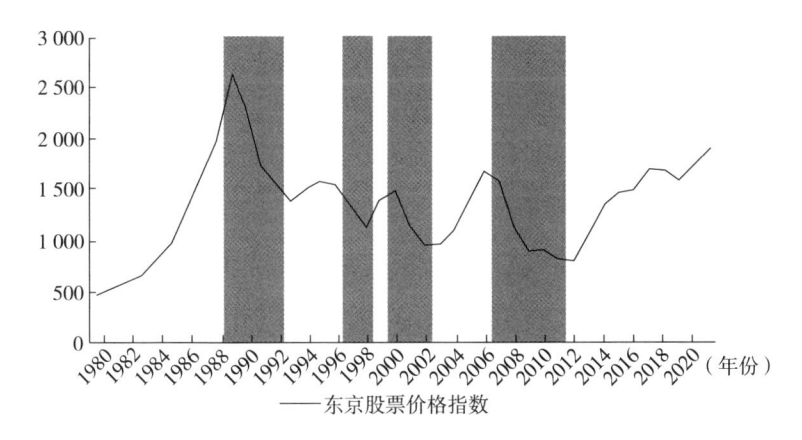

图 5-38 东京股票价格指数

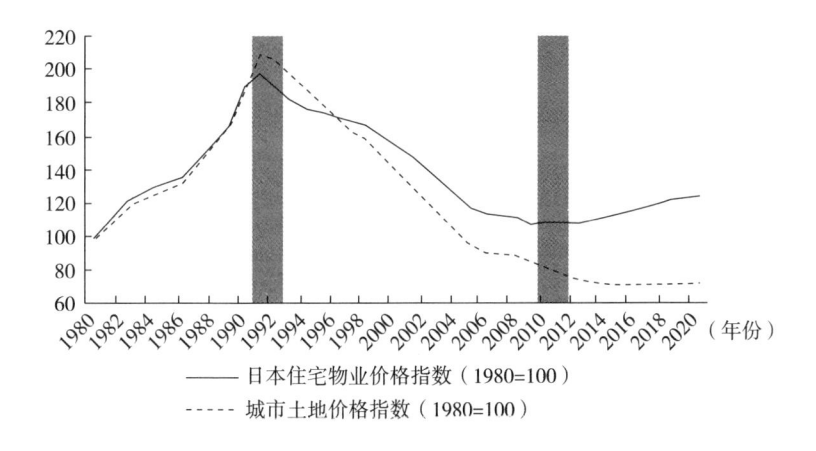

图 5-39 日本住宅价格和土地价格

（一）泡沫破灭后，日本经济陷入资产负债表衰退

资产价格暴跌全面波及实体经济，深度影响了金融体系稳定。如前文所述，企业与银行的资产负债表对房地产市场和股票市场十分敏感，资产价格下跌对企业的资产负债表形成了严重的冲击，大量不良债权拖累了银行资产负债表的稳健性。泡沫破灭后，日

本经济增长陷入长达 20 年的停滞，被称为"失去的 20 年"。据估计，1990 年地产和股票价格的下跌给日本带来了 1 500 万亿日元的损失，这相当于日本全部个人金融资产的总和、三年国内生产总值的总和[①]（见图 5-40）。

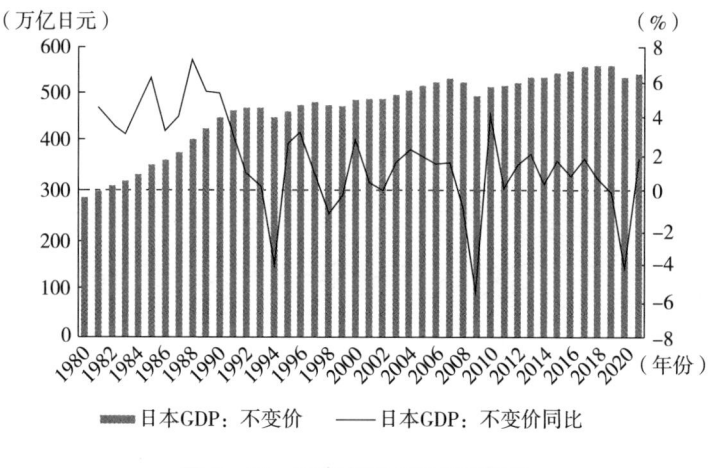

图 5-40　日本实际 GDP 及增速

企业破产数量和对应的债务规模快速增加。股价和房价下跌叠加融资成本上升，大企业所依靠的低成本融资、投资高收益资产的资本运营模式难以为继，导致企业破产数量和对应的债务规模显著增加。如图 5-41 所示，企业破产数量和总负债规模在 1990 年明显上升，直至 2000 年以后破产企业总负债才持续回落。根据东京工商业研究机构数据，1990 年企业破产数为 6 468 件，总金额约为 2 万亿日元，比 1989 年增加了 62%。特别是不动产

---

① 辜朝明. 大衰退：如何在金融危机中幸存和发展 [M]. 北京：东方出版社，2008.

企业破产数为 364 件，比上年增加了 28%，负债总额为 6 600 亿日元，是 1989 年的 4 倍。[①]

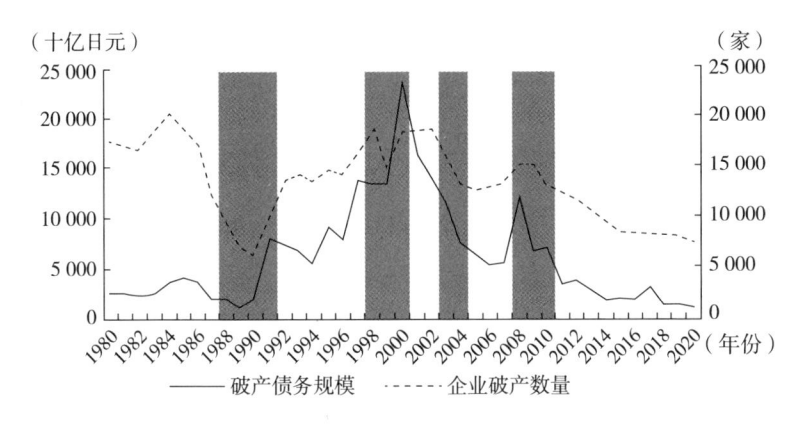

图 5-41　1980—2020 年日本企业破产数量及规模

存活下来的企业基本丧失了扩张意愿，陷入资产负债表衰退。资产负债表衰退理论认为，企业在泡沫时期为购买资产向银行举债，泡沫破灭后资产价值大幅缩水，但对银行的债务不变。虽然企业的产品开发与营销两大核心部门运转正常，仍然能够持续盈利，但企业的负债仍然大于资产，面临技术性破产的窘境。此时，企业的目标约束由收益最大化转为负债最小化，企业持续用盈利弥补前期损失，修复资产负债表而非进行生产性投资。当全国范围内资产价格下挫抵消了资产价值，造成债务遗留时，民营企业一起转向债务偿还将造成"合成谬误"，私人部门投资需求不足。

---

① 野口悠纪雄. 泡沫经济学 [M]. 北京：生活·读书·新知三联书店，2005.

可观察到三方面现象。一是银行未偿还贷款余额规模持续下降,从1993年的511万亿日元持续下降至2005年的近400万亿日元(见图5-42)。贷款规模减少并非因为银行惜贷,根据日本央行公布的《日本银行短期经济观测调查》数据,20世纪90年代金融体系有充足的借贷意愿。二是固定投资贷款余额变化在一定程度上反映了私人部门投资需求的变化。1987—1990年固定投资贷款余额同比增速高达15.59%,泡沫破灭后从1990年12月的10.91%持续下降至1995年3月的-0.11%,随后反弹至1996年6月的5.02%,后期持续低迷,直至2005年才进入稳定正增长区间。三是企业仍然能够持续盈利。制造业企业和非制造业企业的营业利润率在1980—1990年的均值分别为4.91%和3.05%,泡沫破灭后有所下降,但1991—2005年的均值仍保持在3.76%和2.69%的水平(见图5-43)。

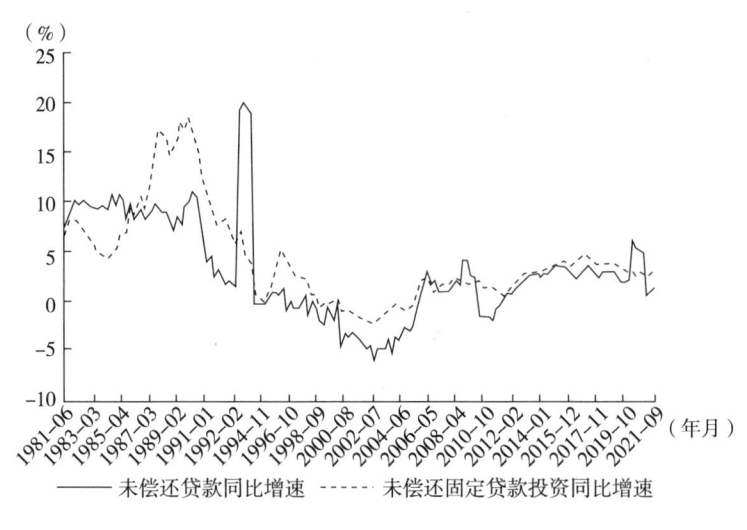

图5-42 未偿还贷款同比增速

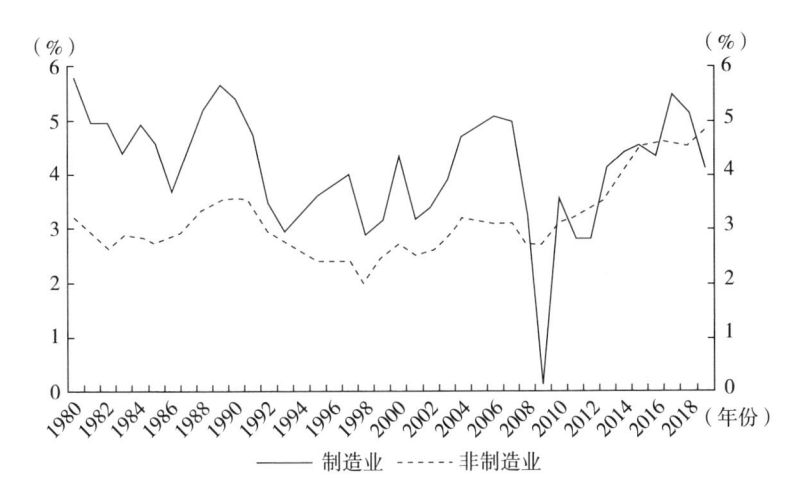

图 5-43 日本制造业和非制造业企业营业利润率

（二）危机发生后，商业银行资产端遭受双重打击

一方面，资产价格暴跌严重侵蚀了银行信贷的担保物价值，导致大量不良债券出现。特别是高负债企业难以按期偿还贷款，金融部门积累大量不良债权。如前文所述，银行信贷集中于房地产、建筑等行业，这些债权多以房地产作为抵押担保。且在土地价格的泡沫时期，诸多房地产企业和中小企业出于投机目的借钱购入土地。野口悠纪雄估算，即使将日本全国银行的业务净收益（1991 年约为 3.7 万亿日元）的一半用于处理不良债权，至少也需要 5 年的时间。而根据日本金融厅统计，1992—2002 年金融机构中所有银行不良债权从 12.78 万亿日元增加到 43.21 万日元。日本民间机构以及穆迪评级公司、标准普尔公司对日本不良债权的

估计更高,是官方数据的 3~5 倍。①

另一方面,商业银行投资的股票等金融资产价格下跌进一步使得银行处理不良债权陷入困境。银行的未实现持股收益(股票溢价)能够在处理不良贷款时起到缓冲作用,被看作事实上的贷款坏账准备金。日本的银行为了维护与客户企业之间的关系,往往会持有大量企业股票。银行在泡沫时期积累了大量的未实现持股收益,1989 年日本的城市银行、长期信用银行、信托银行等股票溢价合计高达 62.23 万亿日元,约占东京证券交易所上市公司发行股票时价值总额的 10.5%。股票价格下跌侵蚀了银行储备资产价值,损害了银行扩大贷款和承担风险的能力,增加了银行处理不良债务的难度。据估算,如果当时日经股价下降到 13 000 日元,那么多数银行的股票溢价就接近于 0。②

日本银行业用了 15 年才完成对不良债权的处置。日本银行在 20 世纪 90 年代初就开始处理不良债权问题,到 2002 年已经处理了超过 90 万亿日元的不良债务(包括贷款损失准备金、贷款注销等),相当于 1986—1990 年贷款增长的 80%。③ 银行在 1995、1997、1998 财年都处于净亏损状态④,而且从 1994 财年起银行连续 7 年都无法以净商业利润覆盖处置不良贷款,处于实际亏损状态。2001 年 4 月,日本政府制定《紧急经济对策》,要求主要银

---

① 谢玮. 资产负债表衰退:日本经验. 北京:社会科学文献出版社,2018.
② 野口悠纪雄. 泡沫经济学 [M]. 北京:生活·读书·新知三联书店,2005.
③ 日本银行. 日本不良贷款问题,2002-10-11.
④ 日本内阁府.《2000—2001 年日本经济及公共财政年度报告》.

行加快不良债权处理进程，3年内处置完成不良债权资产。直到2003年，金融部门才开始显现改良势头，东京三菱银行时隔7年半在日本国内开设了新的分行，住友信托银行等四家金融机构的财务等级在泡沫破灭后首次得到提升。[①]

（三）房地产债务成为宏观经济最脆弱的环节，共经历三轮去杠杆，房地产企业才得以最终完成资产负债表的修复

如前所述，20世纪80年代日本的债务问题与房地产行业有着密切联系。在此后的10余年里，房地产行业始终处于缩表状态。不仅如此，房地产债务成为整个经济最脆弱的环节。如图5-44所示，房地产行业的未偿还债务同比增速从1989年的14.1%趋势性下降至2003年的-9.4%，在此期间也随着经济复苏进程和财政政策变化有所调整，2008年全球金融危机以后才稳步增长。从房地产行业未偿还债务占增加值的比重来看，1990—2003年具有明显的去杠杆特征。此后，房地产行业继续加杠杆，直至2008年全球金融危机的爆发。但是，2008年金融危机后日本房地产企业能够较快摆脱危机影响，并在随后的10年里持续加杠杆，与此前面临冲击后的表现存在显著差异。

仔细观察20世纪90年代后日本化解债务风险的过程，不难看出房地产债务始终是宏观经济中最脆弱的环节。具体来说，房地产化解债务风险共经历了三轮去杠杆，每一轮去杠杆都肇始于某种外部冲击或国内政策调整，而房地产去杠杆则会带动日本宏

[①] 裴军.2003年日本政治、经济、军事及外交大盘点[N].中国年青年报，2003-12-31.

观经济下行。

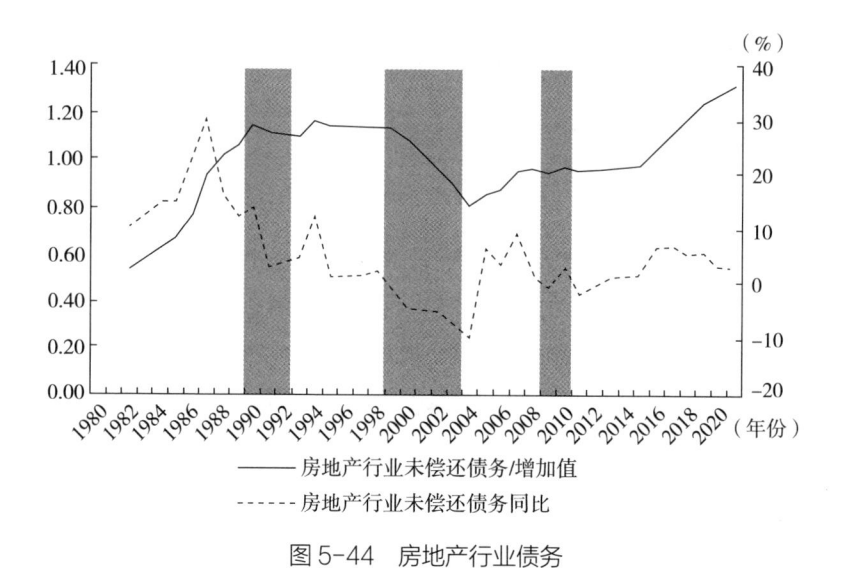

图 5-44 房地产行业债务

第一轮去杠杆（1989—1994 年）：资产价格泡沫破灭引发房地产行业去杠杆和经济衰退。房地产行业的新增固定资产贷款同比增速从 28.5% 下降至 1991 年的 -24.6%，后回升至 1994 年的 2.5%。居民部门房贷未偿还余额同比增速从 1989 年的 16.8% 下降至 1994 年的 2.8%。在房地产持续去杠杆的影响下，日本 GDP 同比增速从 1989 年的 5.4% 下降至 1994 年的 -4.3%。

为了摆脱经济衰退，日本央行开始持续降息，官方贴现率从 1990 年 8 月的 6%，随后六次下调至 1993 年 9 月的 1.75%，显著低于泡沫破灭前 2.5% 的平均基准利率水平。但是，由于此时日本正处于严重的"资产负债表衰退"中，私人部门信贷扩张乏力，结果 M2 同比增速不增反降，从 1989 年的 9.9% 下降至 1994 年的2.1%。与此同时，日本财政开始不断发力，1992年3月日本时任首相宫泽喜一制定紧急经济对策，主要是进行公共工程项目投资，预算总额达到24.9万亿日元。① 在宽松宏观政策的持续支持下，日本经济从1995年开始实现了复苏。

第二轮去杠杆（1997—1998年）：1997年亚洲金融危机冲击、财政重建。在经历第一轮去杠杆之后，房地产企业的新增固定资产贷款同比增速在1995年回升至12.1%，居民部门新增房贷同比增速同样在1995年实现了64.3%的高速增长。与此同时，1995—1996年，日本经济曾短暂复苏，GDP同比增速从1994年的-4.3%持续回升，到1996年实现了3.1%的同比增速。

然而，1997—1998年内外部两方面的冲击使得经济再度下滑，1998年GDP同比增速进入负区间。1997年爆发的亚洲金融危机使日本外部经济环境恶化，而内部则面临着由于泡沫时期遗留的企业债务、银行不良债权等尚未解决的问题。更为关键的是，由于泡沫破灭后日本财政公共支出巨幅增加而国内经济疲弱导致日本财政状况持续恶化，1997年时任首相桥本龙太郎提出要进行财政重建。结果，日本房地产企业未偿还贷款同比增速从1997年的2.6%跌入1998年的-0.1%，居民部门房贷未偿还余额同比增速也下降了1.6个百分点。随着房地产企业开始第二轮去杠杆，日本的GDP增速再次由正转负。

第三轮去杠杆（2001—2002年）：全面推进结构性改革而忽

---

① Kameda, K. What causes changes in the effects of fiscal policy? A case study of Japan [J]. *Japan and the World Economy*，2014：31，14-31.

视需求侧管理造成国内紧缩。1998年7月上台的小渊惠三为了摆脱经济萧条，大力推行凯恩斯主义政策，在整顿金融机构破产程序的同时采取了极具扩张性的财政政策刺激经济。1999年2月，日本央行开启零利率模式。随后的日本首相森喜朗延续小渊的公共支出政策，并将经济复苏和财政重建比喻为"同时追赶两只兔子"，即无法同时实现，首要任务应该是复苏。① 2000年，随着外部冲击消退和内部宏观政策持续发力，日本经济再次进入短暂又脆弱的复苏区间，GDP同比增速从1999年的-0.3%回正至2000年的2.8%。本轮复苏的特点是外需驱动比较明显，国内投资增长主要集中在IT（信息技术）领域，但非制造业投资恢复依然缓慢，商业银行不良贷款及过度借债是日本经济需要解决的问题。②

2001年4月小泉纯一郎被任命为首相后就开始启动结构性改革，包括解决不良贷款问题、削减财政成本和范围等，日本央行也首次采取量化宽松政策。但此时的日本政府忽视了财政支出在稳定总需求方面发挥的重要作用，仅凭宽松的货币政策无法抵消

---

① Ihori, T., & Nakamoto, A. Japan's fiscal policy and fiscal reconstruction. International Economics and Economic Policy, 2005, 2（2）, 153–172.
当时对大规模刺激政策的批评集中于两点，一是激增的公共设施（多数并不重要）也带来维护成本的激增；二是这往往会导致结构性改革被推迟。当时的共识是，只要政府能够防止经济陷入衰退，就没有必要立即采取痛苦的措施。带来私人部门的道德风险。私人部门普遍认为，如果经济形势恶化，政府将提供援助。这种感觉在商界滋生了某种自满情绪，使许多企业管理人员容易因缺乏自律而面临"道德风险"。在经济需要长期进行结构性改革之际，继续实行短期刺激政策，阻碍了私人部门的自助努力。

② 日本内阁府.《2000—2001年日本经济及公共财政年度报告》.

财政政策退场带来的总需求缺口。面对国内紧缩的压力，房地产行业开始第三轮去杠杆，房地产企业未偿还债务余额同比增速持续下降，从2001年的-4.6%降至2003年的-9.4%，新增固定资产投资同比增速从2001年的9%降至2003年的-15.5%。

2003年下半年以来，随着企业的资产负债表有所修复以及海外经济体加速增长，日本的出口和资本投资都有所增加，由私人需求而非政府支出引导的经济复苏开始出现。2003财年实际GDP增长3.2%，国内私人需求、私人消费和住宅及非住宅投资贡献了2.9%，外部需求贡献了0.8%，而包括政府消费和公共投资在内的政府支出贡献了-0.6%。[①] 良好的宏观经济发展势头为财政巩固提供了环境，日本私人部门也因为基本摆脱了上一轮的债务困境而没有受到财政紧缩的影响。在随后几年里，小泉内阁的紧缩性财政政策陆续实施，2002—2006年公共事业投资被大量削减，4年间约减少了5.9万亿日元财政支出，由于经济恢复景气以及阶段性废止了1999年开始实施的定额减税，4年间税收总额增加了16.6万亿日元，日本财政状况相对改善。[②] 日本也进入了从2002年下半年到2008年初近6年的经济正增长时期。

2008年全球金融危机后日本房地产企业能够较快摆脱危机影响，并在随后的欧债危机、缩表恐慌、中美贸易摩擦和新冠肺炎疫情等数次冲击中表现稳健。对比房地产泡沫破灭后的1998—2005年和2008年全球金融危机破灭后的日本经济情况，可以发

---

① 日本内阁府.《2003—2004年日本经济及公共财政年度报告》.
② 张季风.日本财政困境解析[J].日本学刊，2016（2）：69-90.

现：1998—2005年，去杠杆过程中出现了两次反复，分别是1997年和2001年，在经济一段时间向好后遭遇了外部金融危机、内部财政收紧，经济开始下跌且房地产企业部门和居民部门继续去杠杆。2008年全球金融危机对经济的冲击很快被消化，房地产企业的未偿还债务余额同比增速从2006年的9.3%下降至2008年的-0.6%，后续很快进入震荡复苏阶段，在2019—2020年新冠肺炎疫情暴发期间仍保持了3.5%的增速。居民部门房贷未偿还债务则在2008—2020年同比保持了2.4%的增速。

四、政策启示

总结日本化解房地产债务的经验教训，可以得出三点政策启示。

第一，化解房地产债务不是一蹴而就、一步到位的过程，或许要经过几轮去杠杆。从20世纪90年代初泡沫破灭到实现持续稳定的复苏，日本经过了10余年的时间。从企业部门来看，未偿还贷款同比增速从1994年跌入负增长后2005年才回正。从金融部门来看，不良债权处置也历经10余年时间，从20世纪90年代初至2003年前后。此外，金融部门不仅要处置泡沫破灭带来的不良贷款，同时还要处理工业、个体企业转型过程中产生的新的不良贷款。资产负债表修复并不是一蹴而就的。例如，房地产行业的未偿还债务同比增速从1986年震荡下跌至2003年后才开始实现稳步增长，其间伴随着经济复苏后增速抬升后又因为财政整顿等政策收紧而进一步下跌。在此之前，房地产债务始终是宏观经济最脆弱的环节，稍有不慎就会产生显著的经济下行压力。

第二，财政政策支持很关键，至少不能成为复苏阻力。尽管经历了资产价格大幅下跌，私人部门投资需求大幅减少，但是日本的 GDP 仍然长时间保持在泡沫高峰时期的水平，这得益于日本的大规模财政支出，弥补了私人部门投资需求不足。根据辜朝明的估计，如果缺少财政政策的支持，那么日本的国民生产总值会跌至高峰时期的一半或者 1/3。[①] 一个证据是，日本政府在 1997 年开始的财政整顿引发了经济衰退，延迟了日本企业修复资产负债表的时间。1997 年桥本内阁在预算中提高了 9 万亿日元的消费税率和医疗费，结果导致连续五个季度出现经济负增长，随着 1998 年小渊内阁持续推行减税路线，经济才得以复苏。因此，在私人部门化解债务的同时，财政政策要持续发力，为私人部门化解债务提供比较适宜的宏观环境，至少不要成为冲击来源。

第三，货币政策应给予适度的流动性支持，并与其他宏观经济政策协调。宽松的货币政策至少可以通过两个渠道来支持私人部门化解债务风险。其一，宽松的货币政策可以维持资本市场流动性充裕并将融资成本保持在较低的水平，这既可以帮助企业部门完成债务置换，降低负债成本，又可以降低政府的发债成本和偿债支出，间接提高财政可持续性。其二，宽松的货币政策可以提高资产估值，既能帮助私人部门改善资产负债表状况，又能通过提升抵押品价值来缓解银行部门因资产重估带来的不良债权压

---

① 辜朝明.大衰退：如何在金融危机中幸存和发展[M].北京：东方出版社，2008.

力。日本的经验表明，金融资产价格保持稳定对银行部门持续化解不良债权和维护金融系统稳定至关重要。

回顾20世纪80年代日本房地产债务形成的过程，不难发现其与中国当前的情况存在许多差异。因此，要在认清两者差异的基础上，因地制宜地吸取日本化解债务风险的经验和教训。

一是城市化的阶段不同。2000—2020年，中国正处于快速城市化阶段，新市民进城和城市扩张带来了大量的住房需求。2010年之后，城市更新和改造又催生出一批住房需求。这是支撑中国房地产快速发展的根本动力。房地产市场快速发展的大背景是城市化进程加速，而日本在20世纪80年代已经基本完成了城市化进程，达到了较高的城市化水平。

这意味着中国个别地区或许存在一定程度的房地产价值高估，但正如前文所述，这种高估并非整体性的。换言之，中国房价并不存在系统性的高估，不能沿着泡沫破灭的思路来看待房地产资产价格的大幅调整。更重要的是，20世纪80年代日本的居民部门是土地的主要供给者，因此在日本房地产价格大幅下跌之后，居民部门可以及时减少供给。而在过去很长一段时间里，中国的土地供给者是政府部门。

二是债权债务关系不同。在房地产债务形成过程中，特别是2013年之后对房地产融资整体收紧后，中国的居民部门始终是加杠杆的主体。如前所述，房地产企业存在大量沉淀资产，这些沉淀资产也对应了相当多的债务。与日本的显著区别在于，我国的制造业和工商业类企业并没有像日本那样出现大范围的深度参与房地产市场的情形。此外，日本的银行部门是房地产债务的主要债权人，而中国除了银行作为债权人之外，大量的信托公司和保险公司也是房地产债务的债权人。

这意味着中国在处理债务风险时，除了须确保银行部门的损失要始终处于可承担的范围之内，还应该密切关注信托和保险行业的债务处理进度和结构，因为这些机构是债权内部最脆弱的环节。

三是面临的问题不同。20世纪90年代危机发生后，日本企业和银行部门普遍面临的挑战是资产大幅贬值对资产负债表的冲击，进而陷入资产负债表衰退。而资产负债表衰退的前提条件则是实体部门的现金流基本保持健康，需要相当长的时间来完成资产负债表的修复。

中国当前面临的房地产债务问题并非来自资产端的估值压力，而是房地产企业的现金流出现了问题。一方面是因为销售低迷导致回款不畅，另一方面是房地产持有的大量沉淀资产无法创造足够的现金流。现金流恶化意味着对应的房地产债务可持续性在不断恶化。这或许比日本当时面临的挑战更加严峻，因为在现金流恶化的情况下，房地产企业既无法通过现金流来持续压降债务，银行也没办法采取大规模不良债权处置，因为这些债权所对应的资产无法创造现金流。

我国房地产发展新模式

一、未来房地产发展的新形势

未来5~10年中国新增住房需求会显著减少。学术界普遍认同，城市化、人口红利和城市更新改造是推动中国房地产持续繁荣的最重要的三个因素：较快的城市化带来了新市民的购房需求，城市更新带来了大量房地产建设和投资需求，以及相对年轻的人口年龄结构提供了稳定的中青年群体购房需求。当前，上述三个结构性因素都出现了明显变化，或带动未来5~10年中国新增住房需求系统性下降。

首先，快速推进城市化的阶段已经过去，城市化率或接近拐点。我国城市化进程主要体现为农民进城成为"新市民"，并催生出大量的新增购房需求。根据第七次人口普查数据，我国城镇居民占人口的比重达到63.9%。我国城市化或进入拐点。一方面，未来能够进城的农民群体规模显著缩小。根据第七次人口普查的数据，农村超过60岁的人口占比达到23.8%，已经是中度老龄化水平，仍留在农村的人口以中老年人为主。另一方面，虽然我国城市化率与发达经济体仍有差距，但由于统计口径层面存在差异，我国65%的城市化率可以相当于欧美发达经济体75%的城市化率水平。这已经接近城市化率的"天花板"水平。此外，户籍制度等体制性因素也会阻碍人口流动，未来我国由人口的城

05
构建房地产新模式

乡流动推动的城市化速度会减缓。

其次,我国大部分城市已经基本完成城市更新,未来全国范围的城市更新需求显著下降。城市更新主要是通过两种方式——新城建设和旧城改造。这两种方式都会催生出大量的房地产建设和投资需求,是推动房地产行业快速发展的重要力量。经过多年的高速发展,我国大多数城市都已经基本完成城市更新,部分地区的新城建设甚至已经出现了明显的资源闲置。因此,在未来5~10年甚至更长时间里,无论是新城建设还是旧城改造的发展空间都已经非常有限,短期内很难催生比较大幅的房地产建设和投资需求。

最后,我国正在进入老龄化社会,未来新增的购房人群规模在不断缩小。第七次人口普查数据显示,我国人口老龄化的程度在不断加深。在人口增速下行和老龄化程度不断加深的双重影响下,我国未来的潜在购房人群规模在不断缩小。同时,老龄化意味着人口年龄红利的消失,进而作为中间变量影响到经济增速和可支配收入的增速,这也会降低未来的购房需求。

2021年,吴璟和徐曼迪[①]对上述三个因素带来的住房需求绝对规模做了定量的拆分,并对未来5~10年的新增住房需求做出了趋势性预测。他们把潜在的新增住房需求分为三个部分,分别是城镇家庭户自然增长、城镇家庭户机械增长和城镇存量住房拆除,这实际上分别对应了人口增长带来的新增住房需求、城市化带来的

---

① 吴璟,徐曼迪.中国城镇新增住房需求规模的测算与分析[J].统计研究,2021,38(9):75-88.

新增住房需求，以及城市更新（拆迁）带来的新增住房需求。

测算结果表明，2001—2010年的年均新增住房需求大约为812.2万套，这与同期年均竣工住房818.4万套的数字基本一致，表明这一时期住房市场供需基本处于平衡状态。2011—2015年的年均新增住房需求为974.5万套，规模较前一阶段有所增加，且显著低于同期年均竣工住房1 145.9万套的数字，表明这一时期住房市场处于供大于求的状态（见图5-45）。这与2015年中国房地产市场面临巨大去库存压力的现象保持一致，也间接佐证了上述测算的合理性。

新增住房需求的定量拆分

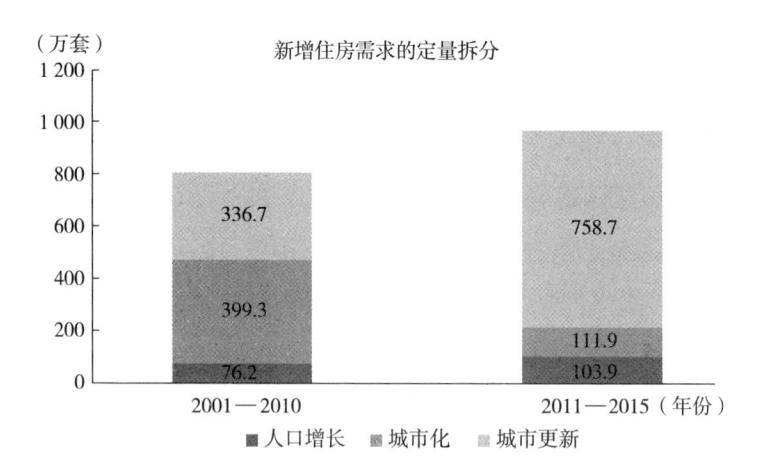

（万套）

2001—2010：人口增长 76.2，城市化 399.3，城市更新 336.7

2011—2015：人口增长 103.9，城市化 111.9，城市更新 758.7

图5-45 人口增长、城市化和城市更新带来的新增住房需求

与2001—2015年相比，驱动新增住房需求的因素发生了显著改变，2011—2015年城市化带来的新增住房需求较前一阶段显著减少，主要的新增住房需求来自城市更新带来的新增住房需求。这与相关政策的出台和实施情况相一致。2010年，中央全面启动

05
构建房地产新模式

城市和国有工矿棚户区改造工作。2012年,中国住房和城乡建设部等七部门联合发出通知,要求加快推进棚户区(危旧房)改造。针对各类棚户区改造,七部门给出了完成期限。2013年起,我国棚改工作大规模推进,2014年,国务院办公厅印发《关于进一步加强棚户区改造工作的通知》,部署有效解决棚户区改造中的困难和问题,推进改造约1亿人居住的城镇棚户区和城中村。

吴璟和徐曼迪分别对未来10年城市化率水平、潜在购房人口规模和城市更新速度进行了趋势外推,并据此预测2021—2030年我国新增住房需求规模。测算结果表明,2020年后的10年间需求规模将出现较为明显的下降,2021—2025年年均城镇新增住房需求约为656万套,2026—2030年年均约为455万套,分别较2011—2015年下降33%和53%(见图5-46)。

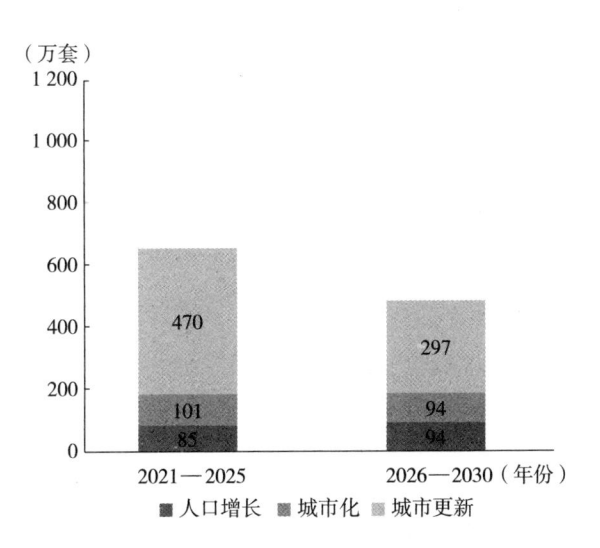

图5-46 2021—2030年新增住房需求预测

城市更新带来的新增住房需求下降是导致未来新增住房需求下降的最主要原因。这亦与当前的政策导向相一致。2021年8月31日，住房和城乡建设部发布《关于在实施城市更新行动中防止大拆大建问题的通知》，意味着过去10年里快速推进的城市更新行动告一段落，未来的城市更新速度会放慢，对应的模式也会发生改变。换言之，大拆大建的时代基本宣告结束，城市更新带来的新增住房需求也会显著减少。

国际比较表明，目前我国人均住房面积与发达国家人均住房面积的差距已经比较小。如图5-47所示，发达国家中人均住房面积最高的国家是美国[①]（接近70平方米），德国[②]、法国[③]和英国[④]的人均住房面积相差不大（40平方米左右），而日本[⑤]的人均住房面积只有22.8平方米。根据住房和城乡建设部公布的数据，2019年我国城镇居民人均住房建筑面积为39.8平方米，按照1.3的系数折算成使用面积大概是30平方米，与欧洲发达国家相差10平方米左右，显著高于日本。考虑到当前我国人口总量已经基本保持稳定，人均住房面积的提升空间有限决定了我国未来新增住房需求的增长空间相对有限。

[①] 美国人口普查局2019年数据。
[②] 德国统计局2018年数据。
[③] 法国统计局2013年数据，（最新只找到2017年版本，体现了2013年数据）。
[④] 2018年的数据源于英国大伦敦政府发布的Greater London Authority，Housing Research Note 6：An analysis of housing floorspace per person，February 2021。
[⑤] 日本总务省《平成30年住宅·土地统计调查》（每5年发布一次，最新数据是2018年的），2018年人均居住面积为14.06畳（1畳=1.62平方米）。

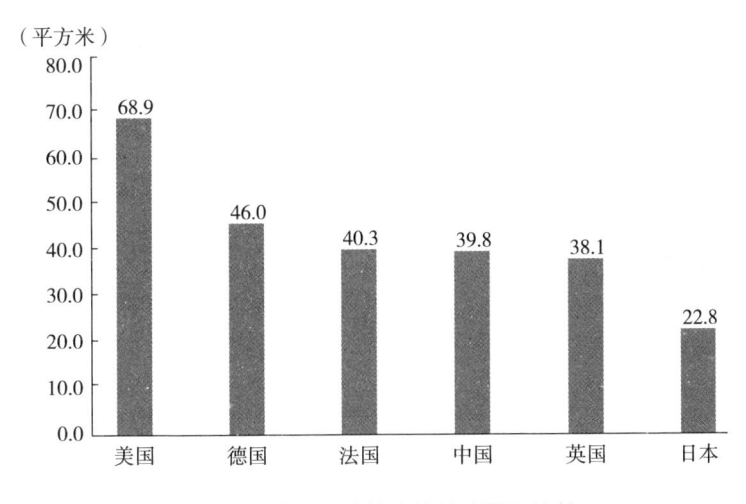

图 5-47 主要国家的人均住房面积比较

二、新模式下要解决的重点问题

"三高"现象下,房地产市场发展进程中存在的突出问题主要有两个。一是都市圈房价过高,以进城务工人员为主体的大量劳动力在大城市工作,但难以负担得起都市圈的高房价。二是房地产的高销售和高盈利一去不复返,房地产企业盈利难以覆盖巨额沉淀资产带来的利息负担,大量房地产企业陷入破产边缘,未来相当长时间内房地产行业面临资产负债表缩表压力。房地产企业破产不仅会对金融市场带来冲击,更重要的是与此相关的住房抵押贷款、房地产行业上下游关联企业贷款、由卖地收入支撑的地方政府平台贷款都会受到严重冲击,这将影响到全社会的信贷扩张,引发需求收缩和宏观经济不稳定。

普遍的房价上涨不再是未来房地产市场的主要压力。随着房地产发展环境的变化,全国性的房价趋势性上涨压力将会大幅缓解，个别大城市可能依然面临住房供不应求和房价上涨压力，大部分城市房价上涨压力将会得到极大缓解，部分人口流出城市可能主要面临房价下行压力。

房价上涨压力的缓解，再加上对购买住房的高首付比限制，以及在其他各种限制购买住房的政策限制下，"房住不炒"已经落实，不再成为房地产行业存在的突出问题。

资金过度流入房地产行业并挤占其他行业发展信贷资源的判断在当前和未来环境下不再成立。在信贷需求不足的环境下，通过房地产行业带动的信贷增长对于全社会购买力及其他部门的销售收入和利润增长是重要保障。当前和未来主要担心的问题并非房地产行业占用了过多信贷资源，而是该行业的信贷收缩。

以下我们针对当前和未来房地产市场发展面临的两个突出问题，提出房地产新模式下的解决方案：一是面向新市民的都市圈建设方案；二是稳定房地产行业发展的债务化解方案。

三、面向新市民的都市圈建设方案

面向新市民的都市圈建设方案主要包括两方面内容：一是面向新市民的住房或租赁房供给，不仅是房屋供给，也包括相应的教育、医疗配套资源供给，尤其是中小学教育供给；二是面向新市民的住房购买力支持。在建设方案中，无论是建房还是提供教育和医疗的幅度，都要尽可能地利用新市民和企业的市场自发力量，政府发挥的作用是对开发住宅所需的土地交易、设立学校和医院开绿灯，对低收入群体给予一定的税收优惠政策支持。考虑到新市民定居对经济增长和税收的贡献,都市圈建设并不会增加额外的财政负担。

供给方:为没有户籍和自有住房、长期在该城市工作的打工者发放"长期工作签证",以此作为新市民的身份;允许郊区集体建设用地转为新市民合作建房用地,不占用当地住宅用地指标;支持为新市民提供众筹合作建房服务,新市民合作建房免税,新市民合作建房在出售时只能卖给其他新市民;现有开发商持有的工业、商业等缺乏现金流回报的房产可变更用途,改造为新市民住房,可用于出售或者租赁给新市民;鼓励企业为新市民及其家庭成员提供医疗、教育服务,鼓励正规职业医生开设诊所,鼓励开设新市民子弟学校,为新市民教育和医疗服务提供税收优惠和开设场地政策支持。

需求方:设立针对新市民的住房金融互助机构,该类机构应采取股份制公司形式,保持多家竞争的市场格局。机构的资金来源于新市民的低息存款和政府的贴息债券;资金用途是针对新市民的低息贷款,贷款额度与新市民的存款时间和数量挂钩。

四、房地产行业债务重组方案

推进房地产行业债务重组不仅是为了稳定房地产市场,也是当前和未来宏观经济稳定的重要保障。房地产行业债务重组成功的切入点是优化房地产企业资产负债表,关键措施包括两个方面:一是确保房地产销售收入不过度下滑,有新的现金流支撑房地产企业的偿债能力;二是盘活房地产企业现有的部分沉淀资产,减轻房地产企业存量债务负担。与之相对应的政策主要包括以下两个方面。

（一）推动住房抵押贷款利率市场化，缓解居民部门的偿债负担，稳定居民部门的购房需求

根据张斌等人于 2021 年的测算[①]，按照发达国家的平均水平，住房抵押贷款利率大致要高于同期国债利率 1.5%。同样是以银行为主的金融体系，德国和日本的住房抵押贷款利率与同期国债收益率的利差只有 1.15% 左右。

目前，中国住房抵押贷款利率是以 5 年的 LPR（贷款市场报价利率）为基准，2021 年四季度个人住房贷款平均利率是 5.63%，同期 5 年期国债到期收益率均值是 2.75%，二者利差为 2.88%。2021 年四季度，个人住房贷款规模是 38.3 万亿元。参照发达国家 1.5% 的平均利差水平，房贷利率有 1.3~1.6 个百分点的下降空间，对应的居民房贷利息支出每年可减少 5 000 亿~6 000 亿元。

房贷利率下降带来的利息支出减少不仅可以缓解居民部门的偿债负担，改善其现金流情况，同时也可以稳定居民部门的购房需求。从历史数据来看，居民部门的按揭贷款与住房抵押贷款利率成比较明确的负相关性。

（二）采用"贴息+REITs"模式盘活沉淀资产，在化解房地产企业债务风险的同时增加面向中低收入群体的住房供给

"贴息+REITs"模式的核心思路是借助金融市场，通过资产

---

① 张斌，朱鹤，张佳佳，等.提高中国金融业的性价比[J].中国改革，2021（4）：8.

证券化的方式把房地产企业的部分沉淀资产转化为具有准公共资产属性的公共住房。这样既能够在一定程度上缓解房地产企业所面临的债务压力，同时也能增加地方政府的公共住房供给。最初可以选择部分三线城市试点上述模式，待积累了一定的经验后，再采取项目转化备案制并逐步向全国范围推广。

具体来说：

第一步，允许房地产企业沉淀资产转变用途，根据存量资产特征可选择做成保障房、长租房、公租房等具有准公共性质的住房产品。

第二步，由金融机构收购住房产品。

第三步，按照市场化原则实行项目制管理，引入职业经理人，对金融机构收购的住房产品做资产证券化处理。职业经理人同时负责将住房产品通过出租或者出售的方式提供给享受住房政策保障的个体。

第四步，由财政为证券化产品提供贴息。如果项目提供的稳定收益现金流能保持在2%，财政贴息2%可以让该类金融产品具有市场吸引力。这种情况下，财政支出对资产的撬动效应是1∶50，即1 000亿元的财政贴息可以撬动5万亿元的沉淀资产，按照每套房产100万元的价格计算可以为500万户家庭提供政策保障性住房。

附表 日本化解房地产债务期间相关经济指标变化

指标	第一轮去杠杆 1989—1994	第一轮复苏 1995—1996	第二轮去杠杆 1997—1998	第二轮复苏 1999—2000	第三轮去杠杆 2001—2002	第三轮复苏 2003—2006	全球金融危机 2007—2009	危机后至今 2010—2021	趋势
实际GDP年均增速	1.1%	2.9%	−0.2%	1.2%	0.2%	1.7%	−1.9%	0.8%	
CPI年均增速	2.0%	0.0%	1.2%	−0.5%	−0.8%	−0.1%	0.0%	0.4%	
汇率（期末值）	99.8	116.0	102.1	114.9	119.4	117.5	92.1	115.1	
出口金额年均增速	1.4%	5.1%	6.4%	1.0%	0.4%	9.6%	−10.4%	3.6%	
进口金额年均增速	−0.6%	16.3%	−1.8%	5.7%	1.6%	12.4%	−8.6%	4.2%	
经常账户余额年均增速	8.9%	−25.1%	41.5%	−3.2%	−1.4%	10.4%	−12.6%	1.1%	

05 构建房地产新模式

续表

指标	第一轮去杠杆 1989—1994	第一轮复苏 1995—1996	第二轮去杠杆 1997—1998	第二轮复苏 1999—2000	第三轮去杠杆 2001—2002	第三轮复苏 2003—2006	全球金融危机 2007—2009	危机后至今 2010—2021	趋势
贴现率（期末值）	1.8%	0.5%	0.5%	0.5%	0.1%	0.4%	0.3%	0.3%	
M2平均增速	4.8%	3.1%	3.5%	2.8%	3.0%	1.6%	2.1%	3.7%	
政府平均杠杆率	51.5%	62.1%	73.7%	94.0%	116.1%	144.5%	164.0%	200.5%	
企业平均杠杆率	208.6%	210.5%	202.8%	191.9%	180.9%	164.9%	164.9%	161.3%	
企业未偿贷款年均增速	5.8%	0.3%	−0.9%	−2.8%	−4.6%	−1.5%	1.2%	2.2%	

货币金融环境 / 债务情况

续表

指标	第一轮去杠杆 1989—1994	第一轮复苏 1995—1996	第二轮去杠杆 1997—1998	第二轮复苏 1999—2000	第三轮去杠杆 2001—2002	第三轮复苏 2003—2006	全球金融危机 2007—2009	危机后至今 2010—2021	趋势
企业新增固定投资贷款年均增速	-4.2%	4.3%	-3.6%	-3.8%	0.5%	-0.9%	-4.7%	1.7%	
房企未偿贷款年均增速	5.4%	1.9%	1.2%	-4.2%	-5.6%	2.3%	1.6%	3.4%	
房企新增固定投资贷款年均增速	-8.0%	3.3%	4.5%	-0.7%	1.0%	3.4%	-8.6%	3.9%	
居民未偿房贷年均增速	4.5%	10.5%	6.4%	6.0%	5.3%	4.0%	2.1%	2.5%	
居民新增房贷年均增速	0.9%	15.0%	-6.0%	-10.4%	16.9%	-2.5%	-7.1%	0.0%	

资产价格

构建房地产新模式

续表

指标	第一轮去杠杆 1989—1994	第一轮复苏 1995—1996	第二轮去杠杆 1997—1998	第二轮复苏 1999—2000	第三轮去杠杆 2001—2002	第三轮复苏 2003—2006	全球金融危机 2007—2009	危机后至今 2010—2021	趋势
股价指数年均增速	−10.6%	1.6%	−14.8%	15.4%	−20.5%	15.3%	−19.0%	6.5%	
城市地价年均增速	2.2%	−4.1%	−3.8%	−5.3%	−6.8%	−7.2%	−2.3%	−1.5%	
住宅价格年均增速	1.2%	−1.7%	−1.5%	−3.5%	−4.8%	−5.1%	−2.1%	1.3%	

注：数据来源于国际清算银行、美联储、日本央行、东京证券交易所、Wind。其中，"年均增速"是各时间区间内经济指标的几何平均增速，"平均增速"是各时间区间内经济指标的算术平均增速。

参考文献

01 金融支持科技创新

[1] 习近平.努力成为世界主要科学中心和创新高地[J].求是，2021（6）.

[2] 姚东旻，李静."十四五"时期财政支持国家创新体系建设的理论指引与取向选择[J].改革，2021，（6）：59-71.

[3] 梁积江.以科技创新催生新发展动能[J].企业文化，2021，（1）：6-7.

[4] 冯锋，邱莹莹，张雷勇.科技成果转化过程不确定性测度与行业比较——基于高技术产业18个子行业数据[J].华南理工大学学报（社会科学版），2021，23（01）：48-59.

[5] 陈东林，张晶晶.高校科技成果转化现状及促进对策[J].企业经济，2011，30（12）：115-117.

[6] 标准排名城市研究院，优客工场，腾讯研究院.2017中国创新创业报告[R].2017.

[7] 钱诚.银行竞争、信贷补贴与僵尸企业诱发——基于事件冲击与中介回归的金融抑制效应[J].金融经济学研究，2018，33（03）：15-31.

[8] 徐斯旸，张雪兰，杨先旭，辛冲冲.银行资本监管失灵与僵尸贷款的"泥流效应"[J].金融经济学研究，2021，36（02）：67-86.

[9] 林毅夫，李永军.中小金融机构发展与中小企业融资[J].经济研究，2001（01）：10-18，53-93.

[10] Amy E. Knaup and Merissa C. Piazza. Business Employment Dynamics data: survival and longevity, II [J]. *Monthly Labor Review*, 2007, 130(9): 3-10.

02　提升金融监管效能

［1］　黄益平.防控中国系统性金融风险［J］.国际经济评论，2017（5）：80-96.

［2］　黄益平，黄卓.中国的数字金融发展：现在与未来［J］.经济学（季刊），第17卷第4期：1489-1502.

［3］　黄益平，王勋.应对系统性的金融风险需要系统性的策略［J］.防范系统性金融风险的对策与建议合报告，2008.

［4］　黄益平，王勋，邱晗，王出.互联网金融的风险与监管［J］.防范系统性金融风险的对策与建议分报告之五，2017.

［5］　王勋.金融监管改革与防范系统性金融风险［J］.清华金融评论，2018（8）：46-50.

［6］　王勋.金控公司监管需系统性策略［J］.中国金融，2019（16）：69-71.

［7］　王勋，黄益平，陶坤玉.金融监管有效性及国际比较［J］.国际经济评论，2020（1）：59-61.

［8］　王勋，王雪.数字普惠金融与消费风险平滑：中国家庭的微观证据［J］.经济学（季刊），2021年.

［9］　曹凤岐.美国经验与中国金融监管体系改革［J］.国际金融，2011（1）：7-12.

［10］　Acharya, V., Pedersen, L., Philippon, T., 2016, Richardson, M. Measuring Systemic Risk. *Review of Financial Studies*, 30(1):2–47.

［11］　Adrian, T., Brunnermeier, M. 2016, CoVaR. *American Economic Review*, 106(7): 1705–1741.

［12］　Crane, D. B., K. A. Froot, Scott P. Mason, André Perold, R. C. Merton, Z. Bodie, E. R. Sirri, and P. Tufano, *The Global Financial System: A Functional Perspective.* Boston: Harvard Business School Press, 1995.

参考文献

[13] Group of Thirty, The Structure of Financial Supervision: Approaches and Challengnes in a Global Marketplace, Washington, DC. 2008.

[14] Huang,Y., Wang X. and Wang,X., "Mobile Payment in China: Practice and Its Effects". *Asian Economic Papers*, 19(3):1–18, 2020.

[15] Hsu, Po-Hsuan., Tian X., Xu Y, 2014, Financial Development and Innovation: Cross-country Evidence, *Journal of Financial Economics*, 112: 116–135.

[16] va Hüpkes, Quintyn, Marc, & Taylor, Michael W., The Accountability of Financial Sector Supervisors: Principles and Practice, International Monetary Fund, Washington, DC., 2005.

[17] Martínez, J, Rose, Thomas, "International Survey of Integrated Financial Sector Supervision", *World Bank Policy Research*, 2003.

[18] Merton, Robert C., "Financial Innovation and the Management and Regulation of Financial Institutions", *Journal of Banking & Finance*, 19(3-4):461–481,1995.

[19] Abrams Richard, Michael W. Taylor, Issues in Unification of Financial Sector Supervision, Monetary and Exchange Department. International Monetary Fund, 2000; E

[20] Taylor, Michael. ,"Redrawing the Regulatory Map: a Proposal for Reform", *Journal of Financial Regulation and Compliance*, Vol. 5 (1), 49 – 58, 1997;

[21] Taylor, M.& A. Fleming, Integrated Financial Supervision: Lessons of Scandinavian Experience, Finance and Development, Washington D.C., 1999.

03 推动制定"金融稳定促进法"

[1] 袁达松.金融稳定促进法论[M].北京：法律出版社，2019.

[2] 巫文勇.利益平衡视角下的金融机构破产特定债务优先清偿法律制度研究[M].北京：中国政法大学出版社，2014.

[3] 王振.金融监管模式的演变[J].中国金融，2016（07）：89-91.

[4] 苏洁澈.危机与变革：英国银行监管体系的历史变革[J].金融法学家（第四辑），2012.

[5] 尹继志.全球金融危机后金融监管的创新与发展[J].科学·经济·社会.2012，第30卷，第1期.

[6] 吴晓晨.消费信贷产品监管的路径及机制研究——基于美国《多德—弗兰克法案》1031（d）条款的评析[J].金融监管研究，2020（7）.

[7] 戴新竹.金融机构薪酬监管：国际经验及启示[J].南方金融，2015.

04 资本项目开放和货币国际化的国际经验教训

[1] 朱隽，艾明，徐昕，赵岳，王灿.新形势下的人民币国际化与国际货币体系改革，2020.

[2] 金中夏，赵岳，王浩斌.外部环境恶化条件下的汇率政策、市场发展与开放及人民币国际化，2020.

[3] 易纲.人民银行行长易纲在第十一届陆家嘴论坛上的演讲.中国人民银行官网，2019.

[4] 周小川.周小川在2015发展高层论坛发言.财新，2015.

[5] 伍戈，杨凝.离岸市场发展对本国货币政策的影响：文献综.人民银行工作论文No.2014/8，2014.

[6] 周小川.推进资本项目可兑换的概念与内容.新华网2012.

[7] 石井详悟和卡尔牵头的工作人员小组.资本账户自由化和金融部门稳定.赵耀，译.北京：中国金融出版社，2006.

[8] Barry Eichengreen, Donghyun Park, Arief Ramayandi, Kwanho Shin, ADB, "Exchange rates and insulation in emerging markets", 2020.

参考文献

[9] OECD, "OECD Code of liberalization of capital movements", 2019.

[10] Barry Eichengreen, "Sequencing RMB Internationalization", CIGI Papers, 2015.

[11] Torsten Ehlers, Frank Packer, "FX and derivatives markets in emerging economies and the internationalization of their currencies", BIS Quarterly Review, 2013.

[12] Paola Subacchi, "Expanding Beyond Borders: The Yen and the Yuan", *ADBI Working Paper*, 2013.

[13] "The liberalization and management of capital flows: an institutional view", 2012.

[14] Musacchio Aldo, "Mexico's Financial Crisis of 1994–1995", *Havard Business School Working Paper*, 2012.

[15] Frankel Jeffrey A, "Internationalization of the RMB and Historical Precedents", *Journal of Economic Integration*, 2012.

[16] Hyoung-kyu Chey, "Theories of International Currencies and the Future of the World Monetary Order", *International Studies Review*, 2012.

[17] Jeffrey Frankel, "Historical Precedents for internationalization of the RMB", Council on Foreign Relations, 2011.

[18] Samar Maziad, Pascal Farahmand, Shengzu Wang, Stephanie Segal, Faisal Ahmed, Udaibie Das, Isabelle Mateos y Lago, "Internationalization of Emerging Market Currencies: A Balance between Risks and Rewards", IMF, 2011.

[19] Barry Eichengreen, Marc Flandreau, "The Federal Reserve, the Bank of England, and the Rise of the Dollar as an International Currency,1949–1939", BIS Annual Research Conference, 2010.

[20] Peter B Kenen, "Currency Internationalization: an overview", BIS, 2009.

[21] Barry Eichengreen, Marc Flandreau, "The Rise and Fall of the Dollar,

or When did the Dollar Replace Sterling as the Leading Reserve Currency?",University of California, Berkeley,2008.

[22] Peter Blair Henry, "Capital account liberalization: Theory, evidence, and speculation", *NBER working paper*, 2006.

[23] Barry Eichengreen, "Sterling's Past, Dollar's Future: Historical Perspectives on Reserve Currency Competition", *NBER working paper*, 2005.

[24] Melike Altinkemer, "Recent Experiences with Capital Controls: is there a Lesson for Turkey?", *Central Bank Review*, 2005.

[25] Esteban Jadresic, Jorge Selaive, "Is The FX Derivatives Effective And Efficient In Reducing Currency Risk?", *Central Bank of Chile Working Papers*, 2005.

[26] Anna Ilyina, "The role of financial derivatives in emerging markets",IMF,2004.

[27] Age Bakker, Bryan Chapple, "Advanced Country Experiences with Capital Account Liberalization", IMF , 2002.

[28] Dodd, Randall, "The role of derivatives in the East Asian Financial Crisis, 2001"

[29] Murase, Tetsuji, "The internationalization of the yen: essential issues overlooked", *ANU Research Publications*, 2000.

[30] Garber, Peter, "Derivatives in international capital flows", *NBER working paper* No. 6623, 1998.

[31] Barry Eichengreen, Michael Mussa, "Capital Account Liberalization Theoretical and Pratical Aspects", IMF, 1998.

[32] Philipp Hartmann.Currency *Competition and Foreign Exchange Markets*: *The Dollar, the Yen and the Euro*. London: Cambridge University Press, 1998.

[33] Peter J. Quirk, Owen Evans, "Capital account convertibility Review of

Experience and Implications for IMF Policies ", IMF, 1995.

[34] Donald J. Mathieson, Liliana Rojas-Suarez, "Liberalization of the Capital Account: Experience and Issues", IMF, 1992

[35] Masahiko Takeda, Philip Turner, "The Liberalisation of Japan's Financial Markets: Some Major Themes", *BIS Economic Papers*, 1992.

[36] George S. Tavals, Yuzuru Ozeki, "The Internationalization of Currencies: An Appraisal of the Japanese Yen", IMF, 1992.

[37] George S. Tavlas, Peter B. Clark, "On the International Use of Currencies: The Case of the Deutsche Mark", IMF, 1990.

[38] Galy, Michel, "A macroeconomic view of Eurodollar market expansion after 1973", *MPRA paper*, 1982

[39] Anatol B. Balbach, David H. Resler, "Eurodollars and the U.S money supply", Federal Reserve Bank of St. Louis, 1980.

05 构建房地产新模式

[1] 崔菲菲,卢卓.城乡"二元"结构下劳动力暂时性转移与家庭储蓄行为[J].统计与信息论坛,2020,35(11):103-111.

[2] 辜朝明.大衰退:如何在金融危机中幸存和发展[M].东方出版社,2008.

[3] 裴军.2003年日本政治、经济、军事及外交大盘点[N].中国年青年报,2003-12-31.

[4] 王美艳.新生代农民工的消费水平与消费结构:与上一代农民工的比较[J].劳动经济研究,2017,5(06):107-126.

[5] 吴璟,徐曼迪.中国城镇新增住房需求规模的测算与分析[J].统计研究,2021,38(09):75-88

[6] 野口悠纪雄.泡沫经济学[M].北京:生活·读书·新知三联书店,2005.

[7] 野口悠纪雄.战后日本经济史：从喧嚣到沉寂的70年[M].北京：后浪出版社，2018.

[8] 中华人民共和国国土资源部.中国统计年鉴[M].北京：地质出版社，2013-2017.

[9] 张勋，刘晓，樊纲.农业劳动力转移与家户储蓄率上升[J].经济研究，2014，49（04）：130-142.

[10] 张季风.日本财政困境解析[J].日本学刊，2016（02）：69-90.

[11] 张斌，朱鹤，张佳佳，等.提高中国金融业的性价比[J].中国改革，2021（4）：8.

[12] 郑佳欣，谢潇.限地价、竞配建能拯救高房价吗[N].南方日报，2011-8-19.

[13] 卖地新招瞄准养老投资困局[N].北京商报，2015-02-04.

[14] 陶婷.上山容易下山难 自持租赁房遭遇困境[N].界面新闻，2018-04-18.

[15] Fujii M, Kawai M. Lessons from Japan's banking crisis–1991 to 2005. InResearch handbook on international financial regulation 2012 Jul 30. Edward Elgar Publishing.

[16] Fang, H., Gu, Q., Xiong, W. and Zhou, L. Demystifying the Chinese Housing Boom, 2015. *NBER Working Paper*, (21112).

[17] Ihori, T., & Nakamoto, A. Japan's fiscal policy and fiscal reconstruction. International Economics and Economic Policy, 2005, 2(2), 153–172.

[18] Kameda, K. What causes changes in the effects of fiscal policy? A case study of Japan [J]. Japan and the World Economy, 2014: 31, 14–31.